陈红霞◎著

平台经济与
竞争性商品价格规制

西南财经大学出版社

中国·成都

图书在版编目(CIP)数据

平台经济与竞争性商品价格规制/陈红霞著.—成都:西南财经大学出版社,2023.8
ISBN 978-7-5504-5769-0

Ⅰ.①平… Ⅱ.①陈… Ⅲ.①互联网络—商品价格—物价管理—研究 Ⅳ.①F714

中国国家版本馆 CIP 数据核字(2023)第 084604 号

平台经济与竞争性商品价格规制
PINGTAI JINGJI YU JINGZHENGXING SHANGPIN JIAGE GUIZHI

陈红霞　著

策划编辑	乔　雷　冯　梅
责任编辑	乔　雷
责任校对	余　尧
封面设计	墨创文化
责任印制	朱曼丽

出版发行	西南财经大学出版社(四川省成都市光华村街55号)
网　　址	http://cbs.swufe.edu.cn
电子邮件	bookcj@swufe.edu.cn
邮政编码	610074
电　　话	028-87353785
照　　排	四川胜翔数码印务设计有限公司
印　　刷	成都市火炬印务有限公司
成品尺寸	170mm×240mm
印　　张	14.5
字　　数	387 千字
版　　次	2023 年 8 月第 1 版
印　　次	2023 年 8 月第 1 次印刷
书　　号	ISBN 978-7-5504-5769-0
定　　价	68.00 元

1. 版权所有,翻印必究。
2. 如有印刷、装订等差错,可向本社营销部调换。

前言

平台经济是建立在信息技术革命之上的经济形态，是互联网技术对市场组织方式的一次重大变革，极大地改变了经济活动的时空特征。平台经济带来了复杂的利益纠葛，影响市场主体的价格行为，导致价格问题明显增多，使得竞争性商品价格规制面临更为复杂的技术环境和市场环境，对价格监管和执法工作提出了严峻挑战。在这种情况下，原有的针对竞争性商品价格规制的制度体系是否需要调整以及如何调整，成为政府提升价格规制能力、完善国家治理体系必须面对的现实问题。

本书基于马克思制度变革思想、制度变迁理论以及交易成本理论，将技术创新、产业变革作为制度变迁的外部动力。首先，构建认识竞争性商品价格规制作用机制的逻辑框架。尝试以交易成本理论厘清竞争性商品价格规制的作用机制，认为竞争性商品价格规制通过降低价格机制运行成本以恢复或提升价格机制的运行效率，其中，对经营者价格行为进行规制通过解决不正当价格行为，恢复和提升价格形成机制的效率来实现；对竞争性商品价格水平进行规制则通过解决"延滞决策"问题，恢复和提升价格调节机制的效率来实现。其次，基于制度变迁理论，构建"技术变革—制度变迁"这一竞争性商品价格规制变迁的内在机制。将马克思制度变革思想与新制度主义结合起来，将平台经济的发展作为竞争性商品价格规制变迁的外在因素。作为一种新的市场环境，平台经济虽然会对现有的竞争性商品价格规制产生一定的影响，进而产生新的制度需求，但只有在经济上具有可行性，能够增加社会福利，才会产生新的制度安排。

在研究方法上，本书运用成本—收益分析法对竞争性商品价格规制的成本和收益进行了结构性分析。在对竞争性商品价格规制的效用进行逻辑演绎的基础上，本书尝试运用百度搜索指数等对"价格规制强度"和"价格规制效用"等指标进行量化，探讨平台经济对竞争性商品价格规制的影响，对平台经济背景下竞争性商品价格规制的效用进行实证检验。

全书共7章，分三个部分。1~2章为研究准备，包括研究问题的提出、已有研究的回顾、理论基础和研究方法的介绍以及分析框架的构建。3~6章为主体内容，采用"总—分"结构，首先从整体上分析平台经济对竞争性商品价格规制的影响，接着分别分析平台经济对平台内经营者价格行为规制的影响、对互联网平台企业价格行为规制的影响、对竞争性商品价格水平规制的影响以及由此导致的制度需求，通过逻辑演绎和实证分析的方式讨论加强价格规制在经济上是否可行。第7章为结论和建议，集中提出改进和完善平台经济背景下竞争性商品价格规制的建议。

研究结果显示，平台经济发展会导致现有的竞争性商品价格规制效率逐步下降，但从成本—收益分析结果来看，整体上加强竞争性商品价格规制的效果并不确定，既可能增加社会福利，又可能减少社会福利，也可能对社会福利无影响。针对不同对象的价格规制，平台经济的影响不同、制度需求不同，加强规制的效用也不相同。①对平台内经营者价格行为而言，平台经济导致经营者从关注非价格竞争行为转向更加关注价格竞争行为，增加了平台内经营者采用不正当价格行为获取利润的可能性，因而产生了新的制度需求。从逻辑演绎和实证分析来看，加强对平台内经营者价格行为规制能够明显增加社会福利。②对互联网平台企业价格行为而言，由于其具有网络外部性、双边市场性和用户锁定性等特征，传统市场结构分析标准以及相应的价格规制体系不再完全适合对其进行价格行为规制，产生了新的制度需求，而且对其价格行为进行规制能产生一定效用，增加社会福利。但因其特殊性，无法简单照搬传统的经营者价格行为规制体系，相反，考虑到新兴产业和业态的特殊性，应采用更为谨慎的态度对其进行规制，以维护平台经济的效率。③对竞争性商品价格水平规制而言，平台经济的影响可以分为两个方面：一方面，由于互联网的信息传递效率极高，平台经济自身对价格水平规制的需求急剧下降；另一方面，由于平台经济仍然只占全部经济活动的一小部分，因而从全部经济活动来看，逻辑演绎和实证分析都证明价格水平规制依然能够有效增加社会福利。

鉴于此，针对平台经济对竞争性商品价格规制的影响，应立足互联网平台经济的特点，坚持"宽容审慎"的原则，瞄准降低价格机制运行成本、降低竞争性商品价格规制成本、增加社会福利三个目标，以提升决策效率、执行效率、监督效率以及降低机会成本的不确定性为重点，有针对性地完善现有的价格规制体系。

陈红霞

2023 年 2 月

目录

1 绪论 / 1

    1.1 研究背景和研究意义 / 1

        1.1.1 研究背景 / 1

        1.1.2 研究意义 / 3

    1.2 文献梳理与述评 / 4

        1.2.1 价格规制研究 / 4

        1.2.2 技术创新与制度变迁研究 / 28

        1.2.3 互联网平台企业规制研究 / 29

        1.2.4 文献述评 / 31

    1.3 研究目的 / 32

    1.4 研究思路与研究方法 / 32

        1.4.1 研究思路 / 32

        1.4.2 研究方法 / 33

    1.5 研究的主要内容与技术路线 / 34

        1.5.1 主要内容 / 34

        1.5.2 技术路线 / 36

    1.6 有待进一步研究的问题 / 37

2 核心概念、理论基础、研究对象和分析框架 / 38

2.1 核心概念 / 38
- 2.1.1 平台经济 / 38
- 2.1.2 竞争性商品 / 41
- 2.1.3 价格机制 / 43
- 2.1.4 价格规制 / 44

2.2 理论基础 / 46
- 2.2.1 马克思制度变革思想 / 46
- 2.2.2 制度变迁理论 / 48
- 2.2.3 交易成本理论 / 51

2.3 研究对象 / 56
- 2.3.1 平台内经营者的价格行为 / 56
- 2.3.2 互联网平台企业价格行为 / 57
- 2.3.3 价格总水平 / 57

2.4 分析框架 / 58
- 2.4.1 技术影响分析 / 59
- 2.4.2 制度需求分析 / 60
- 2.4.3 制度效用分析 / 60
- 2.4.4 制度安排分析 / 60

3 平台经济背景下竞争性商品价格规制：基于整体视角的分析 / 62

3.1 竞争性商品价格规制实践 / 62
- 3.1.1 价格规制主体 / 62
- 3.1.2 价格规制手段 / 63

  3.1.3　价格法律法规 / 65
  3.1.4　价格规制能力 / 67
  3.1.5　价格规制特点 / 67

3.2　平台经济背景下竞争性商品价格规制的需求分析 / 70
  3.2.1　平台经济对竞争性商品价格规制效率的影响 / 70
  3.2.2　平台经济背景下竞争性商品价格规制的需求 / 72

3.3　平台经济背景下竞争性商品价格规制的效用评价 / 75
  3.3.1　竞争性商品价格规制效用的基本认识 / 75
  3.3.2　平台经济背景下竞争性商品价格规制的成本 / 77
  3.3.3　平台经济背景下竞争性商品价格规制的收益 / 78
  3.3.4　平台经济背景下竞争性商品价格规制的效用 / 80

3.4　本章小结 / 82

4　平台内经营者价格行为规制分析 / 83

4.1　竞争性商品经营者价格行为规制的作用机理 / 83
  4.1.1　竞争性商品经营者价格行为规制的基本认识 / 83
  4.1.2　竞争性商品经营者价格行为规制的实践内容 / 86
  4.1.3　竞争性商品经营者价格行为规制的作用机理 / 92

4.2　平台内经营者价格行为规制的需求分析 / 94
  4.2.1　传统市场环境下竞争性商品经营者的价格行为 / 95
  4.2.2　平台经济对竞争性商品经营者价格行为的影响 / 96
  4.2.3　平台内经营者价格行为规制的需求 / 99

4.3　平台内经营者价格行为规制的效用评价 / 100
  4.3.1　平台内经营者价格行为规制的成本 / 101
  4.3.2　平台内经营者价格行为规制的收益 / 103
  4.3.3　平台内经营者价格行为规制的效用分析 / 104

4.4 平台内经营者价格行为规制效用的实证分析 / 107

    4.4.1 数据说明与计量方法 / 107

    4.4.2 实证结果分析 / 111

4.5 本章小结 / 116

5 互联网平台企业价格行为规制分析 / 117

5.1 互联网平台企业价格行为规制的作用机理 / 117

    5.1.1 互联网平台企业的基本认识 / 118

    5.1.2 互联网平台企业的价格行为特征 / 122

    5.1.3 互联网平台企业价格行为规制的作用机理 / 127

    5.1.4 互联网平台企业价格行为规制的国外实践 / 131

5.2 互联网平台企业价格行为规制的需求分析 / 132

    5.2.1 互联网平台企业不正当价格行为的主要类型 / 132

    5.2.2 互联网平台企业价格行为规制的供给 / 133

    5.2.3 互联网平台企业价格行为规制的需求 / 135

5.3 互联网平台企业价格行为规制变迁的效用评价 / 138

    5.3.1 互联网平台企业价格行为规制的成本 / 138

    5.3.2 互联网平台企业价格行为规制的收益 / 139

    5.3.3 互联网平台企业价格行为规制的效用 / 141

5.4 本章小结 / 144

6 竞争性商品价格水平规制分析 / 145

6.1 竞争性商品价格水平规制的作用机理 / 145

    6.1.1 竞争性商品价格水平规制的基本认识 / 145

    6.1.2 竞争性商品价格水平规制的实践内容 / 149

  6.1.3 竞争性商品价格水平规制的作用机理 / 153

  6.1.4 竞争性商品价格水平规制的作用效果 / 163

6.2 竞争性商品价格水平规制变迁的需求分析 / 167

  6.2.1 传统市场背景下竞争性商品价格水平规制 / 167

  6.2.2 平台经济对竞争性商品价格水平规制的影响 / 171

  6.2.3 平台经济背景下竞争性商品价格水平规制的需求 / 173

6.3 竞争性商品价格水平规制的效用分析 / 175

  6.3.1 竞争性商品价格水平规制的成本 / 175

  6.3.2 竞争性商品价格水平规制的收益 / 180

  6.3.3 竞争性商品价格水平规制的效用 / 181

6.4 竞争性商品价格水平规制效用的实证分析 / 182

6.5 本章小结 / 189

7 研究结论、研究启示和制度供给建议 / 190

7.1 研究结论 / 190

  7.1.1 平台经济背景下推动竞争性商品价格规制变迁应十分谨慎 / 190

  7.1.2 平台内经营者价格行为规制变迁需求较为迫切 / 190

  7.1.3 加强平台企业价格行为规制应坚持公平与效率统一 / 190

  7.1.4 竞争性商品价格水平规制体系仍然有效 / 191

7.2 研究启示 / 191

  7.2.1 交易成本理论仍适用于平台经济背景下价格规制分析 / 191

  7.2.2 平台经济催生了对竞争性商品价格规制的新需求 / 192

  7.2.3 平台经济在不同领域导致的制度不适应并不相同 / 193

  7.2.4 针对不同对象的价格规制变迁的迫切性和可行性不同 / 193

  7.2.5 平台企业价格行为规制应成为价格行为规制的重点 / 194

  7.2.6 竞争性商品价格规制的核心仍然是降低交易成本 / 194

7.3 制度供给建议 / 196

  7.3.1 提升竞争性商品价格规制决策效率 / 196

  7.3.2 提升竞争性商品价格规制执行效率 / 197

  7.3.3 提升竞争性商品价格规制监督效率 / 199

  7.3.4 降低竞争性商品价格规制机会成本的不确定性 / 200

  7.3.5 妥善加强对平台价格行为的规制 / 201

7.4 本章小结 / 203

参考文献 / 204

1 绪论

1.1 研究背景和研究意义

1.1.1 研究背景

价格与人民的生活息息相关,防范和应对市场价格波动,维护市场平稳运行,是政府的职能之一。作为一种市场监管手段,价格规制已经成为我国经济体制和政府治理手段的重要组成部分。价格规制的运用不局限于突发的公共事件等特殊时期(如新型冠状病毒感染期间政府对口罩价格的规制),更体现在平时的市场经济活动中(如2022年政府对"雪糕刺客"等"价格刺客"的规制)。价格规制的范围不仅包括公共产品价格和公共服务价格,还包括竞争性商品价格。竞争性商品价格规制是优化资源配置、维护消费者权益的重要手段,可以实现"公平"和"效率"的统一。

1999年阿里巴巴创立以来,我国平台经济经历了一个高速发展的过程。特别是进入21世纪,平台经济更是从规模到模式都实现了突破性发展,逐步走到了世界前列。据工信部统计,2022年我国规上互联网和相关服务企业业务收入总额达到14 590亿元,实现利润1 415亿元。2021年,平台企业主营业务收入达到5 767亿元,同比增长32.8%,占比超过37.2%。2022年,我国网络零售规模超过13.79万亿元,其中实物商品零售额11.96亿元,占社会消费品零售总额的比重为27.2%,2015—2022年网络零售规模占社会消费品总额的比重(见图1-1)。我国平台经济发展远远超出单纯的技术创新和商业模式创新范畴,不仅影响商业活动,也成为社会各界共同参与、共同推动的新的社会互动模式,成为一种新的社会生态。政府视平台经济发展为深化市场经济体制改革、推动经济高质量发展、构建社会主义现代化市场体系的重要抓手。

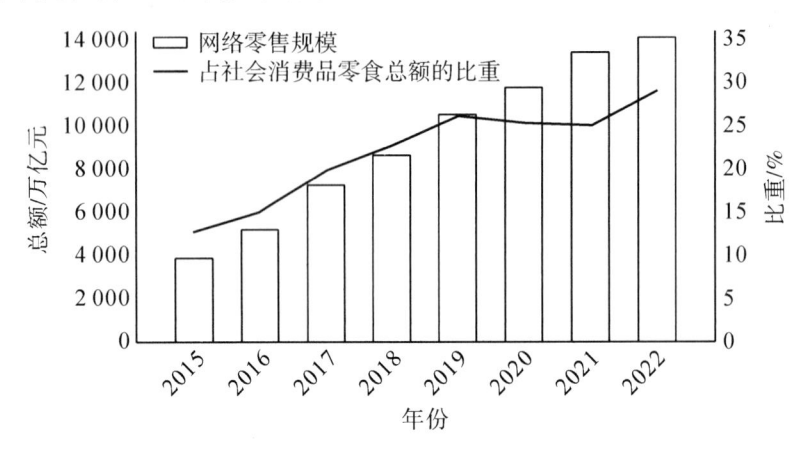

图 1-1　2015—2022 年网络零售规模占社会消费品总额的比重

（数据来源：根据工信部官网数据整理而得）

从宏观层面来看，平台经济极大地改变了传统经济活动的时空特征，提高了资源配置效率，因而在一段时间内，国家对平台经济的管理均是以"放"为主，以激发平台经济活力，刺激市场的充分竞争。然而，互联网平台的双重特性决定了政府与平台经济的复杂关系。平台经济除了具有注重效率这一市场主体普遍的"市场性"特征外，还具有明显的"社会性"特征，涉及诸多公共利益，承载着众多非市场性特征。市场性和社会性双重特征，使得平台经济的逐利特性与其社会公益特征始终处于矛盾状态。要解决这种内在矛盾，除了呼吁平台强化自身的社会责任外，还必须通过"政府之手"予以调节和规范。

从微观层面来看，平台经济的发展为消费者带来了便利，也极大地改变了经营者结构和价格行为。平台经济背景下，传统经济活动被细致分解，在创造新的经济活动和新业态的同时，也创造了新的市场参与者，经营者数量急剧增多、结构迅速多元化。多方力量的参与及线上线下交易的融合，导致更为复杂的利益纠葛，平台企业和经营者利用地位优势和信息优势采取不正当价格行为以牟取非法利润在所难免。

根据中国电子商务研究中心的统计数据，2015 年以来，我国电子商务投诉量迅速增长，2017 年增长了近 50%，虽然投诉内容不完全是价格问题，但价格问题投诉量占总投诉量的比重一直在 4% 以上，这与中国消费者协会的统计较为一致。中国消费者协会统计，2010年以来，全国各地消协接收到的价格问题投诉量呈现出先降后升的态势，从2015年开始，针对价格问题的投诉无论是投诉数量还是占比均呈现出上升态势，位居各类投诉数量前列，这与平台经济的发展有一定的关系。2021年全国12315平台共受理网购投诉举报483.4万件，同比增长25.8%，占平台受理总量的38.8%。2021年全国监管部门共受理举报336.5万件，价格违法行为同比大幅下降58.8%，平台经济截然不同的经营模式和千变万化的价格行为，对政府的价格监管和执法工作提出了严峻挑战。

我国政府对平台经济背景下的竞争性商品价格规制的研究和实践均较早，有些规制措施甚至走了实践之前。但总体来看，这些措施的出发点主要有两点：回应法律的需要和回应管理的需要。这些措施是一种传统的监管思想和方式。由于对双边市场背景下竞争性商品价格规制的经济逻辑并没有进行深入探讨，传统的以追求公平为出发点的监管思想和监管方式，以及在单边市场背景下设计的价格规制体系和行为模式，面临巨大挑战，已经无法适应新业态新经济的良性发展要求，甚至面临规制体系空转、规制行为落空的风险，市场价格监管面临一系列新问题和新挑战。鉴于此，需要对竞争性商品价格规制的内在逻辑和演进方向进行新的思考和设计。

1.1.2 研究意义

对平台经济背景下的竞争性商品价格规制进行研究，有利于加深对双边市场价格机制内在运行规律的认识。思考我国价格规制体系变迁的实践需要和总体方向，厘清政府、平台企业、经营者和消费者的关系，既具有理论意义，又有实践价值，具体包括以下几点。

（1）理论上有利于对技术创新、产业变革与法律变迁之间的关系进行探讨。

传统的法经济学讨论更多的是法律变迁对技术创新的影响，强调制度的决定性作用。本书则相反，立足法经济学的理论基础，将技术创新和产业变革视为法律变迁的外在动力，构建"技术变革—制度变迁"分析框架，讨论技术创新、产业变革与法律相互作用的方式和过程，有利于从新的视角来理解竞争性商品价格规制。

(2) 实践中有利于完善平台经济背景下竞争性商品价格规制的整体安排。

法经济学是一门实践性非常强的学科，强调问题的实践性，关注制度的改进。研究平台经济背景下竞争性商品价格规制具有非常强的现实意义，但由于现有价格规制更多地继承了计划经济时代的有关做法，甚至基本的组织实施方式都保留了改革开放初期的痕迹，既有合理之处，又存在一些问题，不仅需要新的理论支持而且需要重新思考价格规制行为的组织方式。在新的理论指导下，对竞争性商品价格规制进行结构性解读，分析现有制度的不足，既能够改革完善竞争性商品价格规制，又能够丰富价格规制的内容，提升价格规制的效率。

(3) 方法论上有利于尝试用新的理论和方法来评价规制效益。

对制度的实施效果进行量化评价是法经济学的学科特征之一。效率标准的引入，突破了法律的单一价值观，但真正对制度的实施效果进行评价一直是一项难度较大的任务。本书尝试运用词频分析法和百度指数法等新的数据收集方法，衡量价格规制强度、价格规制效用等指标。

1.2 文献梳理与述评

1.2.1 价格规制研究

1.2.1.1 价格规制研究的历史脉络

国外关于"价格规制"的研究起步较早，但真正形成规模和趋势的是在1991年之后。1913—1990年，科技文献数据库（WOS）中检索出的有关"价格规制"的研究文章仅有99篇，占全部2 946篇文章的3.4%，平均每年不到2篇。即便是在凯恩斯主义大行其道的二战后相当长的一段时间内，相关研究成果数量也未见增长。但从20世纪90年代开始，有关"价格规制"的研究成果明显增多。1991年相关研究成果数量是1990年的近5倍，达到23篇。此后，相关研究成果数量便呈稳定上升态势，2017年达228篇；2020年达190篇。运用HistCite[①]对2 946篇文章进行引证关

[①] HistCite是history of cite的简称，是由SCI发明人加菲尔德开发的一款引文图谱分析软件，可以通过图示的方式描述某一领域文献之间的关系，定位某一研究领域的发展历史。

联分析，可以看出，有关"价格规制"研究的高引用率文献产生的时间较为集中，主要有4个阶段。价格规制文献的时间分布（见图1-2）。

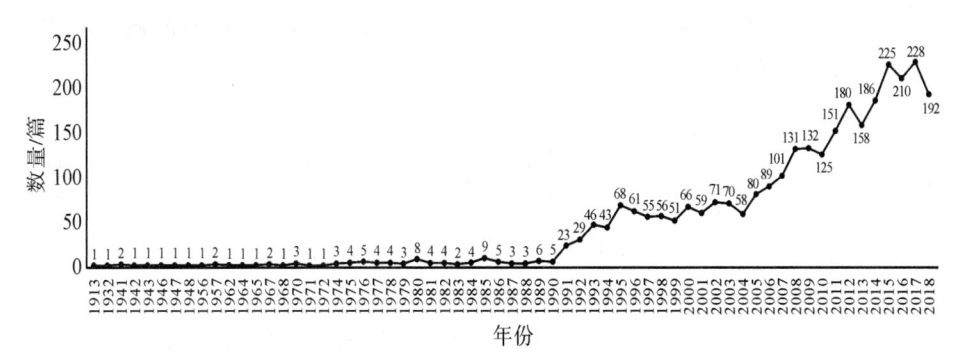

图1-2 价格规制文献的时间分布

第一阶段：滥觞期。

1913年，芝加哥大学教授Wright撰文称，有关政府规制价格的建议没有得到重视。他认为当时价格规制已经不是一个理论议题而是一个实实在在的事实，政府已经热衷于在很多产业领域规定价格，而且这些行为与应对灾难无关。问题的重点不是价格规制是否应该被废除，而是是否应将价格规制扩展到所有的产业托拉斯。Wright认为，打破垄断价格的负面效应、促进财富更好地分配会带来巨大收益并且能够得到更广泛的认同。Wright重点驳斥四种反对价格规制的观点：一是有足够的证据证明价格规制根本就没有必要，价格控制应该被大大简化；二是价格规制将会抑制个体创造力和进步；三是对于政府而言，价格规制太困难、太复杂以致无法操作；四是价格规制将会导致劳动收入减少。价格规制能够抑制垄断风险，防止特权和不公平竞争。但两种托拉斯应该存在，一类是那些控制自然资源的公司，因为无法控制；另一类是那些在生产效率和社会价值方面均有优势的垄断企业，但目前无法确认哪些企业应该被包括进来[①]。

20世纪初出现价格规制的具体实践和理论研究具有深刻的历史背景。1873年西方世界爆发的经济危机在造成大批中小企业破产的同时也加速了垄断时代的到来，美国、德国等国家的部分企业通过并购等手段建立各种托拉斯，形成垄断。部分经济学家认为，企业垄断导致的垄断价格和垄断

---

① WRIGHT C W. The econnmics of governmental price regulation some objections considered [J]. American economic review, 1913, 3 (1): 126-142.

利润侵犯了一部分消费者剩余，降低了社会整体福利水平，因而必须予以限制。但这种价格规制行为主要是通过制定和实施反垄断措施来实现其目的，并不是反对自由主义价格学说。因此，在此后相当长的时间内，有关"价格规制"的研究并不多。

第二阶段：起步期。

关于"价格规制"的研究真正起步于20世纪70年代中期，这一时期研究成果数量略多于滥觞期，其中有两篇文章较为重要，总被引次数均超过100次。1974年，美国麻省理工学院的Joskow总结了当时学术界关注的政府规制的四个重点研究领域：其一，政府为什么要对特定市场进行规制。这个问题最先受到政治学家和历史学家的关注。其二，监管部门设立后，将会采用哪种规制工具。其三，在假定政府规制和规制程序都存在的前提下，相应的规制措施对资源配置的影响如何，这也是经济学家最关注的问题。其四，涉及规制过程变迁问题，即规制工具为什么会改变以及新的工具如何在不同的管理机构推广扩散[1]。同一时期，Sheshinski在另外的文章中探讨了价格规制产出的影响，证明了在公共产品和公共服务产业中，价格规制能够有效消除垄断带来的负面影响，增加产出，但也会造成产品品质的下降[2]。

总体来看，这一阶段有关"价格规制"的研究多放在政府经济规制研究的大视野下进行，"价格规制"往往成为理解政府经济规制内涵、方式、效果的一个具体视角，虽然有所涉及且较多、较具体，但仍然不是论述的主体。从这一阶段的研究可以看出后来"价格规制"的一些苗头，如主要研究范围为公共产品和公共服务领域，主要关注点是价格规制对资源配置的影响，即价格规制的效果。石油危机是推动西方学术界关注价格规制这一问题的重要原因之一。1973年爆发的石油危机导致西方世界物价普遍上涨，极大地影响了普通居民的生活水平，人们强烈要求政府拿出实实在在的措施控制物价飞涨的态势，其中包括通过价格规制干预市场过程。这种实践更加强化了20世纪60年代中期以来学术界的研究兴趣，学者们开始积极探索各级政府价格规制措施的效果。

---

[1] JOSKOW P L. Inflation and environmental concern – structural change in process of public utility price regulation [J]. Journal of law & economics, 1974, 17 (2): 291-327.

[2] SHESHINSKI E. Price, quality and quantity regulation in monopoly situations [J]. Economica, 1976, 43 (170): 127-137.

第三阶段：爆发期。

从图 1-2 可以看出，20 世纪 80 年代中期到 90 年代中期是"价格规制"研究的爆发期，引用频率爆发的文章较多。所谓爆发期并不仅仅指这一阶段发表的论文数量爆发式增多，也包括这一时期高质量的研究成果较多，"价格规制"研究逐渐形成规模，其中，两篇引用频率较高的文章均发表于这一时期。另外，部分在这一领域具有较大影响力的学者登上舞台，如 Lewis 就与 Sappington 设计了一个简单的模型检验两种规制的最佳链接，并说明最优规制方式随着产业的技术环境变化以及监管者与公司之间的不对称的信息属性而变化[1]，这对后续研究影响较大。这一时期的研究内容涉及面特别广泛：价格规制的原因，如 Salant 和 Woroch 指出，价格规制的目标是为了应对无效率的行为，其中监管部门倾向于将价格限制在成本水平，而企业则失去投资动力[2]；价格规制的类型及各自的效果[3][4]，如 Braeutigam 和 Panzar 详细分析了盈利率规制（rate-of-return regulation）和最高限价（price-cap regulation）两种价格规制方式对公司的成本谎报、技术选择、降低成本创新、价格和产出水平选择、进入竞争性市场的方式等行为的影响，并认为最高限价这种价格规制方式优于盈利率规制[5]；价格规制在某些具体领域的影响，如 Binder 研究了规制对股票价格的影响，发现正式的监管公告必然会对股市的预期产生影响[6]；影响价格规制成效的因素，如 Sibley 经过研究认为，当被管制的公司对于产品成本和产品需求信息的了解优于监管机构时，应采取最高限价的方式进行价格规制，这种

---

[1] LEWIS T R, SAPPINGTON D E M. Regulatory options and price-cap regulation [J]. Rand journal of economics, 1989, 20 (3): 405-416.

[2] SALANT D J, WOROCH G A. Trigger price regulation [J]. Rand journal of economics, 1992, 23 (1): 29-51.

[3] LISTON C. Price-capversus rate-of-return regulation [J]. Journal of regulatory economics, 1993, 5 (1): 25-48.

[4] PINT E M. Price-cap versus rate-of-return regulation in a stochastic-cost model [J]. Rand journal of economics, 1992, 23 (4): 564-578.

[5] BRAEUTIGAM R R, PANZAR J C. Diversification incentives under price-based and cost-based regulation [J]. Rand journal of economics, 1989, 20 (3): 373-391.

[6] BINDER J J. Measuring the effects of regulation with stock-price data [J]. Rand journal of economics, 1985, 16 (2): 167-183.

规制能够真实地揭示需求机制并能够以一种非扭曲的方式释放需求信息[1]。此外，被规制企业的价格行为对社会福利的影响[2]以及价格规制条件下的企业定价行为[3]等问题，也得到了广泛的关注。

虽然这一阶段"价格规制"研究涉及内容众多，但大体上都是在价格规制对市场主体行为影响和"盈利率规制""最高限价"这几种价格规制类型框架下展开。这些研究与前期相关研究传统结合，奠定了"价格规制"研究的基本思路。之所以出现这种突破性发展，既有实践的因素也有学术研究发展的因素。20世纪80年代，制度经济学取得了长足的发展，特别是诺斯提出的交易成本理论及制度分析方法，使得制度经济学发展出现了微观化、具体化、实证化的趋势，其理论和研究方法日益被学术界接受。20世纪90年代以后，制度经济学为欧洲30多国经济体制改革提供了理论指导，使其在宏观层面和微观领域均取得了巨大成功。价格规制是一种重要的制度实践，既具有宏观战略意义又具有微观行为意义，因而受到学界的重视。

第四阶段：企稳期。

进入21世纪以来，"价格规制"研究进入企稳期。所谓企稳期并不是指研究成果数量减少，而是指开拓新领域、新方向的势头有所减弱，高被引论文数量明显减少，特别是2010年后数量更少。当然，高被引论文数量减少并不意味着论文质量降低，而是由研究细分领域越来越多和共性问题研究相对较少导致的。这一阶段的研究主要有以下几个特点：首先，关于具体行业价格规制相关问题研究明显增多，且重点集中在电信[4][5]、股市[6]、

---

[1] SIBLEY D. Asymmetric information, incentives and price-cap regulation [J]. Rand journal of economics, 1989, 20 (3): 392-404.

[2] ARMSTRONG M. Vickers, welfare effects of price-discrimination by a regulated monopolist [J]. Rand journal of economics, 1991, 22 (4): 571-580.

[3] SAPPINGTON D. Sibley, strategic nonlinear pricing under price-cap regulation [J]. Rand journal of economics, 1992, 23 (1): 1-19.

[4] AI C R, SAPPINGTON D. The impact of state incentive regulation on the US telecommunications industry [J]. Journal of regulatory economics, 2002, 22 (2): 133-159

[5] KOTAKORPI K. Access price regulation, investment and entry in telecommunications [J]. International journal of industral organization, 2006, 24 (5): 1013-1020.

[6] NEWELL R G, PIZER W A. Regulating stock externalities under uncertainty [J]. Journal of environmental economics and management, 2003, 45S (2): 416-432.

房地产[1][2][3]、基础设施[4][5][6][7]、药品[8][9]、电力[10][11]等领域。其次，总结回顾性质的研究逐渐增多。如 Sappington 回顾了经济学对电力、电信和水务等公共事业规制的主要观点，梳理了公共事业规制的常用工具和使用方式[12]。又如 Vogelsang 对过去的 20 年公共事业[13]价格规制进行了回顾，认为价格上限成功地将降低成本的激励措施与激励更有效的定价结合起来，有助于开放公用事业部门的竞争，为公共事业监管注入了新的活力。最后，越来越多的中国学者加入研究队伍。中国学者的研究主要是以中国的实践为例检验外国的理论，主要涉及能源[14][15]、土

---

[1] GLAESER E L, GYOURKO J, SAKS R. Why is Manhattan so expensive? Regulation and the rise in housing prices [J]. Journal of law & economics, 2005, 48 (2): 331-369.

[2] IHLANFELDT K R. The effect of land use regulation on housing and land prices [J]. Journal of urban economics, 2007, 61 (3): 420-435.

[3] MAYER C J, SOMERVILLE C T. Land use regulation and new construction [J]. Regional science and urban economics, 2000, 30 (6): 639-662.

[4] GANS J S. Regulating private infrastructure investment: optimal pricing for access to essential facilities [J]. Journal of regulatory economics, 2001, 20 (2): 167-189.

[5] STARIKE D. Reforming UK airport regulation [J]. Journal of transport economics and policy, 2001, 35 (1): 119-135.

[6] OUM T H, ZHANG A M, ZHANG Y M. Alternative forms of economic regulation and their efficiency implications for airports [J]. Journal of transport economics and policy, 2004, 38 (2): 217-246.

[7] GUTHRIE G. Regulating infrastructure: The on risk and investment [J]. Journal of economics literature, 2006, 44 (4): 925-972.

[8] DANZON P M, Chao L W. Does regulation drive out competition in pharmaceutical markets [J]. Journal of law & economics, 2000, 43 (2): 311-357.

[9] KYLE M K. Pharmaceutical price controls and entry strategies [J]. Review of economics and statistics, 2007, 89 (1): 88-99.

[10] CARLSON C, et al. Sulfur dioxide control by electric utilities: what are the gains from trade [J]. Journal of political economy, 2000, 108 (6): 1292-1326.

[11] VOGELSANG I. Price regulation of access to telecommunications networks [J]. Journal of economic literature, 2003, 41 (3): 830-862.

[12] SAPPINGTON D. Regulating service quality: a survey [J]. Journal of regulatory economics, 2005, 27 (2): 123-154.

[13] 公共事业指负责维持公共服务基础设施的事业。公共事业处于自然垄断之下，可能是处于政府的控制之下，如果是私营的则会被行政法规监管。公共事业一般包括电力、供水、废物处理、污水处理、燃气供应、交通、通信等。

[14] JU K Y, et al. Does energy-price regulation benefit China's economy and environment? Evidence from energy-price distortions [J]. Energy policy, 2017, 105: 108-119.

[15] SHI X P, SUN S Z. Energy price, regulatory price distortion and economic growth: a case study of China [J]. Energy economics, 2017, 63: 261-271.

地[①]、房地产[②]等领域。虽然中国学者发表的论文数量有逐年上升的趋势，但高被引论文不多。

当然，这一阶段并非没有理论创新的尝试。如 Armstrong 和 Sappington 就探讨了自由化的复杂性，讨论了如何通过区分自由化的政策与反竞争自由化的政策并将竞争引入受规制的行业[③]。Dobbs 研究了在不确定情况下最高限价对具有市场支配力公司的影响，认为在此情况下公司无法使用价格上限来实施竞争性的市场解决方案。而且，即使最高限价是最优选择，在不确定性情况下，经常会导致垄断投资不足，或通过对其客户进行定量配给维护自身利益[④]。

2000 年以后，有关价格规制的研究进入企稳期有其内在的原因。从学术界自身来看，2000 年以后，整个学术界进入了"弱理论"时期，特别是随着实证的、量化的、经验的研究方法占据绝对优势地位后，绝大多数学者已经不再热衷于构建理论框架，因而很难出现被认可的共性突破。从实践来看，20 世纪 90 年来以来，全世界进入了相对平稳的发展时期，绝大多数国家都忙于发展经济，对经济理论的需求急剧下降。特别是在西方国家，价格规制被认为是一种非自由市场的行为，如果将其运用于竞争性商品领域甚至会造成一定的政治风险。因此，价格规制相关研究始终被限制在垄断行业领域，在一定程度上影响了研究的动力。

1.2.1.2 价格规制研究的主要内容

主题词（term）是研究成果主旨的高度概括。运用 CiteSpace 软件对上文提到的 2 946 篇文章的主题词进行共现分析，其中出现频率较高的主题词就是价格规制研究的热点领域。以"price regulation"为主题词进行检索，"价格"（price，361 次）、"规制"（regulation，437 次）出现的频次较高，"价格规制"（price regulation，67 次）出现的频次则较低。除了这三个词外，其他频次在 40 次以上的关键词有 37 个，其中，频次超过 50 次的

[①] XU I Z, HUANG J B, JIANG F T. Subsidy competition, industrial land price distortions and overinvestment: empirical evidence from China's manufacturing enterprises [J]. Applied economics, 2017, 49 (48): 4851-4870.

[②] JUNG H, LI J. The effects of macroprudential policies on house prices: evidence from an event study using Korean real transaction data [J]. Journal of financial stability, 2017, 31: 167-185.

[③] ARMSTRONG M, SAPPINGTON D. Regulation, competition, and liberalization [J]. Journal of economic literature, 2006, 44 (2): 325-366.

[④] DOBBS I M. Intertemporal price cap regulation under uncertainty [J]. Economic Journal, 2004, 114 (495): 421-440.

关键词有28个。这些关键词大体上可以分为4大类，代表学术界关注的四个重点领域。

（1）价格规制的理论研究。

有关价格规制的理论构建是从解释政府实践开始的，目的是在自由竞争与政府规制之间建立合适的理论关系，重点是厘清价格规制的合理性、有效边界和重点方式。

关于价格规制的合理性问题，目前还没有系统的、专题的阐述，主要成果均散落在一些实证研究之中。Wright虽然承认政府价格规制的困难，但认为价格规制能够有效地抑制垄断的负面影响，并系统地反驳了各种否定价格规制的理论[1]。但此后有关价格规制的合理性的解释——支持或反对的观点，都散落在一些经验性研究成果中。如Vogelsang就认为一般的激励措施和价格上限（price-cap）为公共事业监管注入了新的活力。价格上限成功地将降低成本的激励措施与有效的定价措施结合起来，有助于开放公用事业部门的竞争，当市场结构不清晰时能够建立起适当的市场竞争[2]。又如Cairns和Liston通过建立出租车行业模型证明，放松对出租车行业的价格规制和进入监管是不利行业发展的，他们认为出租车市场是不存在竞争的，接触价格规制和进入监管无法实现市场均衡，进行价格规制是有必要的[3]。Woo、Lloyd和Tishler通过对英国、挪威、加拿大阿尔伯塔和美国加利福尼亚的电力市场改革进行分析，证明引入竞争性的发电市场本身并没有以低廉、稳定的价格提供可靠的服务，客户无法应对价格上涨，可能导致灾难性的后果[4]。Gu和Wenzel证明，在双寡头垄断的情况下，价格规制能够带来更透明的定价，推动生产要素转向效率更高的低成本的公司，从而增加社会福利[5]。当然，也有一些研究力图证明某些特殊行业的价格规制是无效的。

---

[1] WRIGHT C W. The economics of governmental price regulation some objections consideredp [J]. American economic review, 1913, 3 (1): 126-142.

[2] VOGELSANG I. Incentive regulation and competition in public utility markets: a 20-year perspective [J]. Journal of regulatory economics, 2002, 22 (1): 5-27.

[3] CAIRNS R D, LISTON H C. Competition and regulation in the taxi industry [J]. Journal of public economics, 1996, 59 (1): 1-15.

[4] WOO C K, LLOYD D, TISHLER A. Electricity market reform failures: UK, Norway, Alberta and California [J]. Energy policy, 2003, 31 (11): 1103-1115.

[5] GU Y Q, WENZEL T. Consumer confusion, obfuscation and price regulation [J]. Scottish journal of political economy, 2017, 64 (2): 169-190.

关于价格规制的适用范围，理论领域和实践领域都发生了重大变化。Simpson 通过研究 1934 年美国最高法院支持纽约州政府干预牛奶价格以及森夏恩无烟煤判例（The Sunshine Anthracite Coal Case）指出，虽然自古以来，价格规制就被视为仅限于与公共利益有关的（affected with a pubilic interset）产业领域，即公共事业（public utility）领域，但随着时间推移，对于价格控制法律法规（price-control legislation）而言，公共事业的概念已经扩大了，传统的公共事业的概念（the utility concept）的重要性已经被大大降低了，由于自由裁量权的扩大，法律对产业的自由定价的保护逐步减弱，民意（polls）而不是法院（court）才是决定某个产业是否是公共产业的最终力量①。Jones 认为 1941 年美国最高法院关于奥尔森诉内布拉斯加州案的判决，延续了 1934 年的 Nebbia 案（纽约州政府干预牛奶价格案）的趋势，给了传统的公共事业（the public utility）的概念一个致命的打击，旧的公共事业概念是一去不复返了②。总体来看，价格规制的适用范围经历了从确定到不确定、从明确到不明确的过程，其原因在于"公用事业"的内涵和外延都发生了巨大变化，对"公共事业"的理解不仅受到市场实践、法律规定的影响，而且还受到政治因素的影响，边界不再清晰。

关于价格规制的方式，Braeutigam 和 Panzar 提出的盈利率规制（rate-of-return regulation）和最高限价（price-cap regulation）两种范式始终是学者们的重点关注对象。其中，学者们尤为关注对于最高限价的研究，如 Lyon 和 Toman 研究了最高限价机制对天然气供应和运输服务费率规制的适用性，认为综合了价格和利润的运输费用规制不仅能够提高配置效率而且会大大地刺激企业提高生产效率③。Baake 证明了在保持企业利润和规模不变的前提下，通过减少最高限价对价格的扭曲程度可以增强社会福利④。Engel 和 Heine 通过实验模型证明了最高限价存在消极的一面，认为最高限价建立了一种交易条件：监管机构依法在事先确定点上进行干预只能限制

---

① SIMPSON F R. Price regulation and the public utility concept: the sunshine anthracite coal case [J]. Journal of land and public utility economics, 1941, 17 (3): 378-379.

② JONES H F. Price regulation and the public utility concept: olsenv nebraska [J]. Journal of land and public utility economics, 1942, 18 (2): 223-225.

③ LYON T P, TOMAN M A. Designing price caps for gas-distribution systems [J]. Journal of regulatory economics, 1991, 3 (2): 175-192.

④ BAAKE P. Price caps, rate of return constraints and universal service obligations [J]. Journal of regulatory economics, 2002, 21 (3): 289-304.

价格上限，而公司通过社会化的创新证明价格规制是合理的，但如果监管机构实施了过于慷慨的最高限价，就会被企业所利用，进而会严重损坏社会利益[1]。Okumura 重点分析了最高限价变化的福利效应，认为即使价格上限高于竞争价格，价格上限的降低也可能对社会有害[2]。关于盈利率规制的研究较少，这与价格规制多采用最高限价的方式有关，但也有一些成果，如 Doherty 研究了盈利率规制与公平收益率的关系[3]。Granderson 和 Forsund 证明了当价格指数（input prices）变化时，受盈利率规制的企业的价格弹性比不受规制的企业的价格弹性更小[4]。Glass 和 Sysuyev 证明了通过联营的方式，盈利率规制和最高限价两种价格规制方式在美国农村地区都能运行，且能提高市场效率[5]。还有学者提出了其他价格规制形式，如 Wittmann 证明价格税是一种可行的价格规制方法，通过征收边际利润税，能够使得价格规制成为一种强有力的手段，解决不充分竞争带来的问题，带来更有效的市场结果。Lemus 和 Moreno 认为尽管价格上限为产能投资提供了激励，并减轻了市场的力量，但它不能消除效率低下的问题，因而建议用容量费用模式作为最高限价的补充工具[6]。

关于价格规制的影响因素，Baron 先后讨论了信息不对称（asymmetric information）[7]和信息不充分（incomplete information）[8]条件下价格规制与产品质量之间的关系。Kale 和 Noe 证明了公司与资本市场之间关于公司资

---

[1] ENGEL C, HEINE K. The dark side of price cap regulation: a laboratory experiment [J]. Public choice, 2017, 173 (1-2): 217-240.

[2] OKUMURA Y. Asymmetric equilibria under price cap regulation [J]. Journal of economics, 2017, 121 (2): 133-151.

[3] DOHERTY N A. Retroactive price regulation and the fair rate of return [J]. Insurance mathematicsw & economics, 1987, 6 (2): 135-144.

[4] GRANDERSON G, FORSUND F. Rate of return regulation and the Le Chatelier principle [J]. Journal of productivity analysis, 2014, 41 (2SI): 263-275.

[5] GLASS V S, SYSUYEV R. Pooling, a missing element in the rate of return and price cap regulation debate: a comparison of alternative regulatory regimes [J]. Information economics and policy, 2013, 25 (1): 1-17.

[6] LEMUS A B, MORENO D. Price caps with capacity precommitment [J]. International journal of industrial organization, 2017, 50: 131-158.

[7] BARON D P. Price regulation, product quality and asymmettic information [J]. American economics review, 1981, 71 (1): 212-220.

[8] BARON DP. Regulation of prices and pollution under incomplete information [J]. Journal of public economics, 1985, 28 (2): 211-231.

产与未来成本的信息存在不对称的情况下，基于公平回报率的（fair rate of return）公共事业价格规制将会导致投资动力不足[①]。Lossa 和 Stroffolini 重点研究了最高限价情况下受规制的公司获取昂贵信息（costly information）的动机，证明收入共享计划（revenue sharing plan）比单纯的最高限价或者增加社会福利更能够刺激企业获取信息（information acquisition）[②]。Duarte 等探讨了监管公平披露（sclosure）对企业信息环境和资本成本的影响，认为监管会增加公司的资本成本[③]。Basso 等研究了信息不对称情况下限制价格或限制产量两种规制方式对垄断企业的价格和产量的影响[④]。

（2）价格规制对市场行为的影响。

作为一种重要的变量，价格规制的效果要通过其最终的影响（impact）体现出来。相反，各种现实的效益也是评价价格规制是否有效的重要标准。价格规制的影响既包括市场主体采取应对措施对市场主体行为（behavior）的影响，也包括对企业生产效率（efficiency）的影响，主要涉及以下几个方面的内容。

价格规制与投资（investment）。Teisberg 解释了在规制不确定的情况下，被规制的公司为什么会延迟投资或者投资规模较小、短期效益明显的技术，并证明了静态模式下的补贴方式无法激励动态模式下被规制公司的投资积极性[⑤]。Scarpa 发现如果一个企业的产品价格受到规制，那么企业将倾向于减少投资，但如果企业与执行价格规制的监管部门能够进行谈判那么就可以扭转这种投资不足的情况。Sarkar 从消费者的角度研究了价格规制与企业投资的关系，认为价格规制影响了企业投资的规模和时间选择，并认为抬高（降低）最高限价都可能导致消费者福利减少，加速投资并

[①] KALE J R, NOE T H. Dilution costs, underinvestment and utilituy regulation under asymmetric information [J]. Journal of regulatory economics, 1995, 7 (2): 177-197.

[②] LOSSA E, STROFFOLINI F. Price cap regulation, revenue sharing and information acquisition [J]. Information economics and policy, 2005, 17 (2): 217-230.

[③] DUARTE J, et al. Information asymmetry, information dissemination and the effect of regulation FD on the cost of capital [J]. Journal of financial economics, 2008, 87 (1): 24-44.

[④] BASSO L J, FIGUEROA N, VASQUEZ J. Monopoly regulation under asymmetric information: prices versus quantities [J]. Rand journal of economics, 2017, 48 (3): 557-578.

[⑤] TEISBERG E O. Capital-investment strategies under uncertain regulation [J]. Rand journal of economics, 1993, 24 (4): 591-604.

不一定能改善消费者福利[1]。Levaggi 等研究了药品价格规制对研发投入的影响[2]。Cavaliere 等分析了在需求弹性为零和投资效益信息充分情况下被规制的供水产业如何通过最优投资减少水损失，认为价格规制对于供水产业投资的影响有限[3]。Gerlach 和 Zheng 研究了最高限价是如何影响能源企业投资绿色能源的，认为单纯地对绿色能源实行最高限价无法有效刺激电力企业投资绿色能源产业[4]。

价格规制与质量（quality）。关于价格规制对产品质量影响的研究开始于对苏联的价格监管的影响。早在 1970 年 Spechler 就专门研究了苏联的价格和质量监管[5]，后来学者们专注于垄断情况下价格规制与质量管理、产量管理的关系[6]。从学者的研究成果来看，不同行业的企业应对价格规制所采取的质量行为并不一致，在有些行业，企业面对价格规制时致力于改进产品质量。如 Ma 认为在不完全竞争的市场中，企业会通过质量和价格两种办法来争夺客户以应对价格规制，简单的价格规制可能会导致价格下降和质量提高，进而导致一个社会的最优的质量水平[7]。Cesi 等的研究证明，价格规制能够有效避免监管滞后，降低公司投机行为的收益[8]。在另外一些行业则相反，价格规制促使企业削减成本进而导致产品质量下降。如 Pekola 等的研究表明，在消费者能够自由选择的情况下，价格规制显著降低了物理治疗的质量，而且这种机制无法激励企业在质量上进行投资，

---

[1] SARKAR S. Price limits and corporate investment: the consumers' perspective [J]. Economic modelling, 2015, 50: 168-178.

[2] LEVAGGI R, MORETTO M, PERTILE P. The dynamics of pharmaceutical regulation and R&D investments [J]. Joernal of public economic theory, 2017, 19 (1): 121-141.

[3] CAVALIERE A, MAGGI M, STROFFOLINI F. Water losses and optimal network investments: price regulation effects with municipalization and privatization [J]. Water resources and economics, 2017, 18: 1-19.

[4] GERLACH H, ZHENG X M. Preferences for green electricity, investment and regulatory incentives [J]. Energy economics, 2018, 69: 430-441.

[5] SPECHLER M C. Decentralizing soviet economy -legal regulation of price and quality [J]. Soviet studies, 1970, 22 (2): 222-254.

[6] SHESHINSKI E. Price, quality and quantity regulation in monopoly situations [J]. Economica, 1976, 43 (170): 127-137.

[7] MA C A, BURGESS J F. Quality competition, welfare, and regulation [J]. Journal of conomics-zeitschrift fur nationalokonomie, 1993, 58 (2): 153-173.

[8] CESI B, LOZZI A, VALENTINI E. Regulating unverifiable quality by fixed-price contracts [J]. Journal of conomic analysis & policy, 2012, 12 (1): 15-18.

其原因在于企业通过削减成本而不是提高生产效率来应对价格规制，进而导致质量下降[1]。Bruggemann 等通过对美国 OTC 市场研究，发现降低监管在降低小企业的负担的同时，也降低了市场质量[2]。

价格规制与创新（innovation）。20 世纪 90 年以来，企业创新被纳入了价格规制的影响范畴，并成为价格规制的重要研究内容。Newell 等证明了能源领域的创新速度与能源价格和规制无关，能源创新的方向主要是应对价格变化带来的影响[3]。Chen 和 Sappington 研究了受规制的价格指数对创新过程的影响，认为价格规制能够为垂直整合条件下的创新提供更强的激励[4]。Prieger 以电信产业为例，研究了最高限价和回报率规制两种价格规制形式下电信业的产品创新问题，认为前一种价格规制能够促使企业创新服务方式[5]。Danzon 等分析了价格规制对新药延迟上市的影响，认为对药品预期价格和数量进行规制，会显著延迟新药的发行时间[6]。Bardey 等评估了参考定价（reference pricing）对医药创新、健康和支出的长期影响，指出参考定价会导致制药公司研究投资水平和创新内容，然后与监管机构协商新药品的入门价格，对研究的强度有负面影响，它还会修改被引入市场的创新类型，从而阻止小型创新[7]。

价格规制与生产率（productivity）。价格规制对生产率的影响是 20 世纪 90 年代以来价格规制研究领域出现的另外一个热点。1991 年，Appelbaum 和 Berechman 研究了价格规制对以色列公共汽车运输部门成本

---

[1] PEKOLA P, LINNOSMAA I, MIKKOLA H. Assessing the effects of price regulation and freedom of choice on quality: evidence from the physiotherapy market [J]. Health economics review, 2017, 7: 25–29.

[2] BRUGGEMANN U, et al. The twilight zone: OTC regulatory regimes and market quality [J]. Review of financial studies, 2018, 31 (3): 898–942.

[3] NEWELL R G, JAFFE A B, STAVINS R N. The induced innovation hypothesis and energy-saving technological change [J]. Quarterly journal of economics, 1999, 114 (3): 941–975.

[4] CHEN Y M, SAPPINGTON D. Designing input prices to motivate process innovation [J]. International journal of industrial organization, 2009, 27 (3): 390–402.

[5] PRIEGER J E. A model for regulated product innovation and introduction with application to telecommunications [J]. Applied economics letters, 2002, 9 (10): 625–629.

[6] DANZON P M, WANG Y R, WANG L. The impact of price regulation on the launch delay of new drugs – evidence from twenty-five major markets in the 1990s [J]. Health economics, 2005, 14 (3): 269–292.

[7] BARDEY D, BOMMIER A, JULLIEN B. Retail price regulation and innovation: reference pricing in the pharmaceutical industry [J]. Joernal of health economics, 2010, 29 (2): 303–316.

效率(生产率)的增长率的影响①。Saal 和 Parker 证明了英格兰和威尔士的供水和排水行业新的监管定价系统补偿了该行业增加的资本成本,鼓励提高效率,并为客户维持了公平的价格,导致了行业的利润增长②。Filippini 等对斯洛文尼亚供水产业生产效率进行了估算,认为现有的价格规制不能刺激供水产业的生产效率,并建议建立一个基于激励的价格调节机制以提高斯洛文尼亚供水产业的绩效③。Seo 和 Shin 探讨了最高限价(PCR)和其他形式的激励监管对传统盈利率规制(RRR)的替代对美国电信行业的生产率增长的影响,认为最高限价对电信行业生产率有显著和积极的影响。Casarin 考察了最高限价和价格评审制度对公共事业生产率的影响,证明外商投资减少了"老鼠问题",即当监管周期较短时,战略成本削减行为就会减少,行业生产率与战略成本削减行为就会一致④。Filippini 等通过研究供水和电力配送公司业务,发现在价格规制的情况下,持续的效率(persistent efficiency)与更高的质量有关,而错误的效率目标(wrong efficiency targets)与低质量的遵从性(lower quality compliance)有关⑤。

价格规制和效率(efficiency)。Devany 较早建立了价格和准入受到规制的行业的产能利用率模型,证明了被规制企业的产能利用率、产出和成本是由规制机构的政策、消费者时间的价值和其他外生变量共同决定的⑥。Dutra 等探讨了不同的监管机制中嵌入激励措施的效果,结果证明,最高限价下的垄断企业会比无规制或规定目标监管或者盈利率规制下的企业更容易采取积极的措施提升能源效率,减少网络损失⑦。Poudou 和 Roland 证明

---

① APPELBAUM E, BERECHMAN J. Demand conditions, regulation and the measurement of productivity [J]. Journal of econometrics, 1991, 47 (2-3): 379-400.
② SAAL D S, PARKER D. Productivity and price performance in the privatized water and sewerage companies of England and Wales [J]. Journal of regulatory economics, 2001, 20 (1): 61-90.
③ FILIPPINI M, HROVATIN N, ZORIC J. Productivity growth and price regulation of Slovenian water distribution utilities [J]. Zbornik radovaekkonomskog fakulietau rijeci-proceedings of rijeka faculty of economics, 2010, 28 (1): 89-112.
④ CASARIN A A. Productivity throughout regulatory cycles in gas utilities [J]. Journal of regulatory economics, 2014, 45 (2): 115-137.
⑤ FILIPPINI M, GREENE W, MASIERO G. Persistent and transient productive inefficiency in a regulated industry: electricity distribution [J]. Energy economics, 2018, 69: 325-334.
⑥ DEVANY A S. Effect of price and entry regulation on airline output, capacaity and efficiency [J]. Bell journal of economics, 1975, 6 (1): 327-345.
⑦ DUTRA J, MENEZES F M, ZHENG X M. Price regulation and the incentives to pursue energy efficiency by minimizing network losses [J]. Energy journal, 2016, 37 (4): 45-61.

了给网络行业的公司统一定价,能够增强某个公司对特定细分市场的义务,同时也限制了最小和最大服务范围,能够增加社会福利[①]。Kolpin 研究了在广泛的环境中,包括任意的监管机制、多个输出/输入、不确定性、时间动态、价格歧视等在内的监管导致的低效率[②]。Sherman 发现如果一个公司生产多种产品则不会夸大需求弹性,从边际成本定价中最优地脱离边际成本定价,这是由利润限制所要求的。相反,在各种各样的目标下,利润受监管的公司会低估边际成本,在选择相对价格时充分利用需求弹性。当受利润管制的公司产品的需求弹性不同时,公司往往会被激励去区别价格,甚至在不同的服务之间交叉补贴[③]。

此外,还有学者研究了价格规制的成本问题,如 Boyer 的研究表明在解除管制的情况下,不仅不会降低铁路费用,而且不会带来更大的客流量[④]。还有学者研究了价格规制对企业的市场营销的影响,如 Bradley 研究了最高限价对企业市场定义的影响,发现受价格规制的公司会细分市场,使消费者对以数量为基础的最高限价的有效性产生怀疑,从而鼓励了有效的市场定义,产生了一个有效的价格结构[⑤]。

1.2.1.3 我国学者对价格规制的研究

目前,WOS 上有关价格规制的研究文章多来自欧美各国,其中,来自美国的研究成果最多;在研究机构中,来自加州大学系统(The UC System)、美国国家经济研究局(NBER)和伦敦大学(University of London)的数量最多,分别有 141 篇、90 篇、76 篇文章。近年来,我国学者在价格规制方面的研究成果也迎头赶上,进入 21 世纪后在 WOS 上发表的成果越来越多,截至 2018 年 6 月底总量已经进入前 10 位(见表 1-1),特别是 2012 年以来一直保持了较快的上升势头(见图 1-3)。

[①] POUDOU J C, ROLAND M. Efficiency of uniform pricing in universal service obligations [J]. International journal of industrial organization, 2014, 37: 141-152.

[②] KOPLIN V. Regulation and cost inefficiency [J]. Review of industrial organization, 2001, 18 (2): 175-182.

[③] SHERMAN R. Price inefficiency under profit regulation [J]. Southern economic journal, 1981, 48 (2): 475-489.

[④] BOYER K D. The costs of price regulation-lessons from railroad deregulation [J]. Rand journal of economics, 1987, 18 (3): 408-416.

[⑤] BRADLEY I. Price-cap regulation and market definition [J]. Journal of regulatory economics, 1993, 5 (3): 337-349.

表 1-1　WOS 研究文章的国别分布

	国家	数量/篇	占比/%
1	美国	1 336	45.4
2	英格兰	338	11.5
3	德国	216	7.3
4	法国	173	5.9
5	加拿大	154	5.2
6	澳大利亚	132	4.5
7	意大利	126	4.3
8	中国	125	4.2
9	西班牙	121	4.1
10	荷兰	108	3.7

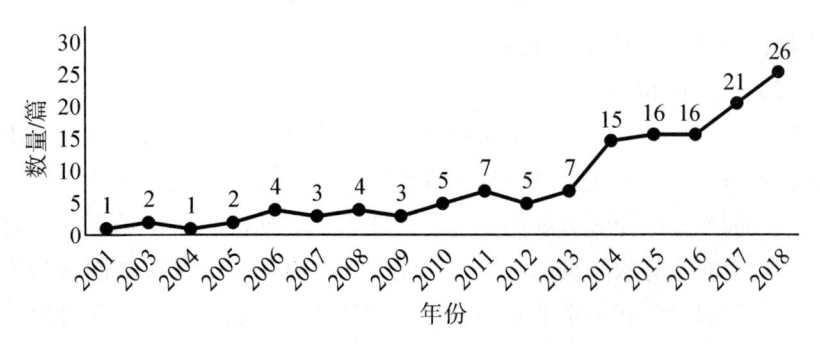

图 1-3　我国学者关于价格规制研究成果的时间分布

虽然我国学者参与国际学术界价格规制有关问题的讨论时间比较晚，但关于价格规制的研究却开始较早。改革开放以来，价格改革始终是我国经济体制改革的两条主线之一，与税收、财政、金融等改革联动构成了经济体制改革的重要内容。特别是 20 世纪 90 年代以来，随着"以放为主"的价格改革主体方向形成和国有企业改革的深入推进，我国学者关于价格规制的研究迅速增多。

除了国际学术界关注的热点内容外，我国学者关于价格规制的研究主要涉及以下内容：

（1）价格规制的必要性。

早期，学者们重点关注的是价格规制与市场经济的关系，着力解释价格规制的必要性以及其他相关性问题。张学鹏系统讨论了价格规制在市场经济中的作用，认为市场经济条件下的价格结构是由市场价格和政府干预价格构成的二元价格结构，认为价格规制是市场价格机制的重要补充，并将政府价格规制分为直接干预和间接干预两类。其中，直接干预包括行政管理价格、限制价格和支持价格等方式，而间接干预就是"政府通过补贴、税收等经济杠杆直接介入市场买卖活动来影响价格的形成"[①]。还有学者从马克思主义经济学和西方经济学理论对价格规制的合理性进行论证。如王天义认为"供求均衡价格并不是合理的价格"，通过市场机制调节而实现的价格并不能真正反映社会生产结构和社会需求结构，也不能反映商品的真正价值，必须重视调节工农业产品价格[②]。而郭宗杰则从西方经济学的角度对价格规制进行了研究，认为"西方微观经济学中的价格理论中的支持价格和限制价格的部分对我们今天的价格体系的形成和价格政策的制定具有重要的启示。"[③] 当然，并不是所有的学者都认为政府的价格规制一定能够实现理论目标，特别是在房地产等领域的限价实践，让学者们对政府的价格规制效果持怀疑态度[④]。

（2）政府限价行为。

行政限价实为一种价格干预措施，是指在特殊时期，由法律所赋予权力的行政机关，在限定条件下运用价格杠杆这一调控手段干预经济活动中的生产、流通、交换和分配的全过程，并在一定期限内对市场上部分商品价格和收费实施有效管理的一项法律制度。在有关政府价格规制的相关研究中，政府限价是我国学者较为关注的领域之一，这与普通民众对价格规制方式的直观感受有关。李永宁就明确指出市场经济与价格规制并不矛盾，相反，限制价格本身就是国家管理价格的重要手段。但市场经济条件下的限价行为与传统的国家定价行为的性质并不相同，"国家定价实际上是国家以经济人的身份对微观经济活动的一种直接参与，从而自下而上地实现自身的经济目标；而限价则是国家以经济警察的身份自上而下地引导

[①] 张学鹏. 政府干预价格在市场经济中的作用 [J]. 价格与市场，1996（5）：24-25.
[②] 王天义. 马克思的价格理论及其现实意义 [J]. 河南大学学报（社会科学版），1990（6）：7-12.
[③] 郭宗杰. 简论欧盟对不正当价格竞争行为的规制 [J]. 价格理论与实践，2002（10）：45-46.
[④] 贾卧龙. 全面限价 楼市调控的又一紧箍咒？限价令"路遥"才知"马力" [J]. 城市开发，2011（7）：15-17.

微观经济主体的活动,实现自身的经济目标"。二者在表现形式、使用目的、法律意义等方面均存在很大不同[1]。汪雯婕将政府限价分为最高限价和最低限价两种形式,认为政府限价具有"实施主体的确定性、实施手段的强制性、实施时期的特殊性、实施商品的限定性、实施管制的临时性"五大特征。汪雯婕认为政府限价是政治和市场的博弈,不仅会带来市场的积极或消极反馈,而且会造成政府限价机制的调整[2]。但并不是所有学者都支持政府限价,如徐小青通过建立模型得出结论:政府限价会导致市场混乱和价格上涨,最终损坏消费者利益。

(3) 价格规制的影响。

价格规制的影响是我国学术界对接国际学术界的切入口,我国学者在国际学术刊物上发表的研究成果总体上呈现出以下特征:首先,经验研究多。几乎所有的成果都是基于我国价格规制实践的研究,涉及的内容十分广泛,如 Oum 等探讨了不同形式的价格规制对机场效率的影响,发现盈利率规制(ROR)可能导致产能过度投资,但最高限价(price-cap)容易导致投资不足,而且在双重价格上限下投资不足的程度低于单一(single-till)的价格上限。此外,在双重(dual-till)价格规制下,总要素生产率比单一的价格上限或单一的价格上限更大,证明了在经济效率方面,双重规制将比单一的监管更好,尤其是对于大型、繁忙的机场[3]。Yang 和 Zhang 探讨了价格规制对交通基础设施容量和服务质量的影响,证明最高限价能够实现社会福利最大化[4]。Guo 等讨论了双轨制下价格规制对制药公司利润的影响[5]。其次,定量研究多。如 Wang 以香港电力公司为例,运用数据包络分析法(DEA)分析了最高限价(PBR)模型对公用事业的效率和性能及其对价格的影响[6]。Tian 通过分析在上海和深圳证券交易所上市的 1 377 个样本,发现中国首次公开募股(IPO)定价偏低的主要原因

---

[1] 李永宁. 限价的性质与实施保障 [J]. 理论导刊, 1995 (7):20-22.

[2] 汪雯婕. 行政限价的运用与思考 [J]. 现代商业, 2009 (2):175-176.

[3] OUM T H, ZHANG A M, ZHANG Y M. Alternative forms of economic regulation and their efficiency implications for airports [J]. Journal of transport economics and policy, 2004, 38 (2):217-246.

[4] YANG H J, ZHANG A M. Impact of regulation on transport infrastructure capacity and service quality [J]. Journal of transport economics and policy, 2012, 46 (3):415-430.

[5] GUO S, HU B, ZHONG H. Impact of parallel trade on pharmaceutical firm's profits:rise or fall [J]. European journal of health economics, 2013, 14 (2):345-355.

[6] WANG J H, et al. Performance based regulation of the electricity supply industry in Hong Kong:an empirical efficiency analysis approach [J]. Energy policy, 2007, 35 (1):609-615.

是政府对IPO定价规定的干预[1]。Wang和Feng利用三种分析模型揭示了环境监管对中国全要素能效的影响[2]。最后，热点问题多。我国学者们关注的几乎都是在我国出现的热点问题，如Qian等证明了在一定条件下，最高限价和税收补贴都能有效地降低系统成本和通勤成本，并有助于确保停车市场的稳定性[3]。Qiu和Wang证明在特许经营期间，工程建设模式（BOT）合同与价格规制相结合，在特许期后的许可扩展能够达到完全的效率[4]。Gerlach和Zheng发现对清洁能源的单一价格上限是无效的[5]。

（4）价格规制体制机制的完善。

我国学者关于价格规制的研究主要是围绕我国价格体制改革过程中出现的问题展开的，实践导向非常明显，不少学者更是系统地提出了进一步完善价格规制体制机制的对策建议。范王榜和王惠贤认为，完善我国价格规制体制机制，除了学习西方的成功经验和做法外，还应该立足自身实际进行配套改革，并认为推动政府职能转变，使企业成为独立主体和加快市场法律法规建设等是建立适应市场经济体系的重要措施[6]。近年来有一些研究就市场规制问题进行了系统研究，如姜榕兴从微观规制和宏观调控两个方面讨论了我国价格规制问题，并就建立适应WTO要求的新型价格规制体系以及特殊行业的价格规制系统提出了系统的建议[7]。吴东美也针对现代市场经济条件下价格规制体制机制重构进行了研究[8]。总体来看，几乎所有研究的最终目标都是为了更好地改进现有的价格规制体系，提升社会福利，如Ouyang和Sun研究了价格规制对中国能源消耗的影响，发现价格规制导致了能源等要素价格的扭曲，降低了能源的配置效率，因此，他

---

[1] TIAN L H. Regulatory underpricing: determinants of Chinese extreme IPO returns [J]. Journal of empirical finance, 2011, 18 (1): 78-90.

[2] WANG Z H, FENG C. The impact and economic cost of environmental regulation on energy utilization in China [J]. Applied economics, 2014, 46 (27): 3362-3376.

[3] QIAN Z, XIAO F, ZHANG H M. The economics of parking provision for the morning commute [J]. Transportation research part a-policy and practice, 2011, 45 (9SI): 861-879.

[4] QI L D, WANG S S. BOT projects: incentives and efficiency [J]. Journal of development economics, 2011, 94 (1): 127-138.

[5] GERLACH H, ZHENG X M. Preferences for green electricity, investment and regulatory incentives [J]. Energy economics, 2018, 69: 430-441.

[6] 范王榜, 王惠贤. 论市场经济下的价格政策 [J]. 南方经济, 1994 (11): 21-23.

[7] 姜榕兴. 市场经济条件下中国价格管理研究 [D]. 福州: 福建师范大学, 2004.

[8] 吴东美. 政府价格监管重构研究 [D]. 北京: 中国政法大学, 2009.

们建议通过建立透明合理的定价机制来提高能源配置效率[①]。Wu等认为在严格的价格规制下，我国来自仿制药等的竞争的确降低了药品价格，但并不能因此确定这种竞争是否增加了消费者的价格，为此，笔者建议进一步对此加强研究[②]。

1.2.1.4 现有研究的特点和进一步研究的空间

围绕价格规制的研究分别在宏观（market）、中观（industry）和微观（firm）三个层面上展开，其主题主要包括两个方面：价格规制是否合理和价格规制是否合适，其中，合理是指必要性，而合适是指有效性，二者在内容上明显不同。

（1）研究对象：非竞争性商品价格规制。

由于价格规制被视为市场失灵的有效补充，学者们将其适用的范围进行了限定。价格规制的主要研究对象包括：公用产业（public utility），如供水业，Aubert等研究了价格规制对水务公司成本最小化的影响[③]；Bruggink对城市供水行业价格歧视规制进行了研究[④]。又如公共交通，Harker研究了交通价格规制的发展方向[⑤]。Yang和Fu比较了事前最高限价和事后监管对机场服务质量的影响[⑥]。垄断行业（monopoly），如Breton和Kharbach研究了最高限价对天然气运输网络带来的福利效应[⑦]。Bernardo研究了西班牙放松规制对柴油均衡零售价的影响，认为均衡价格的降低是由第一个市场进入者造成的，而且随着时间的推移，其影响也会降低[⑧]。

[①] OUYANG X L, SUN C W. Energy savings potential in China's industrial sector: from the perspectives of factor price distortion and allocative inefficiency [J]. Energy economics, 2015, 48: 117-126.

[②] WU J, et al. Pharmaceutical pricing: an empirical study of market competition in Chinese Hospitals [J]. Pharmacoeconomics, 2014, 32 (3): 293-303.

[③] AUBERT C, REYNAUD A. The impact of regulation on cost efficiency: an empirical analysis of wisconsin water utilities [J]. Journal of prodcttivity analysis, 2005, 23 (3): 383-409.

[④] BRUGGINK T H. 3rd-degree price-discrimination and regulation in the municipal water industry [J]. Land economics, 1982, 58 (1): 86-95.

[⑤] HARKER P T. Research directions in transportation regulation and pricing [J]. Transportation research part a-policy and practice, 1985, 19 (5-6): 489-491.

[⑥] YANG H J, FU X W. A comparison of price-cap and light-handed airport regulation with demand uncertainty [J]. Transportation research part b-methodologcal, 2015, 73: 122-132.

[⑦] BRETON M, KHARBACH M. Transportation and storage under a dynamic price cap regulation process [J]. Energy economics, 2012, 34 (4): 918-929.

[⑧] BEMNARDO V. The effect of entry restrictions on price: evidence from the retail gasoline market [J]. Journal of regulatory economics, 2018, 53 (1): 75-99.

关于民众生活的行业，Ben-Aharon 等研究发现最高限价是由在其他国家的同一种药物，或国内的治疗方案，以及基于价值的定价（VBP）组成的，在价格调节或补偿机制和医疗费用之间没有发现联系[①]。Sumner 研究了价格规制对美国乳制品出口补贴和进口壁垒等市场政策的影响[②]。

（2）研究内容：新的热点逐渐减少。

图 1-4 是运用 Ctiespace 绘制的价格规制研究热点问题时区视图（Time-Zone），从左到右反映的是不同时期的热门研究主题，连线反映的是各类主题之间的影响和关系。

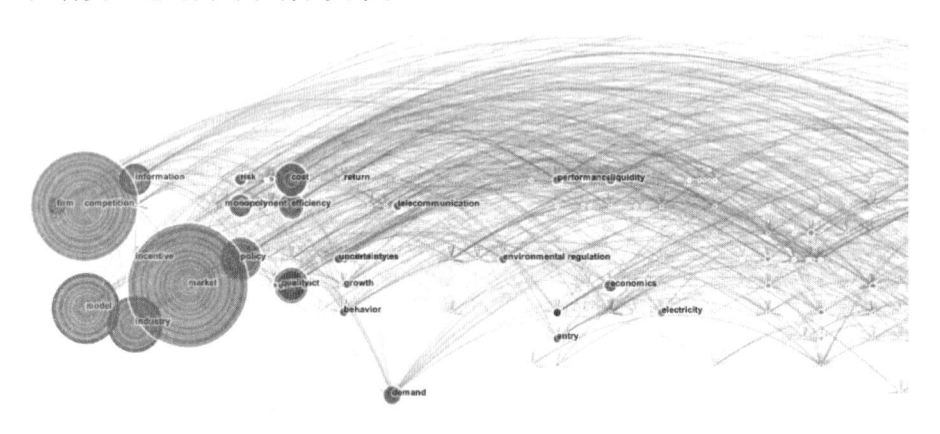

图 1-4　价格规制研究热点问题时区视图（Time-Zone）

由图 1-4 可以看出，有关价格规制研究的最热门的研究主题出现得较早，这些主题形成了研究的基本范畴和重点内容，这些研究一直影响着现在的研究。随着时间的推移，受到关注的领域越来越多，讨论的深度和广度也较以前深得多，但影响较大的热门主题越来越少。这与新产业、新业态的不断出现有关，也与新的理论、新的研究方法不断被引入有关，造成了学术界关注的热点不再聚焦。当然，这一特点仅仅是指研究热点的变化，但价格规制研究的理论基础并没有改变，研究的主要内容仍然是制度变革对市场、产业和企业带来的各种影响。

[①] BEN-AHARON O, SHAVIT O, MAGNEZI R. Does drug price-regulation affect healthcare expenditures [J]. European journal of health economics, 2017, 18 (7): 859-867.

[②] SUMMER D A. Domestic price regulations and trade policy: milk marketing orders in the United States [J]. Canadian journal of agricultural economics-revue canadienne d agroeconomie, 1999, 47 (5): 5-16.

(3) 薄弱领域：竞争性商品价格规制。

总体来看，学术界对竞争性商品价格规制的关注较少。一方面，这与西方经济学的基本假设有关。在西方，市场被视为优化资源配置的唯一力量，"看不见的手"能够自主调节竞争性商品的供求，对其进行规制的理论基础不存在。另一方面，这与西方经济的实践有关。在很长一段时间内，自由放任的市场经济在西方国家取得了巨大成功。虽然随着垄断产业的出现以及政府公共服务范围的不断扩大，西方社会也逐步认识到政府规制经济的必要性，但仍然认为这种规制必须被限制在一个较小的范围内，完全自由竞争才是理想的经济发展的根本动力，对竞争性商品价格进行规制是不必要的，也是不科学的。

然而，竞争性商品价格规制是一种客观存在的经济现象，学者们并没有完全忽略这一问题，部分学者已经以不同的形式对其进行了探讨。Simpson[①]和Jones[②]指出，"公用事业"的边界已经发生了巨大变化，内涵和外延已经不再清晰，即便是法律法规都无法对其明确规定。正是因为如此，价格规制的范畴已经不限于传统的"公用事业"领域，随着社会经济的发展，特别是社会治理实践和理论的变革，公私边界已经不再是固定不变的，公共利益的边界因时因地而不断变化。另外，西方国家对"公用事业"的理解也不一致，不同时间、不同国家对"公用事业"的定义受到政治体制、经济发展阶段、社会价值观、社会治理方式、政治竞争等因素的影响，不具有统一性。总体来看，一切与国民生活密切相关的商品都有可能被纳入价格规制的范畴，如药品、牛奶等。

目前学者们关于竞争性商品的价格规制研究的主要特点有以下几点：

一是系统的理论研究缺乏，即关于竞争性商品的价格规制的经济学解读还不系统，没有把竞争性商品的价格规制作为一种单独的现象予以重视，甚至仍然在"公用事业"或"垄断产业"的框架下予以研究。当然，也有学者对此进行了理论思考。如邹积亮在定义竞争性商品的基础上研究了竞争性商品价格规制的基本原则和主要内容，认为主要应该规制价格协

---

① SIMPSON F R. Price regulation and the public utility concept: the sunshine anthracite coal case [J]. Journal of land and public utility economics, 1941, 17 (3): 378-379.

② JONES H F. Price regulation and the public utility concept: Olsen v. Nebraska [J]. Journal of land and public utility economics, 1942, 18 (2): 223-225.

调、限制控制零售价格、价格歧视和掠夺性降价等①。王恒久、刘戒骄认为，竞争性商品价格规制的目标不是制定和控制价格，而是纠正企业的自发行为引发的低效率，并认为不应该采取统一定价或者禁止企业低价销售的方式来进行价格规制②。蒋淑玲认为对竞争性商品进行规制，不仅会引起商品的相对价格变化而且会引起政治市场的价格变化，并以棉花为例对竞争性商品价格规制进行了一般均衡分析，发现竞争性商品价格规制会引起政府市场的活跃，导致资源从生产性领域向非生产性领域转移，不仅影响消费能力，而且影响商品质量，其带来的社会福利损失远远大于简单的产业损失③。郭毓洁、张辉也认为我国竞争性商品有自身的特殊性，并提出了我国竞争性商品价格规制的原则、目标及路径④。刘戒骄从工业品市场竞争的新现象看竞争性商品的政府管制⑤。但这些研究关注的重点是价格规制操作层面的问题，对于竞争性商品价格规制的合法性并没有具体论及，同时，对于竞争性商品价格规制的效率等问题也没有涉及。

二是关注的重点是不正当价格竞争行为。竞争性商品价格规制的内容涉及众多，但国内外学者关注的重点主要是不正当价格规制。Gandal 等研究了比特币交易中的价格操纵问题，认为价格操作可能会破坏支付系统和传统货币⑥。Kim 等研究了网上购物过程中存在的价格欺诈问题，并通过建立模型证明可以利用集群的数量来提高对定价欺诈的研判效果⑦。Cabral 研究了两个私营的网络公司通过入网价格竞争吸引消费者所带来的影响⑧。

---

① 邹积亮. 论市场经济中竞争性产业的价格管制 [J]. 湖北经济学院学报, 2007 (3): 27-33.
② 王恒久, 刘戒骄. 竞争性商品的价格规制 [J]. 中国工业经济, 2000 (1): 68-71.
③ 蒋淑玲. 价格管制的一般均衡分析 [J]. 财会研究, 2005 (7): 70-72.
④ 郭毓洁, 张辉. 中国竞争性行业产业规制问题新探 [J]. 社会科学战线, 2016 (6): 250-254.
⑤ 刘戒骄. 从工业品市场竞争的新现象看竞争性商品的政府管制 [J]. 社会科学, 2001 (1): 12-15.
⑥ GANDAL N, et al. Price manipulation in the bitcoin ecosystem [J]. Journal of monetary economics, 2018, 95: 86-96.
⑦ KIM K, CHOII Y, PARK J. Pricing fraud detection in online shopping malls using a finite mixture model [J]. Electronic commerce research and applications, 2013, 12 (3): 195-207.
⑧ CABRAL L. Dynamic price competition with network effects [J]. Review of economics studies, 2011, 78 (1): 83-111.

Welch 等运用神经网络理论研究了招投标中的定价欺骗行为[①]。国内学者也特别重视不正当价格竞争行为,张莉和万光彩研究了价格歧视的属性,并认为《中华人民共和国反垄断法》(下文简称《反垄断法》)中关于价格歧视规制存在标准不清、责任不完备等问题,建议明确价格歧视行为违法的法律要件和滥用市场支配地位的法律责任等[②]。邹俊和徐传谌分析了价格垄断行为的几种具体行为,并认为现有的解释价格垄断的理论均存在问题,建议运用行为经济学的预期理论、心理账户理论等理论对价格垄断行为的产生原因加以阐释,并进一步提出利用行为经济学规制价格垄断行为[③]。

三是关注具体的竞争性商品价格规制问题。国内外学者对于具体的竞争性商品价格规制问题都有所关注,其中较为重要的产业包括:医药和医疗服务行业,如 Brekke 等研究了价格规制对专利药品进口的影响,认为严格的价格管制的影响关键在于生产者是否面临来自平行进口的竞争,虽然平行进口提高了经销商的谈判地位,但价格管制抵消了这种影响,甚至可能对生产者有利[④]。Sorek 发现对医疗创新的价格规制可以扩大医疗研发的投资,并导致帕累托优越的社会结果,因为价格规制能够提高储蓄能力,但这种效果只有在价格上限机制广泛存在的情况下才会出现[⑤]。我国学者刘丽杭也就我国医疗服务的价格规制进行了理论和实证研究[⑥]。Wu 等评估了我国药品价格管制的影响,发现价格规制对药品价格指数产生了短期影响,如果将价格管制应用于更多的药品,其影响可能会得到轻微的加强,但价格管制未能减少家庭卫生支出和制药行业的平均盈利能力[⑦]。食品行业,Fox 和 Hennessy 开发了一种生物经济模型,研究了固定和可变控制成

---

① WELCH O J, REEVES T E, WELCH S T. Neural network model: Bid pricing fraud [J]. Journal of computer information systems, 1998, 38 (3): 99-104.

② 张莉,万光彩. 价格歧视行为的反垄断规制探究 [J]. 价格理论与实践, 2017 (10): 38-41.

③ 邹俊,徐传谌. 价格垄断问题的行为经济学分析 [J]. 经济问题, 2015 (4): 23-28.

④ BREKKE K R, HOLMAS T H, STRAUME O R. Price regulation and parallel imports of pharmaceuticals [J]. Journal of public economics, 2015, 129: 92-105.

⑤ SOREK G. Price controls for medical innovations in a life cycle perspective [J]. Healtn economics, 2014, 23 (1): 108-116.

⑥ 刘丽杭. 医疗服务价格规制的理论与实证研究 [D]. 长沙:中南大学, 2005.

⑦ WU B Z, ZHANG Q, QIAO X. Effects of pharmaceutical price regulation: China's evidence between 1997 and 2008 [J]. Journal of the asia pacific economy, 2015, 20 (2): 290-329.

本等经济参数和污染物的随机感染率和污染物的生长速率等经济参数，研究了成本高昂的干预与经济损失之间的均衡[1]。胡友针对水果价格形成、波动及调控政策进行了研究，研究了水果价格波动的周期特征和路径依赖特征，接着构建 GMM 系统模型，研究了水果价格的形成机制，然后分别构建门限动态调整模型、空间计量模型及 VAR 模型，研究了水果价格垂直传递机制、水果价格空间传递机制及外部冲击对水果价格的传递机制，紧接着通过构建生存分析模型（Survival Analysis）研究水果价格波动风险机制，最后提出水果价格调控的政策体系[2]。房地产市场研究，Dachis 等利用 2008 年年初多伦多征收土地转让税（LTT）的自然实验，估计了房地产转让税对单一家庭住宅市场的影响，发现这一措施导致的损失规模堪比那些与房地产市场更广为人知的干预措施相关的损失规模[3]。王吓忠对中国住宅市场的价格博弈与政府规制进行了研究，为政府的住宅价格经济规制提供坚实的理论基础和具有可操作性的建议[4]。

这些研究所涉广泛，开启了竞争性商品价格规制的道路。但实事求是地讲，目前的研究还存在很多不足，对于竞争性商品价格规制未能提供较为全面的理解，既缺少系统的理论解释，也缺少独特的解释视角，具体不足前文已经讨论过了，此处不再赘述。

1.2.2 技术创新与制度变迁研究

关于技术创新与制度变迁的关系，总体上可以分为两大派。一派以旧制度经济学学者和马克思主义者为代表，强调技术对制度的决定作用，如凡勃仑就将技术视为一种物质，决定了制度的建立和变迁，而阿里斯甚至视制度为阻碍技术进步的静态障碍。马克思主义者则从生产力和生产关系的角度思考技术创新和制度变迁，认为科学技术是生产力发展的关键，制度则是生产关系的规定或表现，前者对后者起决定作用。另一派则是以新

---

[1] FOX J A, HENNESSY D A. Cost-effective hazard control in food handling [J]. American journal of agricultural economics, 1999, 81 (2): 359-372.

[2] 胡友. 水果价格形成、波动及调控政策研究 [D]. 武汉：华中农业大学, 2014.

[3] DACHIS B, DURANTON G, TURNER M A. The effects of land transfer taxes on real estate markets: evidence from a natural experiment in Toronto [J]. Journal of economics geography, 2012, 12 (2): 327-354.

[4] 王吓忠. 中国住宅市场的价格博弈与政府规制研究 [D]. 厦门：厦门大学, 2007.

制度经济学者为代表,将技术创新视为经济发展的本身或经济发展的表现,而制度才是根本,没有制度安排就无法解决技术创新的外部性问题,也就无法解决技术创新的积极性问题。

演化经济学认为,技术创新与制度变迁是一种互动关系,而不是单向的决定关系①②。这种关系首先对"制度"进行重新解读,如 Nelson 就将制度解读为"社会技术",模糊制度与技术之间的界限,以使二者可以协同演化③。但关于制度和技术如何演化,学者们认识不统一,Pelikan 认为技术创新和制度变迁可以统一到产业演进的过程之中,是产业演进的两个方面④。Murmann 则认为技术创新和制度变迁是互动的关系,前者为后者提供动力,后者为前者提供支撑,这种互动也同样统一于产业演进之中⑤。还有学者研究了二者互动的经济效益,如对工业转型升级⑥、农业组织化⑦的影响等。

1.2.3 互联网平台企业规制研究

关于规制的必要性。主要有三种态度,第一种态度认为平台经济有自己的特征,完全可以通过自律来实现自我约束。第二种态度认为有必要规制但不应该过度干预,否则会伤害经营者的积极性,进而影响平台经济的发展。第三种态度认为应该对平台经济进行严管,特别是在消费者维权意

---

① VOLBERDA H W, LEWINA A Y. Coevolutionary dynamics within and between firms: from evolution to co-evolution [J]. Journal of management studies, 2003, 40 (8): 2111-2136.

② 苏小姗,祁春节. 国家现代农业产业技术体系制度创新与技术创新互动关系实证研究 [J]. 科技进步与对策, 2013, 30 (2): 26-31.

③ NELSON R R. Bringing institutions into evolutionary growth theory [J]. Journal of evolutionary economics, 2002, 12 (1): 17-28.

④ PELKAN. Bringing institutions into evolutionary economics: another view with links to changes in physical and social technologies [J]. Journal of evolutionary economics, 2003, 13 (3): 237-258.

⑤ MURMANN P. Knowledge and competitive advantage: the coevolution of firms, technology and national systems [J]. Administrative science quarterly, 2004, 49 (288): 666-668.

⑥ SABDIE J A. Technological innovation, human capital and social change for sustainability [J]. Lessons learnt from the industrial technologies theme of the EU's research framework programme [J]. Science of the total environment, 2014 (481): 668-673.

⑦ DENG H L, PING F Y, ZHONG C, et al. Research on institutional innovation of agricultural organization in view of science and technology innovation in Guangxi [J]. Tianjin agricultural aciences, 2015, 21 (5): 81-85.

识缺乏的情况下,政府更应该维护网络市场秩序,但市场成熟后,政府应该退出规制[1]。

关于规制的方式。几乎所有的学者都认为传统的监管方式已经无法适应平台经济的现实要求,应充分运用信息技术来适应新的监管要求,特别是要运用"互联网+"的方式监管网络经营者的价格行为[2]。不少学者提出了平台经济背景下价格行为规制的方式,主要包括完善法律、加强惩戒、完善机构、采用新技术等[3]。

关于平台企业价格行为规制的研究。有关平台企业价格行为规制的讨论中,最核心的是什么样的行为算是违规的价格行为,很多学者认为无论平台企业采取何种定价方式都无法确定其是否是掠夺性定价、交叉补贴等违法行为[4]。但绝大部分学者认为平台企业存在垄断定价、交叉补贴等不正当价格行为[5],并认为这些行为受平台的网络外部性影响[6],而平台企业的价格行为会降低消费者剩余和社会福利[7]。学者们认为双边市场有其自身特征,无法用单边市场下传统的办法对平台企业价格行为进行规制,更强调运用综合手段[8][9]。这种规制是有效的,但前提是先弄明白双边市场的定价模式和影响因素,这些因素包括用户归属、交叉网络外部性、产品和

---

[1] 何明珂.中国网络商品交易监管现状研究及政策建议[J].中国工商管理研究,2011(2):46-49.

[2] 罗帆,周颖,吴萱.转变思路创新举措:探索运用"互联网+"规范电商价格行为[J].中国价格监管与反垄断,2017(10):59-60.

[3] 曾品红.电商价格战的本质及电子商务企业价格行为规范[J].价格月刊,2014(6):25-27.

[4] WRIGHT J. One-sided logic in two-sided markets [J]. Review of network economics, 2004 (20):325-381.

[5] 程贵孙,陈宏民,孙武军.双边市场视角下的平台企业行为研究[J].经济理论与经济管理,2006(9):55-60.

[6] 骨莉,陈宏民.具有网络外部性特征的企业定价策略研究[J].管理科学学报,2006(6):23-30.

[7] SCHWARTZ M, VINCENT D. Same price, cashor card: vertical control by payment networks [J]. Review of network economics, 2016, 5(1):72-101.

[8] EVANS D. Some empirical aspects of multi-sided platform industries [J]. Review of network economics, 2003, 8(3):191-209.

[9] WRIGHT J. One-sided logic in two-sided markets [J]. Review of network economics, 2004, 3(1):44-64.

服务成本、价格弹性、卖方实力、销售策略等①②③。

关于平台内经营者价格行为规制的研究。目前已有学者关注平台经济中普通经营者的价格行为规制问题，涉及电商平台④、金融平台⑤、租车平台⑥、订餐平台等⑦，但总体来说，这方面的研究还较少。对于具体违法价格行为，不少学者都开始关注搭售行为。总体来看，学者普遍将价格违法行为的产生归结于信息不对称，认为互联网并不必然实现信息对称，相反，由于互联网自身的虚拟特征，减少了信息数量带来的好处，提升了价格判断的难度⑧。信息不对称甚至会导致逆向选择，主管部门应该对经营者的价格行为进行积极的规制。目前的研究主要从消费者和经营者之间的博弈出发，来认识经营者的非法行为，讨论违法者道德风险产生的原因⑨，不少学者提出了规制的对策建议，但很多脱离了现实。

1.2.4 文献述评

总体来看，有关价格规制的研究受到的关注较多，且随着时间的推移，受到关注的领域越来越多，讨论的内容比以前更加有深度和广度，但影响较大的热门主题却逐渐在减少。这是因为新产业、新业态不断涌现，研究中不断引入新的理论和新的研究方法，学术界关注的热点不再聚焦。但是，价格规制研究的理论基础没有改变，研究的主要内容也没有太大改变，主要是制度变革对市场、产业和企业带来的各种影响和效用。

有关互联网平台企业的规制是当前研究的热点，但这种研究所关注的

---

① ROCHET J, TIRLOE J. Two-sided markets: an overview [R]. IDEI University of Toulouse Working Paper, 2006.

② ARMSTRONG M. Competition in two-sided markets [J]. Rand journal of economics, 2006, 37 (3): 668-691.

③ ELISENMANN T, PARKER G, VAN A M. Strategies for two-sided markets [J]. Harvard business review, 2006, 84 (10): 92-100.

④ 寒洁, 袁恒, 陈华. 第三方网络交易平台与网店经营主体进化博弈与交易监管 [J]. 商业研究, 2014 (8): 142-149.

⑤ 刘伟, 夏立秋, 王一雷. 动态惩罚机制下互联网金融平台行为及监管策略的演化博弈分析 [J]. 系统工程理论与实践, 2017 (5): 1113-1122.

⑥ 张一进, 张金松. 政府监管与共享单车平台之间的演化博弈 [J]. 统计与决策, 2017 (23): 64-66.

⑦ 马巧云, 范小杰, 邓灿辉. 第三方订餐平台监管的演化博弈模型与仿真分析 [J]. 数学的实践与认识, 2017 (24): 8-85.

⑧ 潘勇. 论电子商务市场中的"柠檬"问题：理论模型与实践意义 [J]. 科研管理, 2003 (5): 2-6.

⑨ 胡伟雄, 王崇. 我国电子商务信用问题的博弈分析 [J]. 电子科技, 2012 (11): 121-124.

是对互联网平台企业本身的规制，对平台经济背景下竞争性商品的价格规制关注不多。多数学者关注平台经济的模式、权力结构和定价行为，对平台内经营者价格行为规制研究非常少。仅有的零星研究，多关注的是整个平台经济发展的问题，特别是非价格问题，而对价格问题研究较少。

本书作者认为平台经济背景下竞争性商品价格规制应该是下一步价格规制研究的突破点之一。鉴于此，本书从法经济学的角度出发，在讨论技术变革与制度变迁的关系基础上，对平台经济背景下竞争性商品价格规制问题进行更加系统地探讨，一方面深度讨论平台经济发展对新的竞争性商品价格规制的需求，另一方面讨论新的规制供给思路及有效性，在此基础上提出了改进平台经济背景下竞争性商品价格规制的对策建议。

1.3 研究目的

本书尝试从法经济学的视角出发，立足"效率"标准，探索平台经济背景下竞争性商品价格规制的内在逻辑和演进方向，为进一步完善竞争性价格规制提供对策建议。鉴于此，本书主要关注以下4个问题：

第一，竞争性商品价格规制的作用机理是什么，主要讨论的是竞争性商品价格规制的内在逻辑。

第二，作为一种外部变量，平台经济对现有的竞争性商品价格规制的影响是否明显，主要讨论的是竞争性商品价格规制的合理性。

第三，平台经济背景下竞争性商品价格规制变迁的需求是否强烈，主要讨论的是推动竞争性商品价格规制改革的迫切性。

第四，在平台经济背景下加强竞争性商品价格规制的效益如何，主要讨论的是竞争性商品价格规制在经济上的可行性。

1.4 研究思路与研究方法

1.4.1 研究思路

本书是建立在规范研究基础上的理论探讨，研究的重点在于运用现有的经济学理论解释平台经济背景下竞争性商品价格规制实践的依据，评估加强价格规制的效用，提出相应的对策建议。

本书基于法经济学的基本假设：法律变迁的根本动力来自人们对其效用的评估，即成本—收益评估，当收益大于成本时，推动法律变革是有意义的，人们将会积极推动其变革；相反，当收益小于成本时，推动法律变革是无意义的，人们对此的态度将是消极的。

基于上述理论，本书首先界定了研究问题和研究目的，厘清"平台经济""竞争性商品""价格机制""价格规制"的基本内涵，并基于马克思制度变革思想、制度变迁理论和交易成本理论，构建"技术变革—制度变迁"分析框架作为全书的逻辑框架。其次，运用上述构建的分析框架从总体上分析平台经济对竞争性商品价格规制的影响，评估在平台经济背景下加强竞争性商品价格规制的效用。再次，针对不同的规制对象，运用上述分析框架分析平台经济对竞争性商品经营者价格行为规制、互联网平台企业价格行为规制和价格水平规制的影响，分别分析平台经济背景下的制度需求，就进一步加强规制的效用作逻辑演绎，作出相应的实证分析。最后，在前述分析的基础上，提出平台经济背景下竞争性商品价格规制供给的原则性建议。

1.4.2 研究方法

法经济学本身就是汇聚了法学和经济学的理论和方法的综合性学科，且价格问题又是政治、经济、社会问题的集中反映。因此，本书采用的方法也较为综合，主要有以下几种：

规范分析法。根据法经济学的基本价值主张：效率即正义，以及"交易成本"这一核心理论，评估平台经济背景下竞争性商品价格规制是否根源于交易成本的影响，而规制本身是否能够有效地降低交易成本，具有效率。根据这些规范性的假设，建立平台经济背景下竞争性商品价格规制变迁的分析框架，对价格行为规制和价格水平规制进行了分析。

定量分析法。从非竞争性商品价格规制的理论出发，用博弈论和福利经济学的定量分析工具，对平台经济背景下竞争性商品价格规制的特点进行刻画，尝试构建竞争性商品价格规制的分析框架；尝试从竞争性商品经营者的价格行为规制和价格水平规制两个维度，刻画和梳理政府在价格规制中的行为逻辑，尝试识别和评估价格规制的实施效果。

比较分析法。比较分析法是本书普遍运用的基本方法之一，通过比较使得某些事件的特征更加突出。其中，通过比较平台经济发展对经营者价格行为规制、互联网平台企业的价格行为规制以及竞争性商品价格水平规制的不同影响以及不同制度供给需求的不同影响效果，提出更为精准的对策建议。

1.5 研究的主要内容与技术路线

1.5.1 主要内容

本书由三部分组成：第一部分包括1~2章，为研究做准备；第二部分包括3~6章，为本书的正文部分，采取总—分的结构，其中第3章是"总"，对平台经济背景下竞争性商品价格规制进行整体性分析，4~6章分别分析几类研究对象；第三部分包括第7章，研究结论、启示和制度供给建议。全书主要内容如下：

（1）绪论。本章包括研究背景、研究目的、研究思路和研究方法等内容。作为技术创新和产业变革的重要成果，平台经济是互联网经济的核心，极大地改变了竞争性商品价格规制的外部环境，产生了环境与制度之间的相对变化，即变化的环境与静止的制度之间的不适应。由于互联网平台经济影响巨大且不同于传统经济形态，因而需要特别关注其对制度的影响。目前对于平台经济如何影响竞争性商品价格规制的研究还不多，且现有的研究多基于法学的基本价值和逻辑，不能完全揭示平台经济背景下竞争性商品价格规制的运行规律和实践效果，为此本书以此为选题进行系统讨论。

（2）核心概念、理论基础和分析框架。本章主要围绕"平台经济""竞争性商品""价格机制""价格规制"等核心概念展开，这些概念构成了本书的研究目标和核心内容。本书的相关研究建立在"马克思制度变革思想""制度变迁""交易成本"的基础之上，特别是马克思关于生产力与生产关系的论述是相关问题的前提假设。本章具体介绍了平台经济背景下竞争性商品价格规制的主要对象——平台内经营者价格行为、互联网平台企业价格行为和竞争性商品价格水平。为了给进一步研究提供稳定而统一的指导，本章还立足法经济学理论主张并结合田国强关于规范的现代经济学分析框架的论述，构建了"技术变革—制度变迁"分析框架，这个框架包括"技术影响分析""制度需求分析""制度效用分析""制度安排分析"4个具体环节，作为研究的逻辑基础。

（3）平台经济背景下竞争性商品价格规制：基于整体视角的分析。本章在简要梳理竞争性商品价格规制基本实践的基础上，从整体性视角分析了平台经济对竞争性商品价格规制的影响以及由此产生的制度需求，在此基础上分析了竞争性商品价格规制的效用。结果表明，平台经济影响了现有的竞争性商品价格规制的效率，但加强规制的效用则是不明确的，需要针对不同的规制对象进行具体分析。

（4）平台内经营者价格行为规制分析。本章讨论了经营者价格行为规制的作用机制，比较了传统市场环境与平台经济背景下经营者价格行为的区别，评估了平台经济背景下经营者价格行为规制的需求，分析了加强经营者价格行为规制的效用，并对其进行实证分析。结果表明，对经营者的不正当价格行为进行规制有利于降低价格形成机制运行成本，恢复和提高其运行效率；平台经济催生了对平台内经营者价格行为规制的需求，而加强这种规制能够进一步增加社会福利，实践也证明了这一点。

（5）互联网平台企业价格行为规制分析。本章讨论了互联网平台企业的内涵特征，并重点讨论了互联网平台价格行为规制的作用机理、制度需求和实践效用。结果表明，在竞争状态下，互联网平台企业更倾向于采取不正当价格行为获得利润，但这种行为能够降低消费者的成本，因而现有的法律法规并不完全适用于互联网平台企业价格行为规制，因而产生了新的制度需求，而且从逻辑演绎来看，对互联网平台价格行为进行规制能增加社会福利，当然，这种规制是一种复杂的过程，影响因素很多。

（6）竞争性商品价格水平规制分析。本章探讨了竞争性商品价格水平规制的作用机制，讨论了平台经济背景下竞争性商品价格水平规制的需求，分析了加强价格水平规制的效用，并对其效用进行了实证分析。结果表明，价格水平规制的目的是通过降低决策机会成本的不确定性，以使市场参与者的决策从不确定型决策变成确定型决策，从而恢复或提高价格调节机制的运行效率。单纯的平台经济减少了决策机会成本的不确定性，进而降低了对价格水平规制的制度需求，但平台经济只是全部经济的一部分，因而就整体社会经济活动而言，竞争性商品价格水平规制仍然是能够增加社会福利的，实证分析也证实了这一点。

（7）研究结论、启示和制度供给建议。总体来看，交易成本理论仍然适用于平台经济背景下竞争性商品价格规制分析，本书讨论的问题，即平台经济发展是否产生对竞争性商品价格规制的供给需求，是能够得到肯定回答的，但紧迫性并不是特别明显。而且，针对不同目标的规制体系，平台经济导致的不适应情况不同，新的制度供给的迫切性也不同。为此，本书针对互联网平台经济的特点，建议坚持"包容审慎"的原则，瞄准降低交易成本、降低规制成本、增加社会福利的目标，围绕提升价格规制决策效率、执行效率、监督效率以及降低机会成本等方面，提出了原则性的制度供给建议，尤其是完善互联网平台企业的价格行为规制的建议。

1.5.2 技术路线

竞争性商品价格规制研究的技术路线见图1-5。

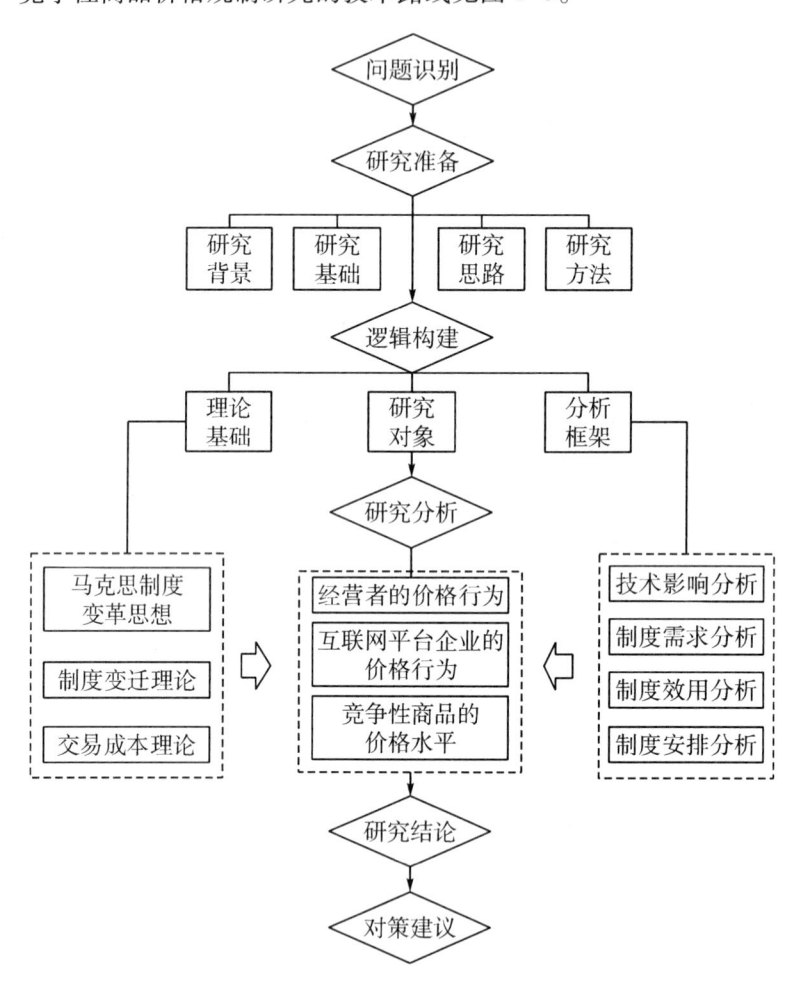

图1-5 竞争性商品价格规制研究的技术路线

1.6 有待进一步研究的问题

本书尝试对平台经济背景下竞争性商品价格水平规制的合理性和有效性进行分析，得出了一些结论，但还存在诸多不足，相关问题的分析仍然停留在宏观的逻辑建构层面，定量分析比较粗糙，对很多问题没有进行深入研究。随着进一步学习，笔者还将就如下问题进行探讨：第一，价格规制的作用机理。本书对政府规制如何作用于价格机制的研究局限于一般的描述，未能建立统一的解释框架，需要在后续研究中关注这一方面的问题。第二，互联网平台企业价格行为规制效用的实证分析。本书虽然对互联网平台企业价格行为规制的效用进行了逻辑演绎，但未能进行实证分析，还需要进行深入研究。第三，价格规制效用的实证分析。本书虽然尝试对价格规制的效用进行计量分析，但这种尝试还比较粗糙，还需要进一步优化提升，使之具有方法论上的可靠性。第四，对于保证规制行为有效性的论述不足。本书对于基于信息与激励的监管的行为理解不足，需要进一步结合法经济学和信息经济学对价格规制的有效性进行分析。

2 核心概念、理论基础、研究对象和分析框架

本章主要构建本书的逻辑基础和分析框架：基于马克思制度变革思想、交易成本理论、制度变迁理论等基本理论，以及现代经济学分析框架，构建由平台经济、竞争性商品、价格机制、价格规制四个概念构成的主要研究对象的分析框架，为下一步研究奠定基础。

2.1 核心概念

2.1.1 平台经济

1996年，尼葛洛庞帝在《数字化生存》一书中第一次将"平台"与虚拟空间联系起来。随着"数字化生存"成为现实，平台经济已成为21世纪最闪亮的经济现象之一。但学术界对于平台经济的内涵和外延的认识并未统一。如陈兵、赵青（2020）将其定义为一种"新经济形态"[1]，刘群英（2018）将其定义为一种"虚拟或真实的交易所"，本身不生产产品但能使产品增值[2]，魏小雨（2017）视其为"一种虚拟的显性化市场形式"，认为广义上可以将其等同为互联网经济[3]。国务院办公厅印发的《关于促进平台经济规范健康发展的指导意见》只讨论了发展平台经济的重大

---

[1] 陈兵，赵青.互联网平台经济竞争治理向何处去[N].第一财经日报，2020-06-16（15）.
[2] 刘群英.互联网平台经济发展中存在的问题及解决探讨[J].时代金融，2018（11）：123-125.
[3] 魏小雨.互联网平台经济与合作治理模式[J].黑龙江社会科学，2017（1）：105-111.

意义，未对其内涵和外延进行界定，但明确了国家所说的"平台经济"主要是指"互联网平台经济"。本书采纳徐晋、张祥建（2006）的观点，将平台经济定义为基于数字平台的产业组织、商业模式和生产方式的综合系统①。

平台经济是虚拟市场的显性化实践，其特征十分明显。有学者将其特征概括为创新性、成长性和适应性三种②；也有学者认为平台经济是一种双边市场，具有层次性、零成本复制性、协作共赢性、交叉网络外部性、快速成长性等主要特征③。魏小雨（2017）将其特征概括为以"平台"为基础、以"共享"为特质、以"微小"为方向④。平台经济具有长尾经济效益，即很多微小市场占据着市场中可观的份额，产出巨大的经济效益。平台经济的发展满足了顾客的多样化需求，挖掘出与传统市场面向大众化细分市场不同的发展模式，多方集聚发展，形成聚沙成塔的发展态势。本书认为平台经济的特点可以从三个方面来看：

技术层面。根据上述定义可以看出，平台经济是建立在信息技术革命基础之上的经济形态，是信息技术对市场组织方式的一次根本性变革。平台经济可以被视为互联网经济的典型形态，其发生、发展和变革无不与互联网技术的每一次革新紧密相连。从 Web1.0 时代、Web2.0 时代再到 Web3.0 时代，互联网从单纯的信息汇聚，发展到提供平台用户的信息交互，再到人工智能，平台经济发展的每一步都与互联网技术的发展密切相关。很多曾经单纯的互联网应用企业，如阿里巴巴、亚马逊等，已经成长为信息技术领域的领头羊。当前，新一代信息技术革命，特别是大数据、物联网、区块链、云计算、人工智能等新兴技术的进步，已经或必将进一步推动平台经济的发展和变革。

经济层面。平台经济具有明显的外部性，即在互联网平台上，一种类型的经营者/消费者的规模会影响另一类经营者/消费者的效用或价值。这种网络外部性受平台经济的两大特征影响且被无限放大，一是互联网突破了时空限制，这种开放性或称无边界性，使得无论是正外部性还是负外部

---

① 徐晋，张祥建.平台经济学初探 [J].中国工业经济，2006（5）：40-47.
② 汪长柳."十三五"时期江苏发展平台经济的政策建议 [J].价值工程，2016（1）：252-254.
③ 叶秀敏.平台经济的特点分析 [J].河北师范大学学报（哲学社会科学版），2016（2）：114-120.
④ 魏小雨.互联网平台经济与合作治理模式 [J].黑龙江社会科学，2017（1）：105-111.

性都可能被无限放大；二是平台经济具有零成本复制的特征，即经营者彼此之间的行为以极低的成本进行复制，平台运行的边际成本极低，网络外部性极大。网络外部性的存在，使得平台经济容易形成爆发式增长的态势，一旦平台企业突破了发展的临界点，就会开始爆发式增长。

组织层面。平台经济是一种自组织、自适应的市场生态系统，是一种更加复杂的社会网络结构①，这个系统的参与者与传统的市场组织方式不同。一方面，平台的身份十分复杂，既是经营者又是监管者，既有市场性又有社会性。另一方面，平台经济参与者的类型和数量远远超过传统市场体系，市场主体之间形成了非常复杂的关系，有学者将其归纳为六种主要关系②。平台经济内部之所以形成了较为复杂的经济关系，主要原因在于传统的产业链、价值链被分解，创造了更多的市场主体参与到平台的生态系统中来，提供更多的商品和服务。在平台经济下，信息被不断分享，生产和服务环节不断被解构，平台与环境之间的物质、能量和信息不断交换，以平台为中心的生态系统也在不断地学习、优化、适应和完善，以更好地将经营者和消费者组织起来③。

平台经济也是一把双刃剑，一方面，信息共享、劳动分工，可以极大地提升生产率，充分利用社会资源，提高社会总福利；另一方面，平台经济也给传统的社会治理方式带来了巨大挑战，其先进的技术基础、复杂的组织方式和显著的网络外部性特征，隐藏着巨大的监管风险，甚至有可能导致违法犯罪和社会动乱。就价格规制体系而言，一方面，平台作为一种市场主体，本身的价格行为就与传统市场主体不同，具有特殊性；另一方面，平台经济催生的众多商品和服务环节，主要是由小微企业甚至是个体户承担的，这些参与者在平台经济背景下的价格行为如何规制，其权利又如何保护？此外，平台经济的巨大影响力也可能导致竞争性商品价格水平偏离价值，甚至造成短期内价格水平的剧烈波动，原有的价格水平调控方式又如何应对呢？政府必须做好平台经济背景下竞争性商品价格规制的统筹思考。

---

① 孙国强. 关系、互动与协同：网络组织的治理逻辑 [J]. 中国工业经济, 2003 (11): 14-20.

② 刘群英. 互联网平台经济发展中存在的问题及解决探讨 [J]. 时代金融, 2018 (11): 123-125.

③ 姚小涛, 席酉民. 社会网络理论及其在企业研究中的应用 [J]. 西安交通大学学报 (社会科学版), 2003 (3): 22-27.

2.1.2 竞争性商品

市场经济背景下，在商品光谱的两端，一端是完全垄断的商品，另一端是没有任何进入障碍的理想的竞争商品，靠近理想的竞争商品的一端还存在另外一种商品类型，本书用"竞争性商品"来描述这种商品。事实上，完全竞争和完全垄断的商品都是非常罕见的，相反，竞争性商品却是一种广泛存在。

竞争性商品始终是学术界重点关注的对象，一些学者十分关注竞争性商品的结构和变迁，还有一些学者关注竞争性商品的供需波动规律，以及各种要素变化对竞争性商品的影响等。目前，有关竞争性商品的一些基本理论甚至已经成为经济学底层逻辑的主要组成部分，但针对竞争性商品内涵和外延的专门论述却不多。

很多学者以公共产品为参照物来定义竞争性商品，将受政府管制的、非垄断的、非营利的商品之外的商品统称为竞争性商品[1]，如钱勇生等（2010）即持类似观点[2]。但更多的学者从竞争性商品的内在特征对其进行定义，如王万山等（2010）将其定义为"产权明晰，在市场交易中没有产权粘连性或粘连性很少，在消费时有竞争性和排他性的产品"[3]。而薛耀文等（2001）认为介于垄断和寡头垄断之间的混合竞争性商品为竞争性商品[4]。

实践中，早在1993年，党的十四届三中全会审议并通过的《中共中央关于建立社会主义市场经济体制若干问题的决定》就明确提出了"竞争性商品"这一概念，但对其内涵与外延一直没有探讨，也没有从统计学角度对竞争性商品具体类目进行界定。

本书认为这是一个事实上存在但却无法精确对其内涵和外延进行描述的研究对象。为了减少概念上的争议，根据研究主题，本书依据《中华人民共和国价格法》（下文简称《价格法》）的相关规定，运用排除法将竞争

---

[1] 余晖. 竞争性商品的治理 [N]. 中国经济时报, 2002-02-01 (005).
[2] 钱勇生. 基于土地利用特征的竞争性商品生长湮灭CA仿真 [J]. 系统工程理论与实践, 2010 (4): 611-614.
[3] 王万山, 伍世安, 徐斌. 中国市场规制体系改革的经济学研究 [M]. 大连: 东北财经大学出版社, 2010: 140.
[4] 薛耀文, 李建权, 武杰. 对混合竞争性商品最低限价行为的研究 [J]. 生产力研究, 2001 (1): 13-20.

性商品界定为政府定价和政府指导价以外的商品。由于《价格法》规定的政府定价和政府指导价适用范围是关系国计民生、资源稀缺、自然垄断、地位重要、具有公益性等的公共产品或垄断性商品，且以中央和省级政府的定价目录为准。因此，可以说竞争性商品是指那些政府定价和指导价之外的商品。当然，这种定义和划分只是权宜之计，并不精确，也不能完全涵盖其他学者关于"竞争性商品"具体内涵的不同理解。另外，"竞争性商品"范围也不固定，因为各国政府定价和政府指导价商品的范围并不一致，且始终处于调整之中。但在实践中，这种划分方法具有一定的可操作性，因为，这不仅符合一个国家对自身国情的研判和对不同商品属性的认知，而且符合一个国家对价格机制以及政府功能的认识水平。

这里的"竞争性"可以被理解为"可替代性"（substitutability），意味着：一是某种需求能够由不同的商品予以满足，即这些商品能彼此替代；二是替代是能够发生的，即特定的时空内对这些商品的需求是一定的，所有功能相同或相近的商品都必须通过取代其他商品而实现其价值；三是替代过程是自由的，只受供需双方的策略和供给者之间的行为影响，不受其他外力影响。

根据完全竞争市场的条件，推导出竞争性商品应该同时具备以下特征：一是正常情况下，政府不会干预企业的经营管理，即政府尊重企业的自主权，企业能够根据市场信号就商品的生产经营进行决策；二是同一市场内部有大量生产者，即每一种商品都不能垄断市场，只能成为既有价格的接受者；三是市场上同类企业生产的商品具有同质性，具有较强的可替代性，如果企业不遵守市场价格，那么就有可能被消费者抛弃；四是资源在产业内部可以自由流动，即商品生产的门槛较低，企业进出产业的困难较小，不受政府影响，同时，企业能否获取生产该商品所需的生产资料是由其自身的能力决定而不是其他企业或政府决定；五是产业内部企业在获得相关信息方面的机会是平等的，特别是产品和生产要素的价格信息，能够被所有的企业获取[1]；六是产品的消费和收益具有非排他性、非竞争性，即只有付费者才能取得产品的消费权，获得相关的利益。

竞争性商品价格，大多数学者称之为"市场价格"，也有学者称之为"放开价格"[2]。这里我们将其命名为"竞争性商品价格"，特指价格放开

---

[1] 高鸿业.西方经济学[M].北京：中国人民大学出版社，2004：188-189.
[2] 戈阁.完善我国放开价格监管机制的研究[J].价格月刊，2015（3）：19-22.

领域的产品的价格，是与政府定价或政府指导价的产品（商品）、公共产品、准公共产品都不相同的商品价格。竞争性商品价格是通过具有"可替代性"的商品之间的直接竞争而形成的，供求关系是价格形成的决定因素，市场主体是定价的唯一主体①。市场价格是相对于计划价格而言的，计划价格指的是价格由政府根据国民经济发展计划制定和调整，生产者和消费者只能被动接受政府定价，但在市场体制下，市场主体——无论是供给方还是需求方对商品价格的形成都是能够积极作为的。目前，我国超过97%的商品和服务的价格由市场决定和调节，纳入中央和省定价目录中的商品已经非常少了。

2.1.3 价格机制

价格机制是决定价格生成和波动的一系列要素的构成方式和运行方式，其内容主要包括两个方面：一方面是指价格与社会经济的构成要素，价格构成要素之间如何相互作用以及这种相互作用产生何种结果，即价格形成机制；另一方面是指价格形成后以何种方式影响社会经济活动，即价格调节机制，二者辩证结合便构成了价格机制。价格机制反映的是价格决定因素和价格的作用规律，其运行规律反映的是价值规律，虽然在不同的时间和社会体制下价格机制的表现形式不同，但基本上都可以分为市场价格机制、市场干预价格机制、计划价格机制、有计划的市场价格机制等类型。马克思主义在肯定市场机制作用的同时，认为市场机制充分体现了自由竞争的剥削关系和运行的不稳定性。

构成价格机制的要素包括：价值，价值构成了价格机制的基础；货币，货币即价格的表现，反映的是价格机制运行的效果；供求，供求构成了价格机制运行的内在动力，反映的是供需关系的变化；竞争，竞争是供需关系变动的实现模式，市场主体是通过竞争来改变供需关系的；市场主体，市场主体是各种价格行为的载体。这些要素具有一定的构成规则和相互作用规律，与不同的商品以不同方式结合都会产生不同的结果，带来不同的经济社会影响。值得指出的是，价格机制的形成既有可能是有意识的制度安排，也有可能是市场自发行为的结果，但无论是哪一种情况，价格机制一旦形成就会与社会经济活动产生深入的联系，无法轻易改变。

---

① 陈爱国. 论市场经济中的价格形成与价格改革 [J]. 东岳论丛，1993（6）：28-30.

价格机制具有信息传递功能、刺激生产功能、收入分配功能，但最根本的功能是引导资源配置。最科学的价格机制能够引导资源最优化配置。价格机制的功能主要包括微观和宏观两个方面的功能，前者是价格机制的基本功能，后者是价格机制调节社会生产的功能。

价格机制发挥作用并不是没有条件的，价格机制的作用既有可能是积极的，也有可能是消极的。要使价格机制发挥积极的作用，必须具备以下基本条件：产权清晰，只有产权清晰的企业才能够主动应对价格波动带来的挑战和机遇；制度规范，各类市场主体行为有法可依，行为规范，维护市场主体的有序合理竞争；市场健全，商品、资本、劳动力和技术等市场体系十分健全，且各类市场统一互通，各类要素能够自由配置；信息完全，各类市场信息能够及时充分地传递到各类市场主体；竞争充分，市场主体能够根据价格信号自主做出决策，改进经营管理。由于价格机制的作用有可能是消极的，因此，需要一个科学合理地干预价格的国家机制，发挥"有形之手"的作用，缓解价值机制的消极作用，避免价格机制对整个社会的猛烈冲击。

2.1.4 价格规制

规制（regulation）是公共权力规范市场行为的手段之一。规制在社会主义市场经济体系中具有重要地位，学术界也越来越重视。在竞争性商品价格规制中，"规制"同样是研究的基点。关于规制内涵的理解具有明显的学科差异，经济学家更倾向于将其定性为消极的"限制""禁止"[1]，法学家则多视其为积极的"鼓励""促进"[2]。还有一些学者认为"规制"既包括积极的诱导，也包括消极的压抑两个方面[3]。植草益[4]、史普博[5]、萨缪尔森[6]等人的观点较多被接受，这些定义将"规制"视为政府为应对市场机制不完善对私人领域的干预行为，目的是改变微观市场主体的经济行

---

[1] 植草益. 微观规制经济学 [M]. 朱绍文，胡欣欣，等译. 北京：发展出版社，1992：1.
[2] 金泽良雄. 经济法概论 [M]. 满达人，译. 北京：中国法制出版社，2005：45-46.
[3] 张守文，于雷. 市场经济与新经济法 [M]. 北京：北京大学出版社，1993：70-71.
[4] 植草益. 微观规制经济学 [M]. 朱绍文，胡欣欣，等译. 北京：发展出版社，1992：1.
[5] 史普博. 管制与市场 [M]. 余晖，等译. 上海：格致出版社、上海三联书店、上海人民出版社，2008：45.
[6] 萨缪尔森，诺德豪斯. 经济学 [M]. 萧琛，译. 北京：人民邮电出版社，2008：70-72.

为，即具有法律地位的规制者依法对被规制对象采取的管理和监督行为[1]。规制有广义、狭义之分，广义的规制一方面指的是国家宏观经济干预，另一方面指的是微观经济规制。在规制经济学研究中，政府规制一般指的是微观经济意义上的监管，而政府对宏观经济的干预则称为宏观调控。

价格规制是一种经济规制[2]，主体是政府，对象是市场主体，目标是调节价格水平和价格行为，目的是通过纠正或防止价格机制失灵来优化资源配置，其主要形式是通过政府这种外在力量纠正市场力量的负面效应，进而使价格成为反映市场资源稀缺程度的信号，确切反映市场关系，激励和引导市场参与者调整自己的经济行为。价格规制被解释为外部性等市场机制缺陷的补充，但这仅仅是一种可资借用的力量，是特殊情况下为实现市场制衡和秩序而实行的"调制"[3]，并不能替代市场和市场机制的作用。

根据不同的标准，可以将价格规制分为不同种类，如，直接价格规制和间接价格规制。这是根据将规制分为直接规制和间接规制引申而来的。根据植草益的观点，直接规制是一种直接干预微观市场主体决策的规制，目的是防止外部性等有损市场公平竞争和降低市场效率的现象发生，间接规制则是为市场主体行为提供标准、规范或引导，维持竞争秩序，并不直接干预微观主体决策[4]。直接价格规制主要是政府通过法律手段或行政手段直接对微观市场主体的价格行为进行管理，维持市场公平竞争，即价格行为规制；间接价格规制则是以经济手段为主、以法律和行政手段为辅，通过释放特定的市场信息，引导市场参与者调整供求行为，恢复价格调节功能，主要用于价格水平规制[5]。

无论哪一种价格规制都是政府的公共管理行为，是政府提供的公共服务，而不属于市场行为，不受商品供需关系调节，而受公私关系、政府与公民的关系调节。

---

[1] 王雅丽，毕乐强. 公共规制经济学 [M]. 北京：清华大学出版社，2011：23.
[2] 价格规制（price regulation）经常与价格控制（price control）、价格监管（price monitoring）、价格监督（price supervision）、价格管理（price management）等词混为一谈，但这些词的内涵是有差别的。价格规制与价格机制很容易区分，价格机制是市场机制中的关键一环，是市场本身起作用的关键。价格规制和价格控制是政府对价格机制的一种干预，是政府的经济手段之一，价格规制与价格控制的区别在于政府对价格机制的干预程度、干预方式以及是否遵守市场经济规律。另外，价格规制与价格监管也有不同，前者含义更为宽泛。此外，国内不少学者将price regulation 翻译为价格管制，本书认为用价格规制更为准确。
[3] 张守文. 略论经济法上的调制行为 [J]. 北京大学学报，2000（5）：19-21.
[4] 植草益. 微观规制经济学 [M]. 朱绍文，胡欣欣，等译. 北京：发展出版社，1992：1.
[5] 刘学敏. 价格规制：缘由、目标和内容 [J]. 学习与探索，2001（5）：54-60.

2.2 理论基础

本书运用的理论主要有三个：一是马克思制度变革思想，这一理论厘清了技术革新与制度变迁之间的关系，奠定了本书分析的底层逻辑；二是制度变迁理论，基于这一理论本书将竞争性商品价格规制体系视为一种动态的历史的存在，对其进行动态分析；三是交易成本理论，这一理论提供了对竞争性商品进行规制的经济视角，将"成本—收益"分析纳入了价格规制分析的理论范畴。

2.2.1 马克思制度变革思想

虽然马克思没有从一般意义上定义"制度"，但马克思认为制度是经济社会发展的一种内生变量，他基于历史唯物主义思想，构建了包含人的发展、制度起源、制度变迁、制度构成、社会进步等内容在内的制度理论，包括宏大的制度经济学体系、整体主义方法论和制度变迁理论[1]。这是一种综合了制度、产权和意识形态等各种要素的宏观视野，具有历史性、人本性和客观性等特征。马克思认为，制度是人类社会实践的结果，因人类的社会实践而发生，也因人类的社会实践而发展变化。人类交往的复杂性，需要制度予以协调，进而需要一些特殊的规则予以规范。制度是历史的具体的，随着历史的前行，制度也必须随之生成和更替，任何无法适应新的历史需求的制度都将被淘汰。在马克思看来，制度是为人服务的，是社会关系总和的反映，只有满足人的需要的制度才能生存和发展，脱离"现实的人"的制度注定会被抛弃。

马克思所分析的制度大致可以分为两类：第一类，反映国家经济基础和经济关系，决定国家性质和社会属性的制度[2]；第二类，上层建筑中的各类政治、法律等制度体系，包括规范人们经济社会行为的各类法律法规和有关生产要素权责利关系的法律法规。此外，还有其他的法律法规和社会制度，这些制度的作用在于调节资源配置，主要是调节微观主体的利益关系。这些制度代表了制度的三个层次，其中，反映经济基础的制度是最

---

[1] 伍装.试析马克思制度经济学的新综合 [J].黑龙江社会科学，2006 (3)：7-11.
[2] 马克思.资本论：第一卷 [M].郭大力，王亚南，译.北京：人民出版社，1975：102.

底层的制度，规定了社会的基本属性；反映上层建筑的制度是一种中观层次的制度，规定了经济关系中各主体的权限；而其他制度则是一种微观层面的制度，调节具体利益相关者的利益。马克思对制度的研究层层递进，使得马克思主义制度理论具有无法比拟的深刻性。

马克思制度变革思想产生于马克思对于解放无产阶级的思考。《德意志意识形态》和《共产党宣言》体现的最直接的思想就是推动制度变迁不仅是无产阶级实现解放的途径，也是无产阶级进行阶级斗争的目标。马克思制度变革思想，与西方制度主义和新制度主义关注微观制度变化不一样，马克思制度变革思想是一种动态的制度变迁观①，关注的重点是社会形态变革，为人类社会的历史发展提供了宏观动态的总体性解释框架。

马克思将社会形态变革或宏观制度变迁的动力之源归结于四个因素：人的需要、生产力发展、阶级斗争和其他因素。其中，"现实的人"的需求是历史活动的基本条件，也是制度变迁的原始动力；生产力的发展是根本原因，社会生产力是社会制度变迁的根本动力②，生产力决定了制度的产生和变迁；阶级斗争是生产力发展的结果，是制度变迁的直接动力，代表先进生产力的阶级必然会要求打破束缚原有生产关系的制度，建立更有利于生产力发展的制度体系，但代表落后生产力的阶级则必然反对这一过程，二者利益对立的背景下，制度变迁必然不会一帆风顺、一蹴而就，只有新的生产力发展到一定阶段时，才会全部实现制度变迁的目标；其他因素虽然不具有决定作用，但却是影响各国制度特色的重要原因。

马克思认为，社会形态变迁的主体是被压迫阶级，因为其代表了先进生产力，但他们的社会地位和经济地位与其作为先进生产力代表的现实不相符，即与生产关系的现实不相适应，注定了他们要与资本家进行斗争，建立新的生产关系。当生产关系阻碍生产力发展时，代表先进生产力的阶级就会积极推动生产关系发生变革，建立新的社会制度。鉴于19世纪欧洲的现实，马克思认为当时实现社会形态变革的唯一途径就是社会革命。

从根本上讲，马克思的制度变迁理论是建立在生产力与生产关系的表征关系基础上的。物质世界是第一位的，利用和改造物质世界的行为决定了人类社会的发展，即生产力决定生产关系，什么样的生产力水平决定什

---

① 卢现祥. 马克思是制度经济学家吗？[J]. 经济学家，2006（3）：5-12.
② 马克思，恩格斯. 马克思恩格斯选集：第一卷 [M]. 中共中央马克思恩格斯列宁斯大林著作编译局，译. 北京：人民出版社，1995：32-33.

么样的生产关系；但生产关系也能够作用于生产力，适应生产力发展的生产关系就能够促进生产力发展。生产关系的变革表现为各种制度变革[①]，而生产力的发展速度决定了社会制度变迁速度。由于科技是第一生产力，技术创新就成为推动制度变迁的关键力量之一。马克思最早阐述了技术创新与制度变迁的关系，率先讨论了技术同人类组织之间的关系。

马克思制度变革思想是一种独创的理论，通过宏大而缜密的理论体系解释了制度的真正起源，制度变迁的内在逻辑和真实过程，突破了单纯形式逻辑的束缚以及个人主义方法论，将制度变迁置于特定的生产关系之中进行整体研究，揭示了生产力（科学技术）发展与生产关系（制度体系）变革的关系，为本书提供了最坚实的底层逻辑。

2.2.2 制度变迁理论

制度变迁理论的形成和发展与诺斯的研究直接相关。诺斯在《经济史中的结构和变迁》一书中完成了制度变迁的构思，该书视制度为左右市场主体竞争合作方式的一种安排，这种安排既可能阻碍经济发展也可能促进经济发展，只有当制度安排的预期收益大于预期成本时，市场主体才会推动制度变迁。诺斯的制度变迁理论建立在国家理论、产权制度理论和意识形态理论的基础之上。制度变迁理论解释了有效产权制度与制度变迁之间的关系，认为只有有效的产权制度才能实现个人收益（成本）与社会收益（成本）的一致性，才能激励技术创新和市场效率。而国家具有能够通过确定产权结构而实现社会福利增长的能力。当然，国家规定产权结构又受到意识形态的制约，意识形态的最重要作用就是限制日常生活中的机会主义行为，能够迫使一些人改变思想观念，提出符合意识形态的行为准则，从而降低维护产权的交易费用，提升社会福利[②]。

制度变迁指的是制度的转换、更迭和交易的过程，这种变迁塑造新的持久的行为模式，改变对人的行为的稳定预期，是一种根本性的转变。对制度变迁的内涵可以从三个视角进行审视。首先是功能的视角，将制度视为具有一定激励功能的机制，但这种激励功能并不是任何时候、任何地点和任何对象都一成不变的，当制度供给不足、效率降低时，即制度供给的

---

① 马克思，恩格斯. 马克思恩格斯选集：第一卷 [M]. 中共中央马克思恩格斯列宁斯大林著作编译局，译. 北京：人民出版社，1995：32-33.
② 诺斯. 经济史中的结构与变迁 [M]. 陈郁，罗华平，译. 上海：上海人民出版社，1994：9.

成本大于效益时，则面临着制度变迁的需要。其次是历史的视角，即制度总是具体的、历史的，没有一种超越时间和文化限制的制度，文化、政治、伦理等制度以外的因素都会成为影响制度变迁的因素，使得制度不可能一成不变，因而必须用演化或进化的眼光进行审视，当外界因素发生变化时，要主动地推动制度变迁。最后是建构的视角，即制度本身并不是纯粹理性、科学的产物，作为一种特定语境下的社会建构，制度除了受理性计算影响外，还受到社会主体的价值观等影响，因而应将制度变迁置于更广阔的社会环境中进行审视。

从经济学的角度来看，制度变迁的过程实际上是一个高效制度取代低效制度的过程，但作为一种人类社会的创造，制度变迁的过程并不是自然而顺利的，存在着路径依赖。理论上，一种制度运用的时间越长，其边际成本就会越低，因而人们越容易沿着原有的制度轨迹行事。实践中，制度变迁是一种打破既有利益格局的过程，会面临不少困难和阻力。但是，新的社会实践最终会导致制度供给"不均衡"问题的产生，即出现新的供给—需求关系，当满足这个需求的成本低于满足这个需求的效益时，人们会倾向于推动满足制度需求，实现制度"均衡"，即制度变迁[①]。

根据形式和主体的不同，对制度变迁类型可以进行多种划分：诱导式变迁和强制性变迁，前者是一种渐进式的变迁，阻力较小；后者则是自上而下、激进式的改革[②]。突变式变迁和渐变式变迁，从速度来看，前者是急剧的、快速的变革，是一种较为特殊的制度变革方式，而后者则是连续而平稳的变化，是制度变迁的常态。外生型变迁和内生型变迁，强调的是变迁的触发因素，前者是指制度所处的环境因素所触发的变迁，前文所说的价值观等因素就属于此类；后者则是由于制度自身的自洽性出现问题后导致的变迁，如制度无法执行或漏洞太多，等等。断裂式变迁与演化式变迁的区别在于，前者是一种非连续性的变迁，即颠覆性的改变，是全局性的、激烈的；后者是在保持原有制度内核基础上的某种维度的改变，是局部的、渐进的。

在制度变迁中，行动者被新制度主义者赋予了特殊的性质，但根据对

[①] 张贤明，崔珊珊. 规制、规范与认知：制度变迁的三种解释路径 [J]. 理论探讨，2018 (1)：23.
[②] 科斯. 财产权利与制度变迁：产权学派与新制度学派译文集 [M]. 刘守英，等译. 上海：格致出版社，上海人民出版社，2014：269.

制度与行动者关系的不同理解,学者们对这种行动者属性的认识也不一致。理性选择制度主义仍然视行动者为理性人,但这是一种有限理性,甚至只是一种能够为自己的既定偏好而努力的人。这种人将服从制度视为一种策略,认为人与人之间的策略互动需要共同遵守某种制度[①]。但一旦认为多数人不遵守制度时,行动者可能会拒绝服从甚至推动制度变迁。社会学制度主义者否定了行动者的主观能动性,认为制度塑造了个体,高度社会化的行动者是无法自主行为的,内化的制度限制了人们对自身角色的期待,认为遵守某种特定的制度是理所当然的,这种行动者相对于制度必然缺乏一种能动性。历史制度主义者采取了一种折中的态度,强调具体实践情境对行动者的影响,这时的行动者可以被视为实用主义者,一切行动受利益、观念和制度支配。建构制度主义者强调社会观念的建构功能,行动者对于制度的接受或拒绝,不是来自现实的利益考量,而是基于对观念的理解,观念变迁会导致行动和制度变迁。

新制度主义强调了行动者这个角色的作用,但无论是哪种理论都没有将行动者视为制度变迁的动力,或者说,没有用心理学或生理学的角度来解释制度变迁,而是站在更广泛的视角对制度变迁的动力来源进行讨论,强调一种结构性力量的作用。本书将制度变迁的结构性力量分为外部因素和内部因素,其中,外部因素包括国际环境、经济社会环境、社会舆论、其他制度、突发事件、全球化、移民等[②]。这些外在因素变化本质是制度所处的社会环境的变动,必然触发对现有制度的反思,当然,这种反思的结果不一定都是制度变迁或所有制度的变迁。与外部因素相比,内部因素更为复杂,发生作用的方式更为隐蔽,同时也更难理解。对内部因素的理解建立在将制度视为一种系统基础之上,系统由不同要素构成,包括具体构件、构成方式和运行规则等。无论是某种构件发生变化,还是构成方式发生变化,或运行规则发生变化,作为整体的制度都需要作出回应——适应变迁或阻止变化发生,维持系统稳定。那么,制度内生因素变化的根源是什么呢?学者们对此没有直接的回应,但综合学者们的观点,可以认为这种变化来自两种情况:一是利益群体的博弈,造成制度体系内部某些因素属性或力量的变动,破坏了制度内部的平衡;二是制度的自我弱化或强

---

① 谢普斯勒. 理性选择制度主义:制度、结构及局限 [J]. 学习与探索, 2017 (1): 53.
② KONING E. The three institutionalisms and institutional dynamics: understanding endogenous and exogenous change [J]. Journal of public policy, 2016 (4): 645.

化，这是因为制度的运行需要依靠人，特定的执行群体会有意或无意地修订制度的某些要素，使得制度内部结构和运行方式发生变化，逐步与社会不相适应，需要进行调整。

上述内容均是对制度变迁的内涵、类型和动力进行描述，这些内容没有涉及变迁的具体过程。根据学者们的研究，本书将这一过程总结成四个环节，但这些环节并不是在每一次制度变迁中都会出现的，也并不是按照如下顺序进行的。首先是问题建构环节，即将某种触发公众关注的现象与某种制度缺陷联系起来，提出制度变迁的议题，但这一议题并不一定是科学和符合事实的，很多时候只是一种建构的话题。问题建构是一个缓慢的过程，但突发事件或重大灾难可能会加速某种问题的形成[1]。其次，辨析制度变迁的关键节点，关键节点既可以是时间上的重大转折时期[2]，也可以是需要面对的阻碍制度变迁的关键力量，突破这些点就可以引导制度走向新的发展路径，实现制度的再次均衡[3]。再次，寻找推动议题的临界点，即经过缓慢的变革动力积累后，寻找合适的时机将其提出或推动，这种临界点既指事件发生的某个关键时刻，如某个社会事件的发生，也可以指关注此问题的行动者的数量达到了某种规模。最后，突破制度变迁的阻力。制度变迁的阻力主要有两大类：技术性的和经济性的，前者主要是指信息不对称造成的阻力，信息不对称既可能是客观的技术原因造成的，也可能是有人有意识地破坏信息的传递[4]；后者则主要是来自对制度变迁成本—收益的考虑，即更新制度的效益是否高于其成本[5]，但后者往往会演变成一种权力和利益的博弈，社会福利并不是这些行动者的唯一考虑。

2.2.3 交易成本理论

在法经济学看来，交易成本是一切经济行为发生环境的基本特征。理性选择理论的一个基本假设是环境不相关性，即环境因素不影响经济行为

---

[1] 闫志刚. 社会建构论：社会问题理论研究的一种新视角 [J]. 社会，2006 (1)：26.

[2] COLLIER R, COLLIER D. Shaping the political arena [M]. Princeton：Princeton University Press, 1991：120-123.

[3] CAPOCCIA G, DANIEL K. The study of critical junctures：theory, narrative, and counterfactuals in historical institutionalism [J]. World politics, 2007, 59 (3)：348.

[4] JONES B, BAUMGARTNER F. The politics of attention：how government prioritizes problems [M]. Chicago：University of Chicago Press, 2005：98-99.

[5] WEYLAND K. Toward a new theory of institutional change [J]. World politics, 2008, 60 (2)：286-287.

主体的决策①。但实际上，影响经济行为主体决策的不仅是资源耗费水平，还包括其他的因素。资源耗费成本可以分为"生产成本"和"交易成本"两大部分，"交易成本"即制度成本。亚里士多德就已经开始使用"交易"这一概念，康芒斯将其作为较为严格的经济学范畴，认为"交易"与"生产"都是经济活动的基本内容，并认为交易是经济关系的本质。与"生产"过程一样，"交易"过程也会产生一定的费用，即交易成本。首先发现"交易成本"的是科斯，他将"交易成本"描述为"利用价格机制的价格"，即经济行为主体发现相关价格的成本②，经济实践中资源无法自动实现最优配置的根本原因就在于存在"交易成本"。诺斯（1989）认为，交易成本是规定和实施构成交易基础的契约的成本，包含了政治和经济组织的所有成本③，而决定交易成本的是制度和技术。此外，张五常④、Colby⑤等人也从不同的角度对"交易成本"的内涵进行了论述。

交易成本理论（transaction cost theory）的提出，提供了在法律制度形成过程中洞察政府行为的全新的视角、方法和工具⑥，在法经济学中具有基础性意义。交易成本是一种不同于生产成本的存在，但同样能够影响资源配置的效果。综合不同学者的观点，可以从两个角度来理解"交易成本"的内涵。从微观角度来看，交易成本指市场主体完成一项具体市场交易所付出的时间和精力。从宏观角度来看，交易成本指社会交易取得成功所需的各种资源耗费的总和。因此，有人将交易费用视为经济活动中的摩擦力，这种摩擦力与资源配置效率成反比，当这种摩擦力为零时，资源配置效率最优；相反，资源配置效率则会受到不同程度的影响。在法经济学中，法律被视为调节社会利益的机制，交易成本包括两个方面，一方面是法律的制定和运行成本；另一方面是将法律所界定的权利格局作为影响资源配置的成本。无论是哪一种理解，交易成本都被视为一种比较产物，即

---

① RUSSELL B K, THOMAS S U. Law and behavioral science: removing the rationality assumption from law and economics [J]. California law review, 2000 (5): 88.
② COASE R H. The nature of the firm [J]. Economics, 1937, 4 (16): 386-405.
③ NORTH D C. A transaction cost approach to the historical development of polities and economies [J]. Journal of institutional and theoretical economics (JITE), 1989 (66): 1-8.
④ 张五常. 经济组织与交易成本 [M]. 北京: 经济科学出版社, 1996: 79.
⑤ COLBY B G. Transactions costs and efficiency in western water allocation [J]. American journal of agricultural economics, 1990, 72 (5): 1184-1192.
⑥ 唐庆会. 劳动合同法的经济学分析 [D]. 长春: 吉林大学, 2013.

成本和收益的比较结果。因此，对法律的制定和运行进行成本—收益分析，可以有效地评价法律的效率。

目前，学者们对"交易成本"的内涵理解不一致，对其构成的理解也不一致。自科斯以来，学者们对"交易成本"内涵和外延的理解不断扩大，但基本的内涵仍然围绕科斯的理解——"发现相对价格的成本"展开，其基本内容包括三个部分：搜寻信息成本；决策成本；监督成本[①]。整个经济体可以分为生产部门和交易部门，通过度量在交易部门所使用的资源总价值，可以得出整个经济体中的交易成本的总量。根据表2-1中学者们的研究，可以将交易成本分为信息成本、谈判成本、管控成本、避险成本，其中，信息成本主要是指搜寻和研判信息的成本；谈判成本主要是指讨价还价的成本，这主要是针对谈判过程中的机会主义而言的；管控成本主要是指为确保交易顺利进行而付出的各项成本；避险成本主要是指防止有些人利用现有交易机制进行投机甚至欺骗的成本，为防止这些风险，市场主体必然会提升防范能力，进而提升交易成本，降低交易成功率。

表2-1　关于交易费用的不同理解

学者	基本主张	交易成本构成
康芒斯	"交易"过程产生费用	买卖的交易成本；管理的交易成本；限额的交易成本
科斯	所有发现相对价格的成本及利用价格机制存在的其他方面的成本	搜寻信息成本；讨价还价与决策费用；监督费用与合约义务履行费用
阿罗	经济制度运行费用	信息费用；排他性费用；设计及执行公共政策的费用
威廉姆森	经济学中的摩擦力	为签订契约，明确交易双方权利、义务所花费的费用；契约成立后，为解决契约本身存在的问题所花费的费用
诺斯	规定和实施构成交易基础的契约的成本	市场型交易成本；管理型交易成本；政治型交易成本
达尔曼	契约签订和履行的过程中花费的成本	信息成本；讨价还价成本；决策以及执行和控制成本
张五常	一系列制度成本，即人与人之间打交道的成本	在了解信息、谈判过程以及拟定和实施契约中花费的成本，界定产权和控制产权以及监督管理和制度结构变化的成本

---

① 袁庆明.新制度经济学[M].北京：中国发展出版社，2011：48.

表2-1(续)

学者	基本主张	交易成本构成
科尔比	行政管理规定导致的交易成本	政策诱导性交易成本,包括代理律师费、工程和水文研究费、法院成本以及交给国家机构的费用

一般认为,导致交易成本产生的根本原因在于有限理性[1],但有限理性并不一定会导致交易成本的产生,如果交易双方彼此信任或交易类似,交易成本仍然可以很低[2]。导致交易成本生成的真正原因在于机会主义,机会主义导致经济行为人的行为难以预测[3],迫使交易双方付出更多的成本进行交易。实际上,交易成本的产生与"交易"行为的特殊属性相关,这些属性主要包括三个方面:其一,资产专用性(asset specificity)。资产专用性也称为相互依赖性,即由于交易对象的价值、用途和对象是特定的,交易双方存在一种相互依赖性[4],这种专用性包括地理区位以及人力、物力、特定协约服务的资产、名牌商标等的专用性[5],交易双方必须付出更多的成本以维持彼此的关系。其二,不确定性(uncertainty)。不确定性指由于信息匮乏或信息不对称导致交易的不确定性[6],不确定性增加了交易复杂性和成本。其三,交易频率(frequency)。交易频率指交易重复发生的次数。资产专用性导致了交易重复性,正是由于这种重复性,使得每次交易成本边际递减。由于交易成本与交易持续时间存在正相关,因此,也有学者提出交易的时间属性,认为时间属性包括持续时间和频率[7]。此

---

[1] SIMON H A. Theories of decision-making in economics and behavioral science [J]. The american economic review, 1959, 49 (3): 253-283.

[2] BUITELAAR E. The cost of land use decisions: applying transaction cost economics to planning &development [M]. Oxford: Blackwell Publishing Ltd, 2007: 25.

[3] WILLIAMSON O E. The mechanisms of governance [M]. New York: Oxford University Press, 1996: 78.

[4] WILLIAMSON O E. Comparative economic organization: the analysis of discrete structural alternatives [J]. Administrative science qarterly, 1991, 36 (2): 269-296.

[5] 同[3]: 78.

[6] WILLIAMSON O E. Markets and hierarchies: antitrust analysis and implications [M]. New York: Free Press, 1975: 81.

[7] ALEXANDER E R. A transaction-cost theory of land use planning and development control: towards the institutional analysis of public planning [J]. The town planning review, 2001, 72 (1): 45-75.

外，学者们还认为廉洁程度（probity）[①]、交易参与群体或资源规模（scale）[②] 等也会影响交易成本。

虽然交易成本与生产成本产生的根源和内在属性均不相同，但经济学的基本分析方式仍然适用于它。法经济学领域的主要分析方法包括：一是成本—收益分析，即承认法律制度的运行存在成本和收益，其中成本是政府向社会供给法律的主要依据[③]；而收益是指法律通过权利、义务、责任等的科学分配，可以给人们带来实际的利益。法律的成本—收益分析为分析法律制度的比较效益及其法律后果提供了有益的分析工具。二是供给—需求分析，即将法律视为一种公共产品，存在供需关系，其中供给方是国家机关，而需求方是各类市场主体，法律需求决定市场供给，当人们在经济生活中迫切需要法律这种调整手段，并积极寻求法律秩序维护，结果就会出现法律供给。三是均衡分析，既包括狭义的法律供求均衡，又包括广义的法律资源在经济和社会生活中持续均衡配置的状态。前者指法律供给与人们对法律的需求相适应的局面，既指量上的均等状态，也指存在一整套完善的满足法律供求的机制，能保证这种均衡得以持续[④]。四是边际分析，法律制度的运行也存在边际效用递减规律，即法律制度的效益会随着实施时间的延长而降低。由于立法和司法针对性较强，每一项法律在最初实施时，都会产生规模效应，收益较高，但随着时间的推移，边际收益就会逐步下降甚至会小于边际成本，以致法律的效益逐步减少[⑤]，直到人们认为已经不值得再继续遵守法律。

[①] WILLIAMSON O E. Public and private bureaucracies: a transaction cost economics perspective [J]. Journal of law, economics, and organization, 1999, 15 (1): 306-342.

[②] OLSON M. The logic of collective action: public goods and the theory of groups [M]. Cambridge: Harvard University Press, 1965: 123.

[③] 这里的法律成本，包括立法、司法、执法、守法各环节中当事人为实现权利、履行义务和承担责任所耗费的人力、物力、财力和时间资源等。

[④] 马秀鹏. 中国农村集体建设用地流转法律制度创新研究 [D]. 南京：南京农业大学, 2018.

[⑤] 殷勇. 民事诉讼成本分析及控制研究 [D]. 武汉：武汉理工大学, 2017.

2.3 研究对象

《价格法》对价格行为主体的行为进行了规定，既包括经营者的价格行为也包括政府的定价行为。其中，对经营者的价格行为，除了规定依法保护经营者的价格活动权外，重点明确了不正当价格行为的类型；对政府的定价行为重点明确了政府定价范围和定价原则。同时，《价格法》还将价格总水平作为调控对象，并对价格总水平调控的要求以及主要价格调控手段进行了规定。因此，根据《价格法》，政府价格规制主要有三大对象：经营者的价格行为、价格总水平调控、政府的定价行为。

由于政府的定价行为不属于竞争性商品价格规制对象，同时，在平台经济背景下，互联网平台企业地位十分独特，成为影响竞争性商品价格规制的重要因素，因而各种价格法律研究均将其单独作为规制对象。鉴于此，本书根据《价格法》和《关于促进平台经济规范健康发展的指导意见》的相关规定，将平台经济背景下竞争性商品价格规制的对象分为三类：平台内经营者的价格行为、互联网平台企业的价格行为和价格总水平。

2.3.1 平台内经营者的价格行为

平台内竞争性商品经营者（简称平台内经营者）指的是利用互联网平台出售自己商品和服务的企业和个人，即竞争性商品的经营者，不包括互联网企业自身。所谓"平台内经营者价格行为"，是指平台内经营者的定价和讨价还价行为，包括定价目标、定价策略和定价方法等，这是微观经济运行的主要内容。《价格法》中，所谓"经营者"是指从事生产、经营商品或者提供有偿服务的法人、其他组织和个人，但"经营者"不一定是私营企业或自然人，也可能是国家、政府等一些特殊的经营者[1]，考虑到《价格法》调整的另外一个对象——政府的定价行为，本书将"经营者"的范围限定为普通的市场主体，即竞争性商品领域的微观主体。政府对经

---

[1] 徐孟洲，叶姗. 经营者论：基于经济法规范与原理的分析 [J]. 现代法学，2007 (5)：89-95.

营者价格行为的规制主要包括两个方面：一方面是确定经营者行使定价和讨价还价权利的原则和范围。《价格法》第六至第十一条对经营者自主定价的范围和权利进行了规定，并规定了其维护自身权利的途径，以便打击经营者的不正当价格行为。《价格法》第十二至第十七条对经营者的合法的价格行为和不正当价格行为进行了明确的规定，并在第五章、第六章中就政府监督、检查、处罚经营者的价格行为的权限和方式作了明确的规定。

2.3.2　互联网平台企业的价格行为

从广义上讲，平台企业可以纳入经营者范畴，但由于其价格行为具有特殊性，因而将其单独列出。平台企业的价格行为主要是指其定价行为，包括垄断定价行为、价格歧视定价行为和掠夺性定价行为。由于平台企业又分为垄断平台企业和竞争性平台企业，因而上述价格行为又因企业类型不同而不同。本书所指的平台企业是一种互联网平台企业，具有明显的网络垄断效应，但这种效应也很容易导致平台企业滥用市场支配地位而作出不正当的价格行为。因此，政府对互联网平台企业价格行为的规制必须十分谨慎，必须掌握好度，过度监管和放松监管都不符合平台经济发展的需要。

2.3.3　价格总水平

价格总水平是一定时期内各种商品和服务价格的平均水平，是国家宏观调控的主要指标之一。价格总水平是以各类商品价格总指数的形式表现的，反映特定时间内参与交换的所有商品和服务的价格变化，商品价值以及货币价值的变动、市场供求、自然资源的稀缺程度与相对减少状况，以及投资、财政、储蓄、物价管理手段等，这些因素都会对价格总水平有所影响。价格总水平调控，是国家宏观经济调控的重要任务和重要职责，是国家综合运用货币、投资、财政、进出口等经济措施对价格总水平进行必要的、适度的、有效的控制的行为。调控价格总水平，是推动经济发展、确保经济体制改革平稳推进的重要条件。《价格法》第二十六至第三十二条对价格总水平调控进行了明确规定。价格总水平调控的直接目标是保持物价稳定，由于价格波动主要受社会总供给与社会总需求以及货币政策的影响，因而对价格总水平进行调控，就需要调整货币流通量、社会总产品数量、货币流通速度。值得指出的是，虽然价格总水平调控是宏观经济管理的重要内容，但微观经济行为也会导致物价总水平上涨。因此，物价水平调控既要采取宏观措施也要采取微观办法，要抓好供需管理，防止微观价格问题"累积效应"导致物价总水平波动[①]。

价格总水平规制也涉及非竞争性商品价格规制，但其内容主要是政府定价和政府指导价调整问题，因此，本书仍重点研究竞争性商品的价格总水平调控问题。实践中除了价格总水平外，特定的商品如药品、粮食、商品房、蔬菜等价格水平也是价格规制的重要对象，本书在讨论时所举的案例既包括价格总水平，也包括某种商品的价格水平。当然，正如前文已经讨论的，竞争性商品和非竞争性商品并不是截然分开的，其划分并不是由其内在属性规定的，而是人为的，是政府根据经济社会发展的实际情况确定的。

2.4 分析框架

由上述理论可以看出，制度不是一个静止的存在，而是不断变迁的，这个过程可被视为是一个"均衡—非均衡—均衡"的过程。根据新制度主义的理论，制度变迁是技术变革的外在变量，但这种理论对于制度变迁本身的动力机制关注不够。马克思主义则相反，认为生产力发展是生产关系变革的前提，而科技是第一生产力，换言之，技术进步会推动制度变迁。基于此，本书构建了"技术变革—制度变迁"分析框架（见图 2-1）。

根据法经济学的基本观点，技术变革程度的不同对现有制度的效用的影响并不相同，只有对制度的效用的影响达到一定程度时，才会产生制度变迁的需求。同时，作为一种主观的创造，制度变迁也并不是随意的，而是行动者理性思考或者说是利益计算后选择的结果，且这种利益计算只是对推动制度变迁的成本和收益的计算。由此可以对"技术变革—制度变迁"这一分析框架进行以下理解。

---

① 白暴力. 微观经济行为的物价总水平上涨效应分析：货币政策失效与治理原理 [J]. 中国流通经济，2012（4）：91-96.

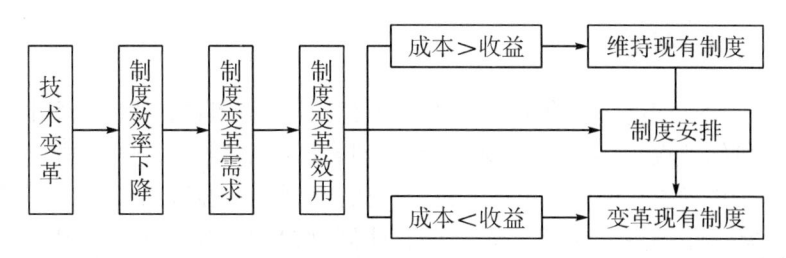

图 2-1 "技术变革—制度变迁"分析框架

首先,这一框架存在一个前提假设:技术是动态的而制度则相对是静态的,即制度变迁是被动的,且具体的个人成本和收益对制度变迁不产生影响。

其次,产生制度变迁需求的前提是制度效率的下降,技术变革改变了制度运行的环境,影响了原有制度的效率。

再次,制度变迁是否能够变成现实,不是由制度效率下降决定的,而是由制度变迁的效益决定的,利益考量才是制度变迁的最关键因素,只有制度变迁的收益大于成本,制度变迁才可能成为现实。

本书根据上述分析并结合田国强的现代经济学分析框架[1],将"技术变革—制度变迁"分析框架具体分为以下 4 个环节,为第三章、第四章、第五章、第六章的分析提供逻辑依据。

2.4.1 技术影响分析

本书将技术变革视为制度变迁的动力机制。技术变革的影响主要是分析技术变革如何影响现有制度的效率,进而影响制度变迁。本书所称的技术变革具体是指互联网技术及建立在其基础上的新的交易方式,即平台经济的发展。本书认为平台经济发展,必然会造成原有的法律制度实施对象和实施环境的变化,这种变化又将影响现有的竞争性商品价格规制的效率,进而产生新的制度需求,一旦这种制度需求被满足,制度变迁便实现了。因此,要理解平台经济背景下竞争性商品价格规制的制度安排问题,必须首先理解前者对后者是否有影响以及其影响机制是什么。

---

[1] 田国强.现代经济学的基本分析框架与研究方法[M].上海:复旦大学出版社,2006:56-57.

2.4.2 制度需求分析

制度变迁的需求分析主要是分析制度变迁的必要性,主要是分析现有的制度供给状况,以研判环境变迁是否加强了与之相关的制度变迁紧迫性。由于市场主体追求效用最大化,而法律能够通过降低交易成本提升效用。因此,市场主体愿意接受一种法律制度以解决交易成本无限上升问题,这就导致了对法律的需求。实际经济活动中,人们对现存法律体系总是很难满足的,产生不满足的原因既可能是法律供给不足,也可能是供给过剩,或制度失灵[1]。造成法律非均衡的主要因素包括外部性、规模经济、风险和交易费用,直接动力包括商品相对价格变化、市场参与者的偏好变化和技术的重大突破等因素[2],这些因素可能导致收益超过成本,或者抑制既有收益的实现。由此可以看出,法律非均衡状态有悖于市场主体利益最大化的目标,必须制定出新的法律或改变现有法律,实现法律供给与法律需求的适应,进而实现制度供给均衡,实现帕累托改进。

2.4.3 制度效用分析

成本—收益分析主要用于分析制度变迁的可行性,即评估制度变迁在经济上是否可行。制度是理性选择的结果,一般情况下,长期得以运行的制度在经济上应该都是有效的。当制度的制定和运行成本过高,则制度提升经济活动的效率有限;相反,制度则能够有效提升经济活动的效率,推动经济持续发展。政府是弥补市场机制之不足产生的,也会像理性人一样行动,需要对决策进行成本—收益分析。作为一种公共产品,制度也是一种稀缺资源,获取和运行都需要付出一定的成本。从政府的角度来看,如果制定制度和运行制度的成本太高,将会损害政府自身的利益;从市场主体的角度来看,如果制定制度和制度运行成本高于降低交易成本带来的效益,意味着自己将会为此付出更多的代价——交更多的税或其他公共服务水平下降,因而是无法接受的。

2.4.4 制度安排分析

制度安排分析是法经济学的核心内容和学科特征,其核心就是要实现

---

[1] 诺斯. 制度、制度变迁与经济绩效 [M]. 杭行, 译. 上海: 格致出版社, 2008: 21.
[2] NORTH D C. Institutions, stitutional chang and economic performance [M]. New York: Cambridge University Press, 1990: 94.

法律均衡。研究法律安排，就是研究在既定的经济规律和人的行为方式的约束下，找出一种合适的法律安排。这种合适的法律安排，应该有两个标准，一方面立法和运行的成本较低；另一方面能最大限度地影响交易双方的行为——包括信息公开、谈判、减少投机等，以有效降低交易成本，提升交易的收益。制度安排的目标是实现一种均衡状态。所谓制度均衡，即在给定条件下制度的供给和需求达到平衡，制度相对静止的状态[1]。其内涵包括：一是制度调节的双方单位平等，且拥有缔结契约的自由[2]；二是改变现存制度不能给经济活动中的任何参与者带来额外收益[3]；三是经济活动参与者缺少改变现有制度的意愿和能力[4]；四是现存的具体制度之间处于相互适应协调的状态、无互斥关系[5]。出现这种相对静止状态，主要是因为改变制度的成本高于改变制度带来的收益。制度均衡是博弈的结果，但非均衡才是常态。

由此可以认为，平台经济背景下，竞争性商品价格规制也存在一个"均衡—非均衡—均衡"的变迁过程。但竞争性商品价格规制供给并不是随意的，受成本—收益结果的支配，即制度的选择是理性的，人们只会选择"最佳制度"，即能够带来较大净收益的法律，此时制度状态即为均衡状态。值得强调的是，缺乏改变现有制度安排的意愿并不意味着经济活动参与者对制度是满意的，仅仅是因为制度改变不能带来额外收益，因而缺乏投入资源推动制度变迁的动力。

作为一项公共产品，人们对竞争性商品价格规制的理解大多是从法学或公共行政伦理的角度来审视的，往往把公平和正义作为衡量其存在价值的重要标准。但这种传统的道德分析和就事论事的论证方式在解释竞争性商品价格规制供给的必要性和有效性面前显得力不从心。本书将依托上述分析框架，分析平台经济对竞争性商品价格规制的影响，以及这种影响是否产生了制度变迁的需要，在此基础上提出平台经济背景下竞争性商品价格规制的制度安排建议。

---

[1] 罗必良. 新制度经济学 [M]. 太原：山西经济出版社，2005：150.
[2] 斯密德. 制度与行为经济学 [M]. 刘璨，吴水荣，译. 北京：中国人民大学出版社，2004：35.
[3] 戴维斯，诺斯. 制度变迁与美国经济增长 [M]. 张志华，译. 上海：格致出版社，2019：98.
[4] 张曙光. 论制度均衡和制度变革 [J]. 经济研究，1992 (6)：30-36.
[5] 张旭昆. 论制度的均衡与演化 [J]. 经济研究，1993 (9)：5-69.

3 平台经济背景下竞争性商品价格规制：基于整体视角的分析

本章在简要梳理竞争性商品规制基本内容的基础上，从整体上讨论平台经济发展对竞争性商品价格规制的影响，进而讨论推动竞争性商品价格规制改革的必要性和可能性。

3.1 竞争性商品价格规制实践

制度的存续存在路径依赖，表现在制度供给方面就是制度所处的环境有所变化，但制度发展仍然沿着原有的路径往前推进。因此，平台经济背景下竞争性商品价格规制仍然是在原有的框架下进行，无论是对平台内经营者、平台企业还是价格水平进行规制，主要还是依据原有的法律法规、机构机制和人员队伍。20多年来，我国在平台经济发展背景下对竞争性商品价格规制的成效十分突出，这为当下的价格规制提供了实践依据。

3.1.1 价格规制主体

从20世纪50年代开始，各级政府逐步建立起了相应的价格管理机构。60多年来，价格管理机构的名称和机构不断调整、不断完善，但物价管理始终是各级政府调节经济、稳定社会、服务群众的重要职能。各级政府的价格管理机构组成并不相同。

从机构设立方式来看，1993年以来经过多次机构改革，省（自治区、直辖市）以及省以下价格行政管理机构发生了很大变化。新一轮机构改革之前，省一级价格管理机构约有三分之一并入发展改革部门，约有三分之一作为发展改革部门管理的物价局，约有三分之一作为省政府直属机构独立存在。党的十九大之后，物价管理职能又并入了市场监管部门。目前，全国价格行政执法机构有 3 000 多个，执法人员有 35 000 多名。

从机构组织方式来看，国家和省级政府的价格管理机构最为完善，特别是省级价格管理机构，内设机构较多，较为复杂，如四川省发展改革委内设处室和直属机构中有 7 个具体负责价格管理工作。相反，区（市、县）政府相关机构组织较为简单，即便单设了物价管理机构，业务科室也较少。乡（镇）政府不单设专门的物价管理机构，相关的职能一般归口在经济发展管理科室，物价管理成为乡镇市场管理工作的一部分，其任务是配合上级物价管理工作任务的落实。

从权力运行方式来看，我国价格管理机构采取的是集中管理类型，即中央设立专门机构，负责全国价格管理工作。其他各级政府的价格管理机构既是履行本级政府价格管理职责的主体，又是落实中央价格管理政策的具体机构，受本级政府和上级价格主管部门的双重管理。但理论上省级及其以下各级政府的价格主管部门的权力来自中央价格主管部门，因而，各级价格主管部门职能具有高度的一致性。

总体来看，各级各地价格主管部门的内设机构的设置与政府价格管制的对象与范围相一致，一般都包括以下几个方面的机构：市场主体价格行为监管机构、公共产业或垄断产业领域定价机构、市场价格总体水平检测管理机构、价格管理技术支持机构，等等。

3.1.2 价格规制手段

价格规制手段是指为实现价格管理目标而采取的一套具有程式化的方法、手段或途径的总称。在市场经济条件下，直接干预市场主体定价行为已经与自由、自治和独立自主的市场精神格格不入，在市场价格形成机制中，特别是在竞争性商品价格形成中，政府充当协调、监督和服务的角色，采取宏观的、间接的方式来对价格总水平和经营者价格行为进行规制，主要手段包括经济手段、行政手段、法律手段（见表3-1）。

经济手段（economic means）。经济手段是指政府通过调节要素配置实现价格规制目标的方法，是一种调整市场主体间现实经济利益关系、引导市场主体行为符合宏观经济发展目标的行为①。运用经济手段，能够在实现政府宏观目标的同时有效协调各方利益关系；能够有效激发微观市场主体活力，在实现物价调控目标的同时保持经济发展活力，实现稳中有进。与法律手段、行政手段不同，经济手段是一种间接手段，不直接作用于市场主体的价格行为，在实行的过程中充分尊重市场主体独立、自主的地位。一般情况下，经济手段能够运用的工具包括税收、信贷、汇率等，但在我国，强大的国有经济既是国民经济的重要组成部分，也是调节宏观经济发展目标的重要载体和手段，通过发挥国有企业调节生产要素供给的能力，能够有效地强化政府价格规制效果。运用经济手段最核心的要求是尊重经济发展规律，而且经济手段并不是任何时候、任何地方都能见效的，不正确地运用经济手段调控市场价格也可能会扭曲供需关系，触发其他经济和社会问题。

表3-1 价格规制手段的内容和特征

主要手段	主要内容	基本特征
经济手段	货币、财政、投资、进出口等方面的政策和措施；物资储备制度；专项基金征收制度；增加市场总量供给	间接性、滞后性、组合性、利益诱导性
行政手段	建立价格监测制度，掌握放开商品的市场价格动态；对重要农产品实行收购价格保护制度；采取价格干预措施，控制价格大幅度波动	临时性、应急性、权宜性、政治性
法律手段	制定价格法律和法规；规范价格决策主体的权利与义务；规范价格制定与调整的依据与程序；规范价格管理的形式和办法；价格的监督检查；违法行为的处理	权威性、强制性、规范性、稳定性

法律手段（legal means）。运用法律手段对价格进行调控，是指政府依据法律法规来规范市场主体的价格行为。法律手段具有权威性、强制性、规范性、稳定性等特征，是政府价格规制行为的基础、前提和保障，不仅为政府价格规制行为提供了基本程序和规范，而且为各类市场主体的价格行为提供了标准和依据，引导和鼓励政府和市场主体依法行使自己的权利，促使政府和市场主体自觉抑制、摒弃不合法的价格行为，为保持市场经济的平稳运行和政府价格规制效率提供保障，比经济手段和行政手段更

---

① 刘萍. 行政管理学 [M]. 北京：经济科学出版社，2008：76.

为成熟和稳定。运用法律手段进行价格规制的核心是坚持规制主体法定、规制权力法定、规制对象法定和规制程序法定。运用法律手段进行价格规制，包括依法规范市场主体的价格行为、调整利益关系，打击各类价格违法行为，还包括依法保护市场主体行使自主定价和讨价还价的权利，依法支持市场主体运用价格策略实现自己的最大利益。当然，依法规制价格的前提是法律法规符合客观经济规律，这需要不断地完善法律法规，打造一支能够确保法律落地的执法机构以及稳定的执法队伍。

行政手段（administrative means）。行政手段是指政府通过强制性的行政命令、规定、指示等进行价格调控的一系列措施。与经济手段、法律手段相比，行政手段具有以下特征：临时性，时间不会太长；灵活性，范围可大可小，时间可长可短，执行可严可松；应急性，为应对特殊情况而采取的措施；权宜性，行政手段只关注结果，对于过程和手段的合理性并不在意；政治性，不关注经营者之间的利益关系，关注的是经营者与消费者之间的关系，社会性是其出发点。从形式上看，行政手段是通过各种权力方式，即命令、禁止、许可、强制执行、处罚等强制手段实现价格调节目标，政府权力直接作用于经营者，能够维持行政权力的集中统一，较好地实现灵活性与原则性的统一，消费者能够迅速获益，短期内具有较高效率。但这种效率也必须建立在有法可依的基础之上，必须尊重市场经济规律，长期无限制地滥用行政手段必然会带来极大的负面效应：从宏观上看，容易导致市场信息失真、失速，进而扭曲市场供求关系，导致资源配置效率下降；从微观上看容易挫伤经营者的积极性、主动性和创造性，导致市场主体活力不足，恶化经济发展形势，损害消费者的根本利益，因而要谨慎运用行政手段。

3.1.3 价格法律法规

价格规制的法律法规体系是构建价格规制改革基本框架的基础和依据。经过40多年的改革开放，我国已经建立了较为完善的价格法律体系，基本确立了以《中华人民共和国价格法》（以下简称《价格法》）为核心，以特殊行业、特定要素价格管理为对象的价格管理法律体系框架，这个框架以价格形成和价格运行规范为基础，以价格监督检查规范为重点，为政府进行价格规制提供了行动依据和准则。从内容来看，包括价格行为主体、价格行为、价格调控方式方法、执法监督标准和程序等方面的法律法规；从层次来看，既有全国统一的法律法规，也有地方的行政法规，还有特殊行业的法律法规。除《价格法》以外，价格规制的法律法规体系还包括以下内容。

规范经营者行为的法律规章是对经营者的价格行为进行规范，禁止不正当价格行为，促进等价交换和公平竞争，维护市场价格秩序，保护消费者价格权益的法律规章。这类法律规章主要包括明码标价，制止牟取暴利，禁止价格垄断、价格欺诈、价格歧视、低价倾销类法律规章。如《中华人民共和国价格管理条例》《中华人民共和国反垄断法》《农产品成本调查管理办法》《中介服务收费管理办法》《制止牟取暴利的暂行规定》《关于商品和服务收费实行明码标价的规定》《禁止价格欺诈行为的规定》等。

规范政府定价行为的法律规章是对政府制定价格的职责、权力、范围、程序进行明确、规范，确保政府定价民主化、科学化的法律规章。具体内容包括规定政府定价目录、定价程序、定价标准等。如《政府制定价格行为规则》《政府价格决策听证办法》《政府制定价格行为规则》等。

政府宏观价格调控的法律规章，即对政府调控价格的经济手段、行政手段进行规范，明确其权力和职责。其主要包括价格调节基金制度、价格监测制度、价格干预措施和紧急措施等，如《价格调节基金管理办法》《非常时期落实价格干预措施和紧急措施暂行办法》《城市房地产交易价格管理暂行办法》等。

价格监督检查法律法规是有关价格监督检查的权限、主体、程序的规定以及处罚的种类、责任等，主要包括价格违法行为处罚主体、对象、管辖权、处罚标准、处罚程序等。如《价格违法行为行政处罚规定》《价格违法行为举报规定》《价格行政处罚程序规定》等。

针对平台经济的法律法规。平台经济发展20多年来，我国针对平台经济的价格规制法律体系建设也取得初步成效。我国先后出台了《互联网信息服务管理办法》《中华人民共和国电子签名法》《第三方电子商务交易平台服务规范》《网络商品交易及有关服务行为管理暂行办法》《国家发展改革委〈禁止价格欺诈行为的规定〉有关条款解释的通知》《网络交易监督管理办法》《网络交易价格举报管辖规定》等一系列法律法规。此外，相关部门还出台了一些规范性文件，如国家市场监督管理总局2018年颁发《关于规范网络零售价格行为提醒告诫书》，浙江、上海、北京等地也出台了本地平台企业价格管理规定。2018年出台的《中华人民共和国电子商务法》（下文简称《电子商务法》）就经营者和平台企业的价格行为进行了规定，2019 年颁布了《国务院办公厅关于促进平台经济规范健康发展的指导意见》，明确提出了"维护市场价格秩序，针对互联网领域价格违法行为特点制定监管措施，规范平台和平台内经营者价格标示、价格促销等行为，引导企业合法合规经营"。2021 年国务院反垄断委员会颁布《国务院反垄断委员会关于平台经济领域的反垄断指南》（国反垄发〔2021〕1号），旨在预防和制止平台经济领域垄断行为，促进平台经济规范有序创新健康发展。2021 年 12 月，国家发展改革委等部门印发《关于推动平台经济规范持续健康发展的若干意见》（发改高技〔2021〕1872 号），提出"将完善平台经济相关规则制度，如修订《反垄断法》，完善数据安全法、个人信息保护法配套规则……制定出台平台经济领域价格行为规则，推动行业有序健康发展"。

3.1.4 价格规制能力

随着价格规制实践的广泛深入，针对平台内经营者价格行为的规制能力也逐步提升。政府确立了"以网管网"的基本监管思路，充分运用新一代信息技术发展成果，根据平台经济的特点，建立各具特色的网络交易价格监管平台。为适应平台经济价格监管的需要，各地均建立专门的网络监管机构和监管队伍，实现专业部门、专门队伍监管，监管队伍专业化水平不断提升。监管方式从政府独立监管向以政府为主、社会参与、主体多元化方向转变，除了政府监管外，平台企业、第三方支付机构、行业协会以及其他社会组织均参与到平台经济的价格监管过程中来，以行政监管为主其他监督主体为辅的平台交易价格监管格局处于初步建立阶段。

当然，我国针对平台经济背景下竞争性商品价格的规制还存在一些不足，主要表现为法律供给不足，监管主体行动不协调，有针对性的技术手段有限，不正当价格行为发现难、取证难、确定难、执行难，更重要的是，平台内经营者整体信用较低而监管力量仍显薄弱。这些都需要进一步予以改善，其中，最核心的是从法律上进行完善。

3.1.5 价格规制特点

竞争性商品价格规制的前提是尊重市场规律。在竞争性商品领域，资源配置受价格机制的影响,但价格机制本身具有自发性和盲目性。为了约束价格机制的自发性和盲目性,发挥市场机制的资源优化配置功能,确保经济平稳发展,有必要对价格进行适当规制。表面上价格规制的对象是价格或价格行为主体,即供需关系的信号,实质上价格规制调节的却是价格机制,即限制价格机制的负面作用的发挥。竞争性商品价格规制是为了克服市场机制的负面效应,是"无形之手"和"有形之手"力量互动平衡的重要表现,是政府权力作用于市场主体的一种形式,本质属于公共服务性质,但这仅是一种干预,不是为了替代市场这只"无形之手",相反,价格规制的最终目的是促进价格机制恢复功能。因此,政府对竞争性商品进行价格规制时,必须谨慎选择干预范围,并将市场机制的基本功能作为其边界。

竞争性商品价格规制是一种适度干预。所谓"适度干预"的内涵有多种:干预范围适度,即政府干预竞争性商品价格的范围有限;干预方式适度,即政府干预竞争性商品价格的方式方法具有一定的限制;干预程度适度,对竞争性商品价格进行干预不能影响价格机制正常发挥。适度干预是建立在"有限理性"的基础之上。"有限理性"是与"理性人"相对而言的,在实践中,具有"全知全能的荒谬理性的理性人"是不存在的[1]。由于人面临的世界是不确定的,这种不确定性随着人数的增加而增强[2],人只能依据有限理性行事,有限理性成为一种更具真实性的假说。这种假说强调"根本的不确定性"和"信息的不完全性"[3],认为一个人进行决策时,是无法洞彻交易流程及规则,无法掌握完全信息、预测未来,也无法达到完全理性的。

根据"有限理性"理论,政府的理性也是有限的,在价格规制过程中仍然会存在一些"失灵"情况,因此,政府进行价格规制也应该是有限的。如果价格规制的范围无限制扩展,势必会极大地压缩企业的活动空间,改变市场在资源配置中的地位。因此,由于目标的多样性,即便信息充分,但由于信息处理能力有限和对资源配置效率的追求,价格规制的现实标准应该是"满意"而不是效用最大化或利益最大化。

---

[1] 西蒙. 管理行为 [M]. 徐立,杨砾,译. 北京:北京经济学院出版社,1988:18.
[2] 卢现祥. 西方新制度经济学 [M]. 北京:中国发展出版社,1996:10.
[3] 杨小凯. 不完全信息与有限理性的差别 [J]. 开放时代,2002 (3):76-81.

竞争性商品价格规制具有一定的成本。公共产品的生产、运行和消费都是需要成本的[1]，竞争性商品价格规制也不例外。竞争性商品价格规制的成本是价格规制制定和实施过程中政府、企业和消费者所承担的各种费用。当竞争性商品价格规制的预期收益超过预期成本时，涉及价格规制的制度安排就会被创新[2]。根据不同的理论，竞争性商品价格规制的成本构成并不相同。根据张五常的理论，竞争性商品价格规制的成本包括信息成本、谈判成本、拟订和实施契约的成本、界定和控制产权的成本、监督管理的成本和制度结构变化的成本[3]。根据施蒂格勒的观点，竞争性商品价格规制的成本可分为实施成本和服从成本[4]。基于帕克等的理论，价格规制的成本又可以分为直接成本和间接成本，其中，直接成本包括立法成本、供给成本、权力成本和实施成本，间接成本也称为"服从成本"[5]。综合来看，竞争性商品价格规制成本就是政府在竞争性商品价格规制过程中所发生的行政资源耗费和企业因执行规制导致生产发生变动的额外支出，以及消费者因商品和服务价格上升而增加的支付总额[6]，具体包括行政成本、寻租成本、信息成本和时滞成本以及机会成本。竞争性商品价格规制存在的前提在于，政府规制的成本应小于市场缺陷造成的社会成本。鉴于此，要对竞争性商品价格规制的合法性进行评估，其核心就在于对价格规制的成本—收益进行分析。

竞争性商品价格规制是一种法律行为。价格是市场交换的产物，具有天然的自发性和内在的规律性，价格规制是一种政府行为，是作用于市场机制的外生的、强制性的力量。价格规制必须具有一定的合法性，应该源于明确的法律规定。因此，竞争性商品价格规制本质上属于法律行为。首先，市场失灵表现为不同市场主体的利益失衡，而不同的市场主体对于公

---

[1] WINSTON, CLIFFORD. Economic deregulation: days of reckoning for microeconomists [J]. Journal of economic literature, 1993 (3): 1263-1289.

[2] 诺斯. 制度创新的理论：描述、类推与说明 [M]. 刘守英，等译. 上海：上海人民出版社，1994：264.

[3] 张五常. 经济组织与交易成本 [M]. 北京：经济科学出版社，1992：58.

[4] 施蒂格勒. 产业组织和政府管制 [M]. 潘振民，译. 上海：上海人民出版社，1996：71.

[5] PARKER, CHRISTINE. The open corporation: effective self-regulation and democracy [M]. Cambridge: Cambridge University Press, 2002: 245-291.

[6] 石涛. 政府规制的"成本—收益"分析：作用、内涵及其规制效应评估 [J]. 上海行政学院学报，2010 (1)：67-76.

共产品的需求极不相同，存在较大的冲突，需要从宪法的层面确认政府干预市场失灵的合法性。竞争性商品价格规制的根本目的是完善和平衡不同市场主体之间的利益，是不同市场主体的共同利益表达渠道，展示了宪法赋予政府的权力和责任。其次，竞争性商品价格规制的法律属性表现为规制行为必须合法，即政府的行为必须是合法的，受到法律和各种规定的约束，而不是任性而为，采取的规制措施必须符合法律规定。基于此，必须提高竞争性商品价格规制的程序设计透明度，加大对政府价格规制行为的监督和制约的力度。最后，竞争性商品价格规制本质上是规制主体意志作用于规制客体，即被规制的市场主体必须符合价格规制的要求，要依法采取价格行为。

3.2 平台经济背景下竞争性商品价格规制的需求分析

毫无疑问，建立完善竞争性商品价格规制体系的历史要早于平台经济发展的历史，这必然会导致二者之间的协调问题：作为一种制度，原有的竞争性商品价格规制体系是否与新的市场环境相适应，或者说，平台经济发展是否会产生新的制度需求？

3.2.1 平台经济对竞争性商品价格规制效率的影响

要了解平台经济对竞争性商品价格规制效率的影响，首先应该了解竞争性商品价格规制体系。竞争性商品价格规制体系包括构成价格形成，价格监管各种要素之间的稳定的结构关系、运行方式和行为规则。与其他制度一样，竞争性商品价格规制也是存在一定效率的（简称规制效率），这个规制效率就是指规制体系与市场经济发展需求之间的适应性，二者之间越适应，则规制效率越高；相反，规制效率则越低。这是一种无法量化但可以感受到的指标：当规制有效时，经济发展平稳，市场参与者支持相关规制；相反，经济发展艰难，市场主体则反对规制。竞争性商品价格规制体系也是有生命周期的，当规制效率低于预期时，其生命就逐渐终结，或被另一种规制体系所取代，这一生命周期如图3-1所示。

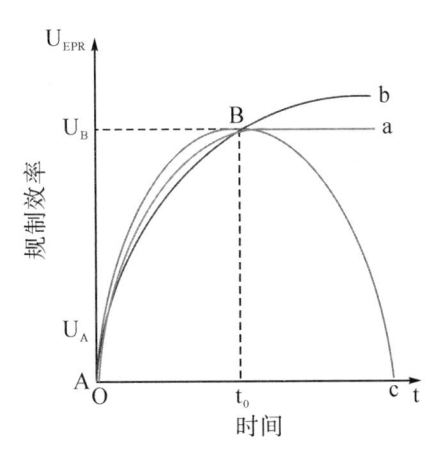

图 3-1 环境变迁与竞争性商品价格规制效率变化示意图

图 3-1 中，纵轴 U_{EPR}（efficiency of price regulation）表示竞争性商品价格规制效率（规制效率），横轴 t 表示制度建设完善的时间，a 表示外部环境不变情况下规制效率演变情况，b 表示外部环境变化且规制体系进行相应调整时规制效率情况，c 表示外部变化情况下规制效率的演变情况。需要解释的是，为何 t=0 时，制度效率 $U_A=0$。这是因为本书假设价格改革之前，我国处于绝对的计划价格体制之下，竞争性商品价格规制体系为 0，规制效率也为 0。

当外部环境一定时，竞争性商品价格规制的效率仅仅受自身的完善程度影响。当 $t=t_0$ 时表示竞争性商品价格规制体系最完善，此时规制效率达到顶点 U_B，但此后，由于规制体系建设已经完成且外部环境不变，规制效率不再随时间的变化而变化，始终保持在 B 点的高度。

当外部环境变化时，竞争性商品价格规制体系也随之逐步完善，即与外部环境——市场机制的变化逐步适应，规制效率也逐步提升，如果这一趋势可以一直延续下去的话，那么就会存在 b 曲线。

如果外部环境变化，而竞争性商品价格规制体系先随之变化，但到达一定水平不再变化时，规制体系的适应性就会下降，规制效率也在达到顶点 B 时逐步下降，形成曲线 c。

现实中第三种情况是最常见的。由于制度设计者是有限理性的，一种制度体系很难完美，且由于制度运行存在路径依赖，供给并不愿意对原有的制度进行改进，因此，与自身所处的环境相比，制度体系是一种相对静态的存在，当制度发展到 t_0 时，规制效率会逐步下降，当然这个下降也是逐步的，且不会是无限的。

根据马克思制度变革思想，技术创新是制度变迁的根本动力。在平台经济迅速发展的背景下，互联网技术变革和产业类型、业态的变迁构成了竞争性商品价格规制体系最重要的外部环境，急剧变化的环境极大地影响了平台内经营者的价格行为。竞争性商品价格规制不一定能够完全适应被技术环境改变的经营者的价格行为，特别是新出现的平台企业的价格行为。但由于这个群体规模太大、集体行动难以达成，正式或非正式反抗现有制度的成本太高，除非已经影响了经营者和平台的生存，否则他们不会反对这个制度；相反，他们则会激烈反抗现有的价格规制体系。为此，可以假设竞争性商品的经营者和平台企业对于竞争性商品价格规制的效率存在一个容忍限度，假设为常数 U_{EPR_0}，那么只有当 $U_{EPR} \geqslant U_{EPR_0}$ 时，现有价格规制体系才能得到遵守并存在下去；相反，如果 $U_{EPR} < U_{EPR_0}$，那么经营者和平台企业就会强烈要求改革现有的竞争性商品价格规制体系。也就是说，平台经济大发展的背景下，平台内经营者和平台企业反对现有竞争性商品价格规制体系的可能性类似一种脉冲函数：

$$\Phi_{EPR} = \begin{cases} +\infty, & U_{EPR} < U_{EPR_0} \\ 0, & U_{EPR} \geqslant U_{EPR_0} \end{cases}$$

当到 t_1 时刻之后，也就是 $EPR < EPR_0$ 时，以往的经营者价格水平规制体系已经不能适应技术革命和产业变革的需要了，经营者和平台企业就会要求变革现有的制度体系，以确保自身的经营活动能够维持下去。

3.2.2 平台经济背景下竞争性商品价格规制的需求

从上述分析可以看出，平台经济催生了对于竞争性商品价格规制的新需求。这种需求产生的根本原因在于：一方面，平台经济并未与传统市场交易方式完全割裂，甚至部分平台只是传统市场的延伸。另一方面，虽然互联网平台具有强大的信息聚合传递功能，但平台经济并没有从根本上解决市场失灵问题，有些老问题消失了，但也出现了一些新问题；有些问题只是换一种形式表现出来，有些问题则由于交易规模的扩大表现得更严重、更激烈。从长期来看，必须不断完善目前非市场化的价格制度以解决市场化价格运行机制所不能解决的难题，使市场运行重回均衡状态。具体而言，平台经济背景下，市场对竞争性商品价格规制产生新需求的原因包括以下几个方面。

3.2.2.1 价格垄断行为难以界定

《制止价格垄断行为暂行规定》所界定的"价格垄断",是指"经营者通过相互串通或者滥用市场支配地位,操纵市场调节价,扰乱正常的生产经营秩序,损害其他经营者或者消费者合法权益,或危害社会公共利益的行为"。有些价格垄断行为是由独立的市场主体主导的,而另一些价格垄断行为则是市场主体通过协议、决议或者协调等串通方式实现的。价格垄断在平台经济背景下更为常见却又难以对其进行界定。如互联网平台的网络效应非常明显,平台越大,参与的经营者越多,平台的价值越高,平台企业及经营者的边际投资效益越高。此特征极大提高了经营效率,但也增加了平台企业的支配权力,平台企业具有强大的外部效应,普通经营者由于存在转移成本与客户锁定,在与平台企业的价格谈判中始终处于弱势地位,处于市场支配地位的平台企业难免不去利用这种优势,从而出现垄断定价、掠夺定价、价格歧视等问题,破坏市场秩序、降低资源配置效率、影响公众的生活水平,此情况必然导致价格规制的新需求产生。

3.2.2.2 外部性问题仍然存在

一般意义上的外部性是在经济活动中,私人边际成本(或效益)与社会边际成本(或效益)之间的不一致性,导致市场失灵,使资源无法实现最佳配置,即市场主体的经济活动会给其他社会成员带来好处或坏处,但其自身却无法直接从受益者那里得到补偿或惩罚。对外部性进行校正,最根本的途径就是政府要发挥作用,采取干预措施,让外部性制造者承担外部成本或享有外部收益,通过使外部性内在化,实现私人权利和社会责任的协调,进而达到利益平衡。对市场主体价格行为进行规制,原因不仅在于市场主体对此种行为无能为力,也是由于矫正这种行为本身就具有正外部性,只有政府才能承担这一责任。平台经济背景下,市场主体行为的外部性仍然存在,仍然需要政府对企业的价格行为进行依法规制,以保证企业创新积极性和平台经济的健康发展。

3.2.2.3 信息不对称问题仍未解决

理论上,互联网从很大程度上解决了信息不对称问题。平台经济迅速发展的根本原因在于市场主体获取信息的便捷性提高,但这并没有解决市场交易中的信息不对称问题。人们往往假设互联网时代市场主体有关商品或服务的信息是完整的,然而在实践中,这种假设是不成立的。信息生态随着平台经济的快速发展产生了根本性的变革,消费者从平台获得的信息量远远大于从传统市场获得的信息量,虽然作为信息主体的经营者、平台商将全部信息转移到互联网平台,互联网平台上的信息不可能全部流转到消费者手中,由于经营者、互联网平台、消费者、政府之间的信息流动链不同,形成了一种新的信息不对称状况。因此,在互联网时代,信息不完全仍然是一种必然的、普遍的、长期存在的经济现象。只要这种信息不完全的情况存在,刷好评、售假、以次充好、所售商品与实际不符等行为也就不会杜绝。信息不完全不仅会造成逆向选择、道德风险、信号失灵等市场失灵[①],也有可能会造成更加严重的后果。

3.2.2.4 不正当价格行为复杂多样

经济活动中的人会根据内外部环境做出最有利于自己的选择,这些选择有可能是创新产品、降低生产成本等措施,也有可能是一种机会主义行为,甚至是违法犯罪的行为。在平台内,一方面,传统的价格欺诈、哄抬物价、乱收费等价格违法行为仍然屡见不鲜;另一方面,由于人们知识水平和能力的普遍提高,期望效用的内涵更加丰富,进而导致机会主义行为也更加复杂多样,只要周围的环境和条件允许,人的逐利倾向就会转化为具体行动,利用自己的信息优势以实现自己的利益最大化,不仅严重扰乱了市场秩序、影响国民经济健康发展,还严重侵害了消费者的权益,造成了严重的经济、社会乃至政治问题。从实践来看,平台经济背景下的不正当价格行为并不少见,网络购物、网约车等新兴业态与传统工商企业的经营方式截然不同,价格行为千变万化,价格行为不规范问题较为突出,相应的举报也较多。正如前文所述,每年电子商务投诉中,涉及价格问题的投诉占到4%左右,这与中国消协接受的价格投诉案件占全部投诉案件的5%左右十分相近,而且后者投诉案件中有一部分就发生在电子商务中。

3.2.2.5 价格监管机制面临复杂挑战

平台经济快速发展,新兴业态不断涌现,极大增加了市场价格监管的复杂性。首先表现为部分价格法律法规滞后于市场实践,实践中甚至出现无法可依的情况。平台经济中的市场主体价格行为具有很强的传导性,一种价格违法行为很容易呈现多点爆发的状况,在互联网被广泛使用的情况下,特别是自媒体和网络媒体的发展,消费者的诉求容易发展成网络预期,给价格执法带来了极大的舆情压力,价格监管部门的执法水平和执法

---

① 董成惠. 从信息不对称看消费者知情权 [J]. 海南大学学报(人文社会科学版),2006(1):42-47.

效率面临挑战。由于平台经济背景下网络平台上发生的交易行为不再局限于特定区域，不正当价格行为的主体牵涉众多，也不局限于某个特定区域，传统的属地管辖的监管方式失灵。此外，平台经济的特殊性导致原有执法队伍并不能完全适应。由于我国正处于结构调整、动力转换的关键时期，价格监管部门对于"宽容"与"严管"尺度把握不准，造成"不该管、不能管、不敢管"的错误认知和"不愿为、不作为、不敢为"的畏难情绪交织在一起，在少数地方还比较突出，迫切需要创新平台经济背景下的竞争性商品价格规制方式方法。当前，基层承担了市场价格监管的主要工作，但基层执法人员严重缺乏，甚至出现价格执法编制被挪用的情况，另外，还存在工作人员知识储备不足和知识结构老化现象。

3.2.2.6 消费者主权地位的提升

平台经济改变了消费群体的特点和消费习惯，特别是互联网平台的巨大信息处理能力，极大地改变了传统信息传递和获取方式，降低了消费者获取市场信息的成本，在很大程度上提升了消费者的主权地位。这种主权地位的提升主要表现为：一方面，消费者能够更为便利地获取商品信息，能够进行更加主动的消费；另一方面，消费者也更容易识破互联网平台企业以及平台内经营者的不正当价格行为，从而对维护自身权益的需求更加强烈。影响互联网消费者行为的因素除了产品及服务的品质外等，价格仍然是重点，在获取市场信息更为便捷的情况下，消费者对于不正当价格行为也更为敏感，进而对竞争性商品价格规制的需求更为强烈。

3.3 平台经济背景下竞争性商品价格规制的效用评价

如前所述，虽然平台经济导致了对竞争性商品价格规制的新需求，但制度变迁的内在动力和现实需求并不一定推动制度变迁实际发生。是否从根本上变革竞争性商品价格规制体系，现实的利益考量是必要的，即制度变革的收益是否高于制度变革付出的成本，如果答案是肯定的，那么便有可能会有制度变革的发生；否则，则没有必要推动相关制度变革。

3.3.1 竞争性商品价格规制效用的基本认识

与所有的政府规制一样，竞争性商品价格规制的目的也是为了"克服市场失灵，实现社会福利最大化"①，这里的"社会福利"指的是"公共利益"，其中，克服价格机制失灵是直接目标，而实现"社会福利"或"公共利益"的最大化才是最终目标。因此，考察价格规制是否有效率的标准有两个——克服价格机制失灵和增进公共利益。无论是哪个标准，对竞争性商品价格规制效率的分析都应该坚持用效用最大化的观点，即分析价格规制是否给社会带来了尽量多的幸福和满足。

但"经济政策问题还涉及一些'超经济'因素，尤其是目标选择问题，在某种程度上手段的选择问题也是如此"②。虽然"效率"是法经济学的唯一价值取向，但一旦涉及"公共利益""社会福利"等复杂问题时，"超经济"的价格取向就会被考虑进来，如政治因素、社会因素等，"效率"作为唯一的价值取向就会受到质疑③，如 Whincop 等（2001）就曾指出，"效率不是最强有力的冲突法规则的判断标准，正义可能是更好的标准，且符合正义要求的规则往往也是有效率的"④。

本书将竞争性商品价格规制的效率视为"克服交易成本的障碍而成就财富最大化的交易"⑤。竞争性商品价格规制的目标具有多样性，财富、安全、正义、平等、自由等价值均是其重要内容，但评价这些价值是否得到维护和增进的标准只有一个，即"效率"，通过成本—效益可以评估价格水平规制是否维护和增进了市场经济的基本价值和现代社会的基本价值，如是否使市场交换更有效率，是否增进了社会财富，是否促进了公平公正，等等。只不过有些"效率"容易量化，有些则不容易量化。但在对价格规制进行成本—收益分析时，无论是可量化的还是不容易量化的"效率"都应该考虑到，避免因过多地强调经济效益而忽略其他的社会价值，从而违背政府的集体理性要求。

应该指出的是，这里的效用或效率并不是指孤立的个人，而是指社会福利的最大化。竞争性商品价格规制的意义在于，由于政府能够得到比市场参与者更多的信息，能够有效降低市场参与者收集市场信息的成本，降低市场交易成本，提高市场交易效率，矫正市场供需关系，引导资源配置

---

① 张红凤. 西方规制理论变迁的内在逻辑及其启示 [J]. 教学与研究, 2006 (5): 70-77.
② 丁伯根. 经济政策：原理与设计 [M]. 张幼文, 译. 北京：商务印书馆, 1988: 79.
③ 孔令杰. 冲突法的经济分析 [D]. 武汉：武汉大学, 2005.
④ MICHEAL J, WHINCOP, MARY K. Policy and pragmatism in the conflict of laws [M]. New Hampshire: Dartmouth Publishing Company, 2001: 78-80.
⑤ 波斯纳. 法理学问题 [M]. 苏力, 译. 北京：中国政法大学出版社, 1994: 450.

优化，增进社会福利，也调整了社会财富的分配。

最后，由于社会福利具有综合性、复杂性特征，因此价格水平规制效率评价标准也具有综合性、复杂性特征。同时，由于社会福利包含了诸多非物质的主观感受，如社会稳定、公共安全、公民健康、社会经济持续发展，等等，价格水平规制的效率难以量化，但价格水平稳定与其他因素之间的关系能够得到验证。

3.3.2 平台经济背景下竞争性商品价格规制的成本

这里的"成本"，是规制（即所有规制的综合）本身需要付出的代价（不再是反映制度潜在需求的交易成本或价格机制运行成本）。

通常认为，规制成本可分为直接成本和间接成本，前者是实施规制所直接耗费的时间、精力以及物力，后者则是指规制导致的市场主体的效率损失[1]。前者包括行政成本和司法成本。行政成本指的是行政组织与实施成本、法律实施成本，前者是为了实施规制建设行政机构，配备行政工作人员所需支付的成本；后者指的是消除旧制度的费用、消除制度变革阻力的费用、实施规制活动的花费等。司法成本是行政机关实施规制过程中产生的监督成本、裁决成本。监督成本是司法机构对价格规制进行监督的成本。裁决成本指行政机构在执行价格规制时与企业或消费者发生纠纷时进行裁决所发生的费用等。

间接成本包括垄断导致的 X 无效率（成本扭曲）、寻租成本。标准的微观经济学理论一直假定完全竞争者与完全垄断者在使用他们的生产要素时，使每一产量水平都实现了最小的成本。但是，在垄断的情况下，由于缺少外部市场竞争，企业所有者与管理者的目标函数不一致等，会导致 X 无效率的出现。寻租行为是代理人寻求租金的行为，寻租有多种途径：一是寻租者采取游说立法者的形式，促使对其有利的法案获得通过。当这些游说活动耗费了经济资源，就意味着带来了与垄断相关的福利损失。但是，如果有利的政府行为是由于贿赂立法者或管理者而取得的，那么就不是福利损失，仅仅代表租金从行贿者到立法者或管理者的转移。二是寻租者通过非价格竞争产生的寻租行为。如垄断行业在广告上花费的费用，就是一种寻租成本。

---

[1] 刘新梅. 基础设施产业规制效率分析 [J]. 预测, 2004 (1): 74-77.

3.3.3 平台经济背景下竞争性商品价格规制的收益

这里的"收益"也可以称为"效用",指的是人的福利指数,也指一种消费偏好①。这里将全部规制的"收益"视为"社会福利"最大化。社会福利问题是福利经济学研究的重要内容,其基本假设是社会福利是个人福利的总和,不同社会主体之间发生利益冲突时如何抉择则成为其重要研究内容。社会福利问题产生的前提是资源的稀缺性,在此情景下,进行资源配置应该考虑哪部分人的利益,又应依据何种标准,便成为经济学家应该思考的问题。法经济学认为法律是一种社会制度,是资源配置效率最大化的重要手段②,目的是增进社会福利,即以较小的代价满足更多的社会需求。库特和尤伦甚至曾证明法律是实现社会资源最优配置的较好的工具和手段。在法经济学领域,卡尔多-希克斯效率标准是一种总财富最大化标准,有利于社会福利的增加,只要整个社会收益增大,即可推进法律制度变革。因此,波斯纳将卡尔多-希克斯效率标准等同于社会福利最大化标准。

与其他公共产品和服务一样,竞争性商品价格规制也会对经济增长产生影响,这种影响是通过对市场主体行为的调节实现的。

价格规制有可能采取的是一种直接的法律规制。在这种情况下,竞争性商品价格规制可以被视为一种额外投入,进入生产函数进而影响投入的产出,从而直接影响经济发展。一般而言,竞争性商品价格规制的一个最重要的结果就是引导市场主体对产品进行合理定价,使得市场价格围绕产品价值合理波动。竞争性商品价格规制的最直接方式就是限制企业的价格行为,防止企业通过不正当的价格行为实现自己的利益。正因为价格规制约束了市场主体的决策和行为,理论上市场主体必须以产品价值为目标,调整自己的生产函数,提升生产效率,降低生产成本,以确保生产成本低于市场平均价格,从而确保企业的利润水平。竞争性商品价格规制对市场主体的影响,还可能通过供应链以及同业竞争的方式,扩散到整个产业,促使整个产业的价格水平围绕该产品的均衡价格波动。而某个产业价格水平回归产品本来价值水平,必然会影响其他产业的价格水平,引起不同产业之间盈利能力的分化,刺激生产要素在不同产业间重新分配,进而影响整个经济运行。当然,竞争性商品价格规制效益外溢性程度与其他公共产品

---

① 范里安.微观经济学:现代观点[M].费方域,译.上海:上海格致出版社,2009:67.
② 波斯纳.法律的经济分析[M].蒋兆康,译.北京:中国大百科全书出版社,1997:26.

并不相同,其在不同的产业领域和不同的时间能发挥的作用也并不相同。

竞争性商品价格规制并不都是直接限制企业的价格行为,也采取间接的经济规制方式。实践中,竞争性商品的价格波动,特别是价格总体水平的迅速攀升并不完全是由于市场主体的不正当价格行为导致的,而是由多种市场因素引起的,比如改革开放初期,几乎每一个领域的改革都会带来价格的巨大波动,特别是农产品价格改革和国有企业改革引起价格总体水平的波动十分明显。对此政府往往采取财政补贴、调整汇率和货币政策等方式调节价格水平。总体来看,竞争性商品价格的经济规制方式主要包括两种:一种是政府通过经济手段调节供给侧,即通过生产补贴、税收优惠、贷款支持以及生产要素优先配置等方式,鼓励企业生产或进口更多的产品,调整市场供给,改革开放以来政府应对粮食、猪肉甚至药品等生活必需品供给短缺方面的问题,采取的往往是这一种方式;另一种方式是政府通过经济手段调节需求端,抑制需求的快速扩大,从而稳定价格总体水平。与法律规制直接限制企业价格行为、强制企业围绕均衡价格定价不同,经济规制主要是调节市场供求关系,无论是短期还是长期,力争从根本上解决问题,这是尊重市场经济规律的一种方式。

值得一提的是,由于经济活动是发生在一定的空间范围内的,因而竞争性商品价格规制也表现为一定的空间维度,即价格规制及其影响都会在一定的空间内发生。前面所提及的改革开放初期,由于价格波动往往是全国范围的,因而往往由国家采取统一的措施予以干预,各级政府根据中央政府的要求采取的行为也基本一致。但价格波动并不一定都是全国范围内的,也可能是局部的,特别是由于市场主体不正当价格行为造成的价格波动,通常是区域性的。地方政府针对本地区价格波动和不正当价格行为所采取的措施,通常是区域性的。但由于社会主义市场经济是一种统一的市场经济,局部的价格变化会导致本地生产资料的集聚和扩散,通过价格机制的作用,局部地区价格规制会造成更大范围内的商品和生产要素的流动变化,从而使得价格规制的外溢性超越本地范围。

政府通过完全价格规制,可以提高资源配置效率,增进社会福利或社会收益,即政府进行规制后,生产者和消费者总剩余增加。其准确含义是指规制前后,生产者的成本函数都使用生产者追求成本最小化的生产函数,在产业需求函数不变的情况下计算出生产者和消费者总剩余的增量,而不是使用实际生产函数所计算出的社会总剩余的增量。

3.3.4 平台经济背景下竞争性商品价格规制的效用

根据前面的分析,可以得到平台经济背景下加强竞争性商品价格规制效用的计算公式:

规制的效用 = 生产者和消费者总剩余的增加 -(行政成本 + 司法成本 + X-效率造成的成本 + 寻租成本) (3.1)

如果将行政成本、司法成本、X-效率造成的成本和寻租成本加到规制后的生产者的函数中,那么,就有:

规制的效用 = 生产者和消费者总剩余的净增加

由于司法成本是固定不变的;寻租成本在我国现阶段很低;行政成本会随着产出的增加十分缓慢地变化,可以近似地看作不变,将行政成本、司法成本和寻租成本假设为常数 F。

X-效率造成的成本是随着产量的增加而增加的,可以将其假设为 $X(Q)$。

假设规制前行业的需求函数为 $P(Q)$,规制后行业的需求函数不变,仍为 $P(Q)$。

规制前无数个竞争性企业的总平均成本生产函数为 $AC_0(Q)$,那么其总成本函数为 $Q*AC_0(Q)$,其边际成本函数为 $AC_0(Q)+Q*[AC_0(Q)]'$。在完全竞争条件下,设其产业供给函数为 $S_0(P(Q))$,其均衡价格为 $P(Q)=S_0(P(Q))$ 的解,记作 P_0^*、Q_0^*。这时,消费者和生产者总剩余为

$$M_0 = \int_0^{Q_0^*} \{P(Q) - S_0(P(Q))\} dQ \quad (3.2)$$

规制后,企业追求成本最小化时的总成本函数为 $F+C(Q)$,那么其平均成本函数为 $(F+C(Q))/Q$,边际成本函数为 $C'(Q)$,设其供给函数为 $S_1(P(Q))$。

在平均成本递增,但仍然具有可及性的情况下,政府有可能按照边际成本定价。令 $P(Q)=S_1(P(Q))$,可以求解,记为 P_1^*、Q_1^*。这时,消费者和生产者总剩余为

$$M_1 = \int_0^{Q_1^*} \{P(Q) - S_1(P(Q))\} dQ \quad (3.3)$$

在平均成本递减的情况下,对现阶段的我国政府而言,不可能按照边际成本定价,因为按照边际成本定价会让企业出现亏损,需要政府进行转

移支付。故政府一般会采取平均成本加成来进行定价。此时的价格和产量记为 P_2^*、Q_2^*。设行业供给曲线为 $S_2(P(Q))$，这时的消费者剩余和生产者剩余为

$$M_2 = \int_0^{Q_2^*} \{P(Q) - S_2(P(Q))\} dQ \qquad (3.4)$$

设完全经济规制的效用为 E，则

$$E = \int_0^{Q_2^*} [P(Q) - S_2 P(Q)] dQ - \int_0^{Q_0^*} [P(Q) - S_0 P(Q)] dQ \\ - [F_1 + X(Q^*)] \qquad (3.5)$$

当式（3.5）的值大于 0 时，表示完全价格规制是有必要的；当式（3.5）的值小于 0 时，表示完全价格规制是没有必要的；当式（3.5）的值等于 0 时，表示完全价格规制与不进行完全价格规制是没有区别的。

借鉴上述完全价格规制的计算方法，可以得到平台经济背景下加强竞争性商品价格规制的成本—收益分析方法。

令平台经济条件下某商品的需求函数为 $P(Q)$，商品的总供给函数为 $S_3(P(Q))$，价格规制后的价格为 P_3^*，其对应的产量为 Q_3^*，行政成本、司法成本和寻租成本假设为常数 F_3，X-无效率造成的成本设为 $X_3(Q)$，竞争性商品价格规制的利润为：

$$E_3 = \int_0^{Q_0^*} [P(Q) - S_3 P(Q)] dQ - \int_0^{Q_0^*} [P(Q) - S_0 P(Q)] dQ \\ - [F_3 + X_3(Q^*)] \qquad (3.6)$$

设以功利主义福利函数为标准，则令此时的商品需求函数为 $P(Q)$，商品的总成本函数为 $C_4(Q)$，将行政成本和司法成本假设为常数 F_4，X-无效率造成的成本设为 $X_4(Q)$，寻租成本为 $L_4(Q)$，价格规制后的价格为 P^*，其对应的数量为 Q^*，那么实施竞争性规制时的社会总福利为

$$W_4 = S_4 + \pi_4 - G = \int_0^{Q^*} P(Q) dQ - C_4(Q^*) \\ - X_4(Q^*) - L_4(Q^*) - (1 + \lambda) F_4 \qquad (3.7)$$

当 W_4 的值大于 0 时，表示在平台经济背景下加强竞争性商品价格规制在经济上具有可行性；当 W_4 的值小于 0 时，表示在平台经济背景下加强竞争性商品价格规制在经济上是不划算的，不必要的；当 W_4 的值等于 0 时，表示在平台经济背景下加强竞争性商品价格规制与保持现有的价格规

制强度是没有区别的。

由此可见,在平台经济背景下,对于是否改革现有的竞争性商品价格规制或加强现有竞争性商品价格规制不能一概而论,必须具体问题具体分析。造成这种结果的原因在于价格现象的复杂性以及价格规制实践的挑战性。和其他公共产品一样,满足平台经济背景下竞争性商品价格规制的新需求除了要获得参与者的一致认可外,还必须遵循一定的原则,其中最大的原则就是效用原则,即制度变迁的收益超过制度变迁的成本时,制度变迁才可能发生。但这种成本和收益并不是社会成本和社会收益,而是个别制度的变革成本和运行收益[①]。但任何一项制度的变革都既可能是激进的,也可能是渐进的,无论哪种方式,竞争性商品价格规制的供给都是一个颇具挑战的过程。

3.4 本章小结

作为技术创新和产业变革的重要成果,平台经济已经成为影响竞争性商品价格规制变迁的重要外部因素。平台经济降低了现有竞争性商品价格规制的效率,使其面临与市场环境不适应的挑战,产生了新的制度需求。但作为制度供给者,政府不一定愿意及时满足这种需求,只有当制度供给的效率大于或等于成本时,这种制度需求才能够得到满足。

---

① 袁庆明. 新制度经济学 [M]. 北京:中国发展出版社,2011:358.

4 平台内经营者价格行为规制分析

对竞争性商品经营者价格行为进行规制是《价格法》等价格法律法规的重要内容，其根源在于经营者的不正当价格行为会极大地影响价格形成机制的正常运行，不仅会损害信息劣势者的利益，而且会阻碍交易的达成，进而影响市场交易的效率。平台内经营者价格行为与传统市场中经营者价格行为并无太大区别。对平台内经营者的价格行为进行规制，有利于维护价格形成机制的正常运行，不仅可以维护消费者的权益，而且可以促进平台经济的健康发展。

4.1 竞争性商品经营者价格行为规制的作用机理

要理解竞争性商品经营者价格行为规制的需求和变迁，要先厘清竞争性商品经营者价格行为规制如何实现其调整价格形成机制、维护市场交易效率的目标，即理解这种价格规制存在的合理性。

4.1.1 竞争性商品经营者价格行为规制的基本认识

学术界将经营者价格行为视为各类市场主体"为了实现特定的目标，制定、调整、干预价格，协调价格关系以及与价格相关的其他经济关系的一切活动的总和"[1]，包括"自然人或群体制定价格行为，即确定价格行为、调整价格行为、实现价格行为、反馈价格行为"[2]。学者们关注最多的

---

[1] 张正. 价格行为概论 [M]. 长沙：湖南教育出版社，2006：40.
[2] 林积昌. 市场价格行为学 [M]. 上海：上海三联书店，1998：34.

是经营者的不正当价格行为①。国外对竞争性商品价格规制的研究远不如对非竞争性商品价格规制的研究②，但对不正当价格行为规制的关注则较多③。国内学者对不正当价格行为规制的研究是随着《价格法》的颁布、实施而兴起的，研究主体涉及法学、经济学、公共管理等不同学科，主要研究内容包括：不正当价格行为规制的缘由和内容④、不正当价格行为规制的效率⑤、国外不正当价格行为规制经验⑥⑦。总体来看，研究对象不统一，研究经营者的不正当价格行为规制较多，研究竞争性产业的不正当价格行为规制较少，且不少学者从法律规范角度研究。

本书认为，竞争性商品经营者价格行为规制，是政府通过提供规范，让市场参与者价格行为有法可依、有章可循，使价格行为更值得信赖。价格行为规制是竞争性商品价格规制的核心，是政府维护微观经济行为的重要方式，通过把市场参与者的价格行为纳入法律法规的有效监控之下，纳入国家规制经济的轨道，以保护市场参与者的利益和社会整体利益。

竞争性商品经营者价格行为规制是伴随政府定价功能的弱化而逐步发展和完善的。改革开放以来，我国已经形成了以市场形成价格为主，以政府指导价和政府定价为辅的商品价格形成机制。然而，随着政府从各种定价活动中退出，自由市场的弊端也逐步暴露出来，经营者利用各种制度不完善，采取不正当价格行为不当获利，损害了消费者的利益，也损害了正常的市场竞争秩序。针对这种情况，国家在坚决退出规制微观价格行为的同时，逐步完善价格行为监督机制，以防止市场投机行为损害价格形成功能。

竞争性商品经营者价格行为规制体系具体包括以下几个方面：其一，规制的主体是价格管理机构，在我国指的是县级以上各级人民政府的价格

---

① 法律法规是调节规范行为的基本准则，具有普遍意义的规定性，符合道德、信用原则和社会经济生活中的基本原则，所以合法的价格行为一定是正当的价格行为，而正当的价格行为不一定够都是合法的价格行为。

② 李天德，陈红霞. 国外价格规制研究述评 [J]. 软科学，2019 (5): 17-21.

③ GANDAL N, et al. Price manipulation in the bitcoin ecosystem [J]. Journal of monetary economics, 2018 (95): 86-96.

④ 邹积亮. 市场经济条件下的价格规制研究 [M]. 北京：经济科学出版社，2012：25.

⑤ 戈阔. 完善我国放开价格监管机制的研究 [J]. 价格月刊，2015 (3): 19-22.

⑥ 袁嘉. 德国滥用相对优势地位行为规制研究：相对交易优势地位与相对市场优势地位的区分 [J]. 法治研究，2016 (6): 124-131.

⑦ 李书田. 感慨瑞士：价格先生 [J]. 市场经济与价格，2004 (7): 18-22.

主管部门。省一级的价格管理机构曾经设立过专门的物价局，现在主要的物价监管部门是市场监督管理局，但各级发改部门仍然保留有物价监测的职能。其二，规制的客体是各种经济主体，简称经营者，也可以称为生产商和销售商，包括从事生产、经营商品或者提供有偿服务的法人、其他组织和个人。其三，规制的对象是经营者的不正当价格行为，而对于经营者的正当的价格行为，则给予肯定和鼓励。其四，规制的主要依据和手段是各种价格法律法规和价格政策等，这些都是政府制定的，具有强制力。其五，规制的范围特指竞争性商品领域的市场主体的价格行为，或者说是价格放开领域市场主体的价格行为，而非政府指导价或政府定价领域的一切价格行为。

竞争性商品经营者价格行为规制，是国家力量对失灵的价格机制的干预，和所有政府规制行为一样，其目标具有多重性的特征。直接目标是保护消费者和经营者权益，一方面确保经营者按照既定的约定向消费者提供商品和服务，保护消费者的利益不受损害；另一方面，尊重经营者的合法权益，保护经营者的独立自主经营权，特别是自主定价权不受政府和个人侵犯。间接目标是稳定宏观经济，市场参与者之间的价格行为反映了市场状况，不受制约的价格行为将会影响宏观经济发展。根本目标是维护社会公平，对竞争性商品经营者价格行为规制是维护公平公正等社会价值在经济领域实现的重要手段，有利于维护公平、自由、有序的竞争环境，实现市场的可持续发展。

对竞争性商品经营者价格行为进行规制必须遵循以下原则：一是尊重市场原则，以促进公正公平公开的竞争秩序的形成为目标，只干预和纠正那些阻碍了市场竞争、破坏了市场正常秩序的价格行为。二是依法规制原则。对竞争性商品经营者的价格行为进行规制，严格执行法律法规，决不允许出现越位规制。三是减少损失原则。竞争性商品经营者价格行为规制不应该仅仅是一种事后干预，更重要的是进行事前行为引导，减少交易双方的损失。四是统筹兼顾原则。对经营者价格行为的规制必须考虑到这些矛盾关系的妥善处理，统筹考虑相关方面的因素，兼顾相关方面的利益。

竞争性商品经营者的价格行为规制的基本特点：一是直接规制。政府直接介入市场参与者的决策，对市场参与者的不正当价格行为直接进行控制与纠正，目标明确，对象具体，程序严格。二是依法规制。政府对竞争性商品价格行为的规制必须依法依规，一方面，法律法规必须科学合理；

另一方面，政府必须依法行政，对价格行为的规制不能超越法律授权的范围，更多地采用法律手段而不是经济手段和行政手段是竞争性商品经营者价格行为规制的重要特征。三是权利保障。对竞争性商品经营者的价格行为进行规制必须建立在尊重和保护"私权"的基础上，不能以"维护社会秩序"和"保障公共利益"的名义行侵犯私益之实，其中最直接的要求是不能因市场参与者存在不正当价格行为而侵犯其他方面的正当权益。当然，上述特征在价格规制的过程中都存在，只不过在竞争性商品经营者的价格行为规制中表现得更加突出而已。

4.1.2 竞争性商品经营者价格行为规制的实践内容

4.1.2.1 制度安排

竞争性商品经营者价格行为规制的对象十分复杂，其中最重要的是经营者的不正当价格行为。《价格法》《反垄断法》等相关法律法规及政策对不正当价格行为的规定较多（见表4-1）[①]。

表4-1 《价格法》关于不正当价格行为的规定

种类	内容
串通价格	相互串通，操纵市场价格，损害其他经营者或者消费者的合法权益
低价倾销	在依法降价处理鲜活商品、季节性商品、积压商品等商品外，为了排挤竞争对手或者独占市场，以低于成本的价格倾销，扰乱正常的生产经营秩序，损害国家利益或者其他经营者的合法权益
哄抬物价	捏造、散布涨价信息，哄抬价格，推动商品价格过高上涨
价格欺诈	利用虚假的或者使人误解的价格手段，诱骗消费者或者其他经营者与其进行交易
价格歧视	提供相同商品或者服务，对具有同等交易条件的其他经营者实行价格歧视
变相抬价压价	采取抬高等级或者压低等级等手段收购、销售商品或者提供服务，变相提高或者压低价格
牟取暴利	违反法律、法规的规定牟取暴利
其他	法律、行政法规禁止的其他不正当价格行为

---

① 不正当价格行为主要包括价格垄断行为、价格歧视行为、价格欺诈行为、价格串通行为、牟取暴利行为、低价倾销行为、哄抬价格行为等。

由于现有法律法规关于经营者不正当价格行为的内涵和外延的规定并不清晰，其中多有交叉部分。与此同时，也并非所有不正当的价格行为都需要进行严格的规制，相反，只有那些阻碍正常交易价格形成、阻碍价格机制正常运行的不正当价格行为才是规制的对象。因此，本书将经营者不正当价格行为分为以下四大类。

第一类，价格垄断行为。法学界认为"垄断无定义"，在各国反垄断的立法中，都没有对"垄断"作出正式的定义。经济学中对垄断的定义：没有相近的替代品，在决定价格时，垄断企业是独立自主的。但是从各国垄断法来看，却是将限制竞争协议、滥用市场支配地位等作为价格垄断行为规制的主要内容。价格垄断行为使价格作为资源配置的信号失真，无法正常调节生产和流通，破坏了市场竞争的公平和充分。因此，对经营者价格垄断行为的规制是每个市场经济国家的一项重大任务，且规制的目标大体相同，那就是限制不正当价格行为，提升资源配置效率，促进市场竞争，增加社会福祉。

价格垄断行为主要是有实力的经营者限制竞争的手段，是一种滥用市场支配地位的行为，具体包括垄断定价、价格歧视和掠夺性定价三种形式。价格垄断协议又称为卡特尔协议或者限制竞争协议，是指两个以上的经营者通过合谋、串通的形式，公开协调定价和产出行为，达成价格垄断协议，限制产出和提高市场价格，分享垄断利润[①]。价格垄断协议分为横向价格垄断协议和纵向价格垄断协议，前者如苹果公司与其他出版社协议提高电子书的价格，国内的"3Q"大战；后者如2014年亚马逊公司控制第三方经销商定价的行为。

《反垄断法》规定的价格垄断行为见表4-2。

表4-2 《反垄断法》规定的价格垄断行为

种类	内容
价格垄断协议	禁止具有竞争关系的经营者达成固定或变更商品价格的垄断协议
	禁止经营者与交易相对人达成固定向第三人转售商品的价格，以及限定向第三人转售商品的最低价格

[①] 卡尔顿，佩罗夫. 现代产业组织 [M]. 4版. 胡汉辉，等译. 北京：中国人民大学出版社，2009：120，236.

表4-2(续)

种类	内 容
滥用市场支配地位	禁止以不公平的高价销售商品或者以不公平的低价购买商品
	没有正当理由,以低于成本的价格销售商品
	没有正当理由,对条件相同的交易相对人在交易价格等交易条件上实行差别待遇
	其他

第二类,价格歧视。顾名思义,价格歧视就是针对不同的买家采用不同的价格策略。这种差别化的价格行为是一种歧视行为,具体分为生产者歧视经营者和经营者歧视消费者,价格歧视分为一级歧视、二级歧视、三级歧视。其中,一级歧视指的是卖方以买方所愿意支付的最高价格销售商品;二级歧视指的是经营者根据交易数量的不同来制定有区别的交易价格,交易数量多制定较低的交易价格,交易数量少则制定较高的交易价格;三级歧视是指经营者按照消费者群体的不同(或者说消费市场的不同),制定不同的销售价格。我国的价格歧视行为仅仅指的是三级价格歧视行为。

《价格法》《反不正当竞争法》以及《反垄断法》《反价格垄断规定》都对价格歧视作出了规制,但后者在实践中更具有应用性和可操作性,也是目前判定价格歧视行为的主要规制依据。《反垄断法》所规定的价格歧视与《价格法》所称的价格歧视,主要不同在于市场主体有无市场支配地位,《反垄断法》所指的价格歧视指具有市场支配地位的经营者的价格歧视行为,而《价格法》所规定的价格歧视指一切市场主体的价格歧视行为。

第三类,价格欺诈。价格欺诈是价格促销中最常见的不正当行为,是经营者为牟取非法利益而采用欺骗性或诱导性的价格行为。从价格欺诈的构成要素来看,价格欺诈的主体是经营者,价格欺诈行为所侵害的客体是消费者或者其他经营者。价格欺诈是一种破坏性较大的行为,不仅损害了消费者的利益,也损害了其他经营者的利益,除了行为上的欺骗性、故意性外,还有效果的暴力性。

现实生活中价格欺诈的表现形式极为复杂多样。《禁止价格欺诈行为的规定》中列举了价格欺诈的十三种行为。2015年颁布的《国家发展改革委关于〈禁止价格欺诈行为的规定〉有关条款解释的通知》,详细解释了《禁止价格欺诈行为的规定》中的部分条款,如对"虚构原价""虚假优惠折价"等都作出了详细说明。

第四类,哄抬价格、牟取暴利。《价格法》规定,经营者不得"违反法律、法规的规定牟取暴利"。在此之前,1995 年颁布的《制止牟取暴利的暂行规定》还对牟取暴利的情形做了具体规定。但总体来看,我国现行法律对哄抬物价、牟取暴利的规定过于简单,没有对哄抬物价涉及的涨价幅度、囤积的储存量、牟取的暴利幅度作出具体规定,这是因为对牟取暴利的内涵和外延认识不清。操纵市场价格是具有市场垄断地位的企业行为,而牟取暴利则可能发生在一切经营者身上,在任何市场结构中都会发生,且相关行为不一定违反法律,也不一定属于受法律规制的不正当价格行为范畴。由于牟取暴利的定义不清,特别是市场行为的日趋复杂,价格竞争的形式也日趋复杂,经营者明目张胆地违背价格法规的行为越来越少,更多地是游走于法律的模糊地带,网络交易也曾属于这种地带。

4.1.2.2 主要内容

竞争性商品经营者价格行为,特别是不正当价格行为的形式多种多样,前文将其总结为四类。对竞争性商品价格规制也主要围绕这四类展开[①]。

禁止价格协调。禁止价格协调,就是禁止有竞争关系的两个或两个以上的经营者达成价格协议,实施固定价格,进行市场划分,排挤其他竞争对手等协同行为。禁止价格协调一方面是为了防止有实力的市场经营者通过垄断协议限制竞争,人为提高市场进入门槛,进而提高竞争的社会成本。另一方面防止经营者通过价格协调获得支配市场地位,危及消费者最基本的权利和安全。

限制控制商品零售价格。控制商品零售价格,实际上是指上游生产商或供应商利用其垄断地位,通过签订契约要求分销商或零售商限定商品的零售价格水平,包括最高限价和最低限价两种。控制商品零售价格实际上是一种价格垄断行为,最终会形成产业链的纵向联合和垄断,限制和排斥竞争。实践中,《反垄断法》已经明确反对这种行为。

禁止价格歧视。禁止价格歧视一方面可以消除同种商品对不同消费者

---

① 邹积亮. 论市场经济中竞争性产业的价格管制 [J]. 湖北经济学院学报, 2007 (3):27-33.

的售价不同带来的公平性问题；另一方面可以减少因价格歧视而造成的对消费者利益的损害，以及因价格歧视导致的社会财富的不公平分配。此外，禁止价格歧视也利于维护中间产品市场的公平，维护市场公平竞争。

禁止和限制掠夺性降价。掠夺性定价是指占有市场地位的企业对自己生产的产品采取低于成本价格，甚至扩大损失的方式来迫使竞争对手也只能采用亏损价格销售，从而放弃扩大产出或退出市场，以达到将竞争对手挤出相关市场后，把价格再次提高，并弥补前期低价成本以及获取垄断利润的目的。禁止掠夺性定价的首要功能是保护低价倾销者的竞争对手。

4.1.2.3 工作机制

针对平台内经营者价格行为特征，为适应经营者的价格行为转变，实际上形成了"公私合作"双重监管的经营者价格行为规制机制，提升价格行为规制效率。这种机制的重点在于公私信息共享合作，其特点有：一是规制主体除了价格监管部门外，互联网平台成为重要的规制主体，负责协助执法甚至独立干预经营者的价格行为，成为执法部门的替代者。二是管辖原则，传统的价格行政执法秉持的是属地原则，即由不正当价格行为发生地的价格监管部门执法，但平台经济突破了交易行为的时空限制，交易发生的情况由互联网平台企业所在地决定，因而采取的是互联网平台所在地管理模式，这是一种集中的管理模式。三是规制行为启动方式不同于传统机制，即新的执法调查不一定由执法机构开启，事实上由互联网平台协助或替代执法部门启动价格执法行为已经成为常态。

当然，公私合作的方式非常多，也包括信息反馈和技术支持，如，浙江省的"红盾网剑"专项执法行动就与淘宝网合作，根据淘宝网提供的线索，查处了一批网络售假案件，打击网络价格欺诈。在这种情况下，互联网平台只是一个举报人，不同的是，这是一个掌握了大量案件信息的举报人。同时，互联网平台还充当了一个合作者角色，由平台为价格执法部门提供技术支撑，方便执法部门及时掌握网络平台上的违法价格行为，也通过与执法部门的合作实现自己对经营者监管的目标。

4.1.2.4 规制方式

由于采取了公私合作双重监管模式，因而也存在公共规制和私人规制两种不同的价格行为规制方式。

公共规制。竞争性商品经营者价格行为属于微观经济行为，政府对其规制主要通过两种手段，包括两个方面：一方面建立竞争规则，市场参与者的价格行为有法可依，受到共同的规则指导；另一方面是加强价格监督，确保市场参与者价格行为符合既定的预期。目前，我国已经基本形成了以法律手段为主、行政手段为辅的竞争性商品经营者的价格行为规制的方式方法。其中，行政手段主要强调的是监督，主要方式是价格专项检查，目的是为经济发展构建良好的价格环境。法律手段包括立法、执法和司法三个重要环节，执法就是价格规制机构按照法定程序，行使价格规制权限，查处不正当的价格行为，而司法则是确保执法机构公平公正执法。

私人规制。私人规制是指互联网平台企业自己采取的一些价格监管和惩罚手段。既有扣除保证金、关闭网店等极端措施，也包括声誉机制、支付担保机制、价格结构方法和大数据技术等。

其中，声誉机制是互联网平台企业利用互联网信息传播和反馈速度快的优势建立的独特的监管手段，历史交易数量和交易价格的公开化是这项机制的基础，消费者可以根据历史交易的反馈信息预判交易风险，从而决定是否进行交易，在一定程度上遏制了平台内经营者的不正当价格行为，甚至最终自然淘汰经营者。但这种机制也存在虚假评价等问题，而且买家参与信息反馈的积极性并不高，实践中出现平台内经营者通过优惠券、小红包或返现等方式诱使买家给好评的现象。因此，声誉机制并不能真正解决经营者的不正当价格行为问题。

支付担保机制。支付担保是针对互联网平台交易存在的道德风险而创设的一种机制。平台经济中商品、信息、资金交易存在不同步性，即资金支付与商品交割并不是同时完成，对交易双方都存在一定的风险。为此，支付担保机制将网络交易中的现金交易转化为票据和凭证交易，现金支付过程变成了支付机构之间的转账，为网络交易提供了信用担保，使得平台经济得以生存发展。当然，理论上由于大量资金留在平台的资金池，就可能出现平台企业挪用资金的风险，需要政府进行监管，比如可以通过区块链技术予以解决。

价格结构方法。价格结构方法本质上是立足于互联网平台的双边市场特征而采用的一种定价方式，就是通过单边收费或单边高收费甚至补贴的方式吸引用户，活跃市场。这种机制用于价格行为监管就是通过对用户的价格行为进行奖惩，从而对机会主义价格行为进行遏制。当然，由于互联网平台可能会滥用自身的市场支配地位，这种方式也存在明显不足。

大数据技术。与上述三种制度设计不同，大数据技术是一种技术形式，其优点是可以识别企业的多维数据。在平台经济中，互联网平台企业可以通过大数据技术对经营者的价格行为进行较为精准的识别，并对新的交易进行风险评估，进而采取交易拦截、限制支付、账户封锁等措施，对不正当价格行为甚至虚假交易进行干预，维护消费者权益。当然，大数据技术如何应用取决于互联网平台。

4.1.3 竞争性商品经营者价格行为规制的作用机理

在完全竞争条件下，价格形成机制能够"灵敏"地反映市场需求：从供需变化到市场参与者感受到这种变化的时间极短，市场参与者都能够敏感地感受到市场供需的微弱调整，迅速调整自己的价格策略；所有的市场参与者都具有同等地充分捕捉价格信号的能力，且能够自主准确地作出判断。

在这种情况下，交易成本等于零，交易双方能够迅速达成一致，形成交易价格。基于价格与供需关系的理论，可以构建商品价格与商品需求的简单线性关系：

$$D = a - bP \tag{4.1}$$

式中，D 代表商品的需求量；P 代表商品的价格；a、b 为系数，b 表示随着商品价格提高一个单位，人们的商品需求量会相应地下降 b 个单位。式（4.1）成立，说明价格形成机制是高度灵敏的，这个时候价格的变化能够反映商品需求量的变化，市场交易效率最高。此时商品价格与商品需求的关系见图4-1。

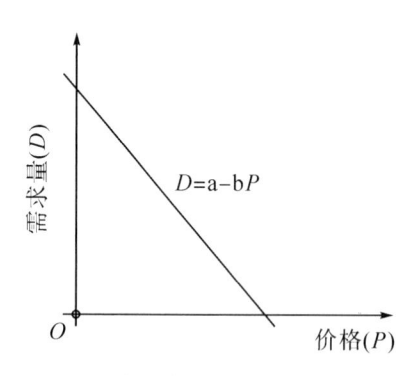

图4-1 商品价格与商品需求的关系

然而现实情况是，在市场活动中，交易双方存在信息不对称和机会主义行为，价格形成是有成本的。如果交易中掌握更多信息的一方利用自己的信息优势地位采取一些投机行为，就会极大地增加信息弱势一方的交易成本，当这个成本大到一定程度时就会影响交易的达成；当这种行为成为普遍现象时，整个市场交易效率就会下降甚至停滞。因此，决定市场供需变化的因素变为商品价格和价格形成成本可以用式（4.2）表示：

$$D = a - bP - cT \tag{4.2}$$

式中，D 代表商品的需求量，P 代表商品的价格，T 代表价格形成成本，a、b、c 为系数。随着交易成本的提高，商品需求量下降。在价格形成过程中，当 T 较低时，价格形成效率较高，对商品需求量有影响明显；但当 T 提高到一定的水平，价格对需求的影响作用会相应下降，市场交易效率下降，直至交易停滞。价格成本下商品价格与商品需求的关系见图4-2。

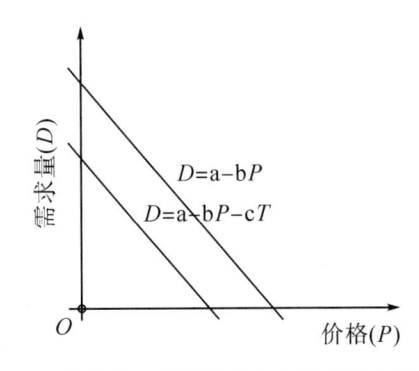

图4-2 价格成本下商品价格与商品需求的关系

根据前文的分析，可以得出竞争性商品价格水平规制的基本逻辑：由于信息不对称和机会主义行为等因素的影响，价格形成过程会产生一定的成本，这个成本也被称为价格的生产成本。当这个成本达到一定水平时，价格形成机制运转效率就会下降，进而影响交易达成。由于价格行为具有外部性，低效或停滞的交易会带来负外部性，影响整个社会福利的增加。

与个人或企业相比，政府具有信息更充分、行为超过特殊利益影响等优势。为了避免价格形成机制失效，政府应该发挥"有形之手"的作用，减少信息不充分和机会主义行为的负面影响，维护价格形成机制正常运行。

因此，竞争性商品经营者价格行为规制的作用机制可以表示为式（4.3），将商品需求量 D 的变动情况作为价格形成和市场交易是否有效率的指标，在竞争性商品经营者的价格行为规制出现以后，影响商品需求的因素除了商品价格、价格形成成本，还有政府价格规制成本。

$$D = a - bP - cT - dT' \tag{4.3}$$

式中，D 代表商品的需求量，P 代表商品的价格，T 代表价格形成成本，T' 代表政府价格规制成本，a、b、c、d 为系数，并假设 T' 表示在一定的变动范围之内价格行为规制是有效的。当其他因素不变时，T' 提高一个单位，商品需求会相应地提高 d 个单位。因此，当 T' 在合理范围变动即合理的价格行为规制出现后，价格形成成本（T）的波动会减小，其对市场的影响（cT）也会减小；但当 T' 降低到较小数值甚至为零的话，那么影响 D 的因素又恢复为 T 和 P，即当价格行为规制缺失时价格形成成本将会影响供需变化。价格规制成本下商品价格与商品需求的关系见图 4-3。

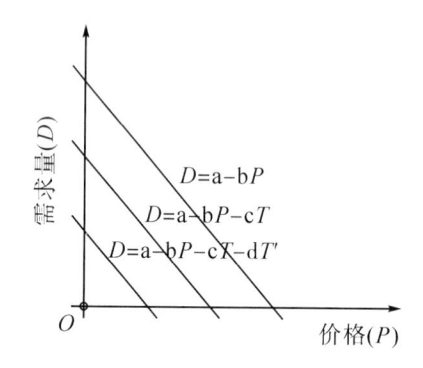

图 4-3　价格规制成本下商品价格与商品需求的关系

总之，竞争性价格行为规制之所以能够降低价格形成成本，其原因在于，价格行为规制能够改善信息不对称情况。政府可以通过制定信息强制公开制度，尽量使得交易双方获得足够的信息，减少机会主义行为，从而降低交易价格形成成本，进而维持价格形成机制的正常运行。

4.2　平台内经营者价格行为规制的需求分析

总体来看，平台经济背景下的价格规制体系主要沿用了传统的法律制度和方式方法，目前的新方式方法也只是一种补充。但这种补充的必要性和有效性如何，不同学者看法不一。本节主要讨论平台经济背景下竞争性商品经营者行为变化是否已经触发了新的制度变迁需求，或者说，传统的价格规制体系是否适应平台经济发展要求，是否有效规制了竞争性商品经营者的不正当价格行为。

4.2.1 传统市场环境下竞争性商品经营者的价格行为

根据"理性人"假设,无论是在何种状态下,追求利润最大化都是经营者价格行为的出发点。但不同市场环境下,不同因素对经营者的价格行为影响不同。在传统市场环境下,影响价格行为的因素主要是产品生产成本和产品的市场份额,要追求利润最大化,就必须做大商品总价[①]。

据此,可以假设企业 i 的利润函数如下:

$$\Pi_i = R_i - C_i \tag{4.4}$$

式(4.4)中,Π_i 表示企业 i 的利润,R_i 表示企业 i 的总收益函数,C_i 为企业 i 的总成本函数,其中:

$$R_i = P_i q_i \tag{4.5}$$

$$C_i = V_i q_i + K_i \tag{4.6}$$

式(4.5)中,P_i 为单位产品价格,q_i 产品数量;式(4.6)中,V_i 为单位产品的边际成本,K_i 为总固定成本。

将式(4.5)和式(4.6)代入式(4.4)中,可得企业 i 的新利润函数:

$$\Pi_i = P_i q_i - (V_i q_i + K_i) \tag{4.7}$$

显然,传统市场背景下,假设技术条件和管理水平不变的情况下,企业 i 扩大利润最好的方式是扩大自己的市场份额,而扩大市场份额是通过扩大生产实现的,即扩大 q_i,而不是采取一些特殊价格行为,改变 P_i。因为,在一个自由竞争的市场里,如果企业 i 在产品生产成本不变的情况下提升产品单价,可能会损害企业 i 的产品市场总需求,导致市场份额缩小;相反,如果下调产品单价,使 P_i 低于均衡价格或平均价格,可能会损害企业 i 的当期利益和长期发展,为此可得传统市场背景下企业 i 追求利润最大化的函数:

$$\frac{d\Pi_i}{dq_i} = \frac{dP_i q_i}{dq_i} - \frac{d}{dq_i}(V_i q_i + K_i) = \frac{dP_i}{dq_i} q_i + P_i - V_i = P_i + \frac{dP_i}{dq_i} q_i - V_i \tag{4.8}$$

令

$$\frac{d\Pi_i}{dq_i} = 0$$

---

① 陈伟. 现代企业价格行为决策策略研究 [J]. 哈尔滨工程大学学报, 2001 (5): 86-88.

则
$$P_i + \frac{dP_i}{dq_i}q_i - V_i = 0 \tag{4.9}$$

式（4.9）中，$\frac{dP_i}{dq_i}q_i$ 乘以市场总需求（Q_i）的变化（dQ_i），则得：

$$P_i + \frac{dP_i}{dq_i} \cdot \frac{dQ_i}{dQ_i}q_i - V_i = 0 \tag{4.10}$$

式（4.10）中，$\frac{dP_i}{dq_i} \cdot \frac{dQ_i}{dQ_i}q_i$ 乘以 Q 再除以 Q，接着乘以 P_i 再除以 P_i，则得：

$$P_i + \frac{dP_i}{dq_i} \cdot \frac{dQ_i}{dQ_i}\frac{Q}{Q}\frac{P_i}{P_i}q_i - V_i = P_i(1 + \frac{dP_i}{dq_i}\frac{dQ_i}{dQ_i}\frac{Q}{P_i}\frac{q_i}{Q}) - V_i = 0 \tag{4.11}$$

式（4.11）中，Q 为商品产量之和，包括初始产量和增产，即 $Q = \sum q_i = (q_i + \sum q_i)$，$\frac{q_i}{Q} = S_i$，$S_i$ 为企业 i 的市场份额，那么式（4.11）可改写为：

$$P_i(1 + \frac{dP_i}{dq_i}\frac{dQ_i}{dQ_i}\frac{Q}{P_i}S_i) - V_i = 0 \tag{4.12}$$

则
$$S_i = \frac{dq_i(V_i - P_i)}{dP_i Q} \tag{4.13}$$

由式（4.13）可以看出，在传统市场环境中，当其他条件一定时，竞争性商品经营者获取更多利润最好的办法是扩大市场份额（S_i）。而要实现这个目标可以通过适当扩大商品产量（dq_i）来实现，随意提高单位商品的价格（dP_i）并不是最好的选择。因而传统经济环境中，要真正实现企业利润的最大化，价格竞争手段并不是最好的手段，相反要关注非价格手段，如通过技术创新、产品革新、工业设计、生产能力提升、管理提高，提高产品品质，降低管理水平，提升产品的市场占有率。但在平台经济背景下，则必须更多关注影响经营者利润最大化的价格行为。

4.2.2 平台经济对竞争性商品经营者价格行为的影响

对于极少数可替代性较差的商品而言，平台经济更有利于商品信息表达,充分展示商品品质的差异化水平,降低价格竞争的激烈程度[1]。但对于绝大多数普通商品而言,平台经济极大地重塑了消费者的购物习惯和购物效率,节约了交通成本、信息搜寻成本,但这种低搜寻成本的特征,使得经营者之间的竞争更为激烈[2],进一步强化了经营者之间的价格竞争[3]。无疑,平台经济改变了经营者之间的竞争方式和竞争结构,促使经营者在关注产品竞争、服务竞争的同时,高度关注价格竞争,必须对自己的定价策略、定价效率等作出适应性调整。

其中,最重要的策略是绝大多数经营者必须将价格竞争作为最主要的竞争战略。出现这种情况的原因是网络外部性。首先,网络外部性使得平台经济发展取决于互联网平台的消费者规模,消费者规模越大,消费者本身获取的效用越大,经营者的利润越高,而低价是吸引消费者的重要策略。其次,平台经济打破了市场交易的时空限制,造成了大量同质化商品和服务的集聚,由于缺乏市场的进入和退出门槛的保护,经营者难以通过非价格竞争手段赢得消费者的支持。再次,平台经济背景下,存在技术、产品和商业模式的高扩散性和信息获取的低成本性,经营者的创新投入、成果转化等边际效益较低,依靠创新难以在平台经济中获取更多利润,对于大多数经营者而言,价格竞争是重要的竞争手段。最后,对于消费者而言,互联网平台极大增加了消费者的信息可得性和即时性,较低的信息搜寻成本使得消费者能够迅速找到价格更低的商品,对于经营者而言,要吸引和留住消费者,最好的途径就是价格策略。

综上所述,平台经济背景下,大多数经营者的第一要诀是吸引和留住消费者,让自己生存下去。在此背景下,需求价格弹性和竞争对手的反应强度是经营者作出价格行为时必须考虑的两个重要因素,形成了平台经济背景下独具特色的竞争性商品价格形成机制。

据此,令平台内经营者反应强度系数为 λ,且

$$\lambda = \frac{d \sum q_i}{d q_i} \quad (4.14)$$

---

[1] ALBA J, JOHN L, BARTON W. Interactive home shopping: consumer, retailer, and manufacturer incentives to participate in electronic marketplaces [J]. Journal of marketing, 1997 (6): 38-53.

[2] BAKOSY J. Reducing buyer search costs: implications for electronic market-places [J]. Management science, 1997, 43 (12): 1676-1692.

[3] BRYNJOLFSSON E, SMITH M D. Frictionless commerce? A comparison of internet and conventional retailers [J]. Management science, 2000, 46 (4): 563-585.

令需求价格弹性系数为 ε_i，且

$$\varepsilon_i = \frac{dQ_i}{dP_i} \cdot \frac{P}{Q} \tag{4.15}$$

将式（4.14）和式（4.15）代入式（4.16）中［式（4.16）由式（4.8）和式（4.11）得出］

$$\frac{d\Pi_i}{dq_i} = P_i(1 + \frac{dQ_i}{dq_i} \cdot \frac{dP_i}{dQ_i} \frac{Q}{P_i} \frac{q_i}{Q}) - V_i \tag{4.16}$$

则

$$\frac{d\Pi_i}{dq_i} = P_i[1 + (1+\lambda)\frac{1}{\varepsilon_i} \cdot S_i] - V_i \tag{4.17}$$

令

$$\frac{d\Pi_i}{dq_i} = 0$$

则

$$P_i\left[1 + (1+\lambda)\frac{1}{\varepsilon_i} \cdot S_i\right] = V_i \tag{4.18}$$

则

$$S_i = \frac{(V_i - P_i)\varepsilon_i}{(1+\lambda)P_i} \tag{4.19}$$

由式（4.19）可以看出，在平台经济背景下，在边际成本（V_i）相对稳定的情况下，经营者要扩大自己的市场份额，必须想方设法降低单位商品或服务的价格（P_i）。但与传统市场环境下不同的是，通过技术创新、产品革新等降低单位产品边际成本（V_i）的方式并不现实。原因在于：首先，平台经济具有技术高扩散性等特征，技术创新等行为边际收益较低；其次，平台经济极大地降低了需求价格弹性（ε_i），价格的微小变化对需求的拉动效应比较明显，改变价格能够以最小的成本吸引客户的关注；最后，由于平台集聚了大量的同质化经营者，竞争对手对价格变化的反应（λ）非常灵敏，能够以非常及时的价格变化反映细小的市场变化，企业 i 必须采取同样的价格行为，否则其市场份额很快就会被别的经营者瓜分。

由此可见，平台经济背景下，价格竞争已经成为企业赢得市场份额、追求利润最大化的最重要的手段之一；平台经济已成为定价机制变迁的最重要的动力，平台内经营者的定价行为必须随之进行适应性调整，否则无

法实现利润最大化甚至无法生存。与之相应,竞争性商品经营者价格行为规制也必须同步调整,否则现有的规制效率必将随着时间的推移而削弱。

4.2.3 平台内经营者价格行为规制的需求

很长时间以来,学术界与实践界均对互联网技术寄予深切期望,认为建立在互联网基础之上的市场更加接近理想的完全竞争市场,这种市场以竞争为基本点,信息是对称的,市场主体是自由的,市场交易受价值规律控制,价格信号能够及时而准确地反映需求,进而引导市场主体灵活地、科学地参与市场竞争[1]。在这种理想的市场状态下,价值是竞争性商品价格形成的基础[2],影响竞争性商品价格的因素包括财政、金融、工资、外贸和供求关系,个体和企业都能够根据产品的成本和市场供求关系等因素,灵活地制定价格。总之,在理想状态下,竞争性商品价格形成过程实际上是自主决策与市场选择相互作用的过程,无须政府干预,自由成为价格机制运行的唯一前提。

然而,以互联网平台为核心的商品市场也是不完美的。根据前文的分析,与传统的、正常的市场环境相比,平台经济会导致竞争性商品经营者改变原有态度,更加重视价格竞争。这种态度的转变就会导致新的潜在的价格行为(包括不正当价格行为)的产生。理论上,这种转变必然会导致现有的价格规制体系的不适应,从而产生对竞争性商品价格规制的新需求。

从实践来看,现实的平台经济也存在着诸多影响交易实现的因素,其中就包括经营者的不正当价格行为。这些行为包括:垄断定价,这里主要针对那些原本是线下经营的优胜者而言,利用在线下集聚的优势将线上的同行特别是中小经营者挤出市场,典型的手段就是用垄断低价击垮对手再以垄断高价牟取暴利。掠夺性定价,通过低于成本定价或优惠、折扣、补贴、不开发票、串通竞标等方式,以低于成本的价格进行商品销售。通过垄断协议,参与者可以通过分割市场、限制供给、限制调价、与固定第三方交易、联合抵制交易、约定价格计算公式以及限制手续费、折扣等方式,影响商品价格,此外,参与者也可以通过协会操纵商品价格。价格欺诈行为,这种行为与线下并无不同,表现为以次充好、以假充真、明降实

---

[1] 刘俭. 构建市场价格形成机制的几个问题 [J]. 价格理论与实践, 1993 (6): 29-32.
[2] 王长酉. 价格形成的基础和影响因素 [J]. 建筑经济, 1995 (6): 37-40.

升、不兑现降价承诺等,由于网页变化快,消费者容易上当受骗。价格歧视行为,即针对不同客户采取不同定价。

造成上述违法价格行为的因素很多,包括信息不对称、有限理性、机会主义心理等。这些因素使得决定竞争性商品价格形成的因素除了生产成本外,还包括交易成本。本书将这种交易成本称为价格形成成本,因为这些成本主要是平台内经营者为做出价格决策而付出的成本。如果将竞争性商品价格形成过程视为交易双方的谈判过程,信息不对称和机会主义行为将会明显地增加信息成本,即搜寻和研判信息的成本;增加谈判成本,即增加讨价还价的难度;增加管控成本,即为了确保既定的价格约定得以执行,必须付出更多的监督成本;增加避险成本,即为了防止交易结果与交易目标不一致带来的损失,必须付出更多的成本防范风险,并制定补偿措施。

但由于平台经济是一种新兴业态,还存在诸多的法律空白,针对传统的经营者的价格行为的法律内容已经较为陈旧,且存在标准不同、界定不清等问题;新的法律法规又存在立法滞后、立法层次低等问题,难以应对新型的价格违法行为。特别是仍然存在职能交叉、多头执法的问题,发改系统、市场监管以及其他行业主管部门都有对某一行业或特定价格行为的执法权,有时候争相执法,有时候又推诿扯皮。

总之,受平台经济发展的影响,平台内经营者更加关注价格竞争,这种态度上的转变会导致经营者价格行为的变化,这种变化会导致现有价格规制效率的下降,进而产生了对竞争性商品经营者价格行为规制的新需求。但这种新需求是否能够得到及时回应或是否会导致原有价格规制体系的根本变迁,还必须看新的规制措施是否在经济上具有可行性,即是否有效益。

4.3 平台内经营者价格行为规制的效用评价

即使存在不正当的价格行为,增加了市场交易成本,破坏了市场竞争秩序,也并非一定要有政府的价格行为规制。因为竞争性商品经营者的价格行为规制也具有稀缺性,要耗费公共资源,会产生财政支付成本。作为公共利益的代理人,政府应该评估竞争性商品经营者的价格行为规制的成本与收益关系,当收益大于成本时,应该有序推进;而当成本大于收益时,应该审慎作为。

4.3.1 平台内经营者价格行为规制的成本

竞争性商品经营者的价格行为规制由决策、执行、监督组成,其成本也可以分为决策成本、执行成本、监督成本以及因此而产生的机会成本。事实上,被规制企业也要承担一定的成本,这些成本表现为游说和寻租以及隐藏信息等的成本。由于信息不对称等问题,事实上无法直接测量企业的交易成本,这类成本难以估量[①]。这些成本是由价格行为规制的手段以及价格行为规制的特性决定的,且还会源源不断地增加。

这些成本具体包括以下几类:

决策成本。竞争性商品经营者价格行为规制的决策成本包括制定规制的依据的成本、监测市场参与者价格行为的成本、作出惩罚或不惩罚决策的成本等。虽然从单个成本来看,规模并不大,但考虑到不正当价格行为涉及的行业领域之多、覆盖区域之广、耗费人力物力之众,从全国来看,仍然是一笔非常巨大的开支。以价格立法为例,政府价格行为规制立法是一项非常严肃的价格规制活动,是政府对价格行为规制执法的基础和依据。立法前需要进行广泛的调查研究工作,充分征求各利益相关方的意见和建议,随后开始起草某项价格行为规制法规,通过论证会、听证会等多种形式征求公众意见,作为草案的依据。如果一项价格行为规制法律法规没有达到各方较为一致的意见,就会延迟颁布或无法颁布,如《价格法》从起草到出台前后花了8年时间,这还不包括前期的论证,可见立法成本是十分巨大的。

执法成本。在价格行为规制的总成本结构中,政府价格行为规制的执法成本,也即维护立法、执法、司法机构运转和相关活动正常进行的成本所占的比重最大,主要是因为要维持数量庞大的机构和人员。我国自1983年成立国家物价检查所以来,不断地根据价格交易市场的实际,调整价格规制机构的人员和组织,从中央到地方各级政府均建立了价格管理、监测机构,这需要花费大量的成本予以维护。目前,全国仅价格执法监督人员就超过3.5万名,每年耗费的工资支出、装备费用十分巨大。此外,价格违法案件的处理流程多、周期也非常长,曾有媒体报道有的案件拖了2~3

---

① 王俊豪. 政府管制经济学导论 [M]. 北京:商务印书馆,2017:27-28.

年，占用了执法者大量的精力。

价格违法案件处理流程见图4-4。

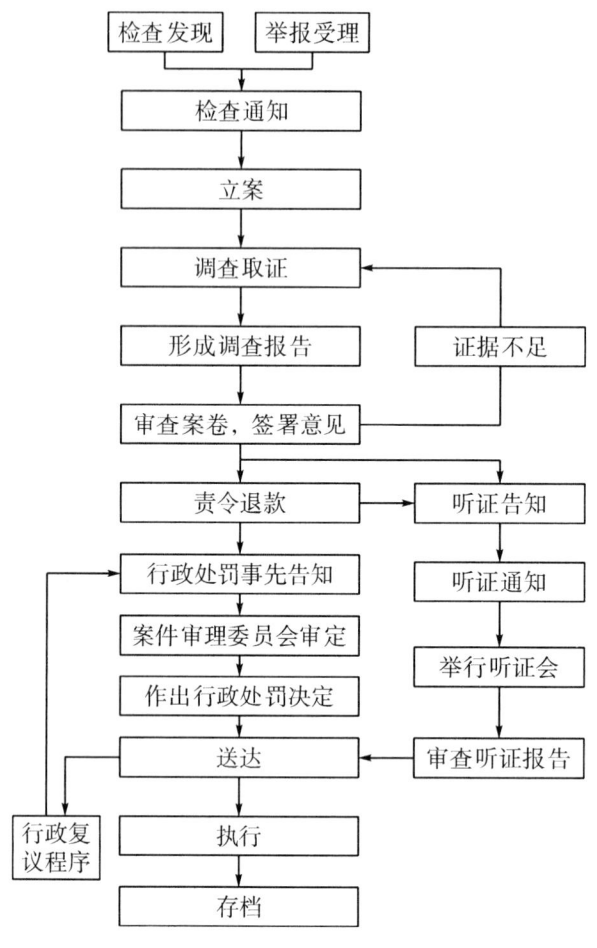

```
检查发现   举报受理
      ↓
   检查通知
      ↓
     立案
      ↓
   调查取证 ←──────┐
      ↓           │
  形成调查报告    证据不足
      ↓           ↑
 审查案卷，签署意见
      ↓
   责令退款      听证告知
      ↓           ↓
 行政处罚事先告知  听证通知
      ↓           ↓
 案件审理委员会审定 举行听证会
      ↓           ↓
  作出行政处罚决定
      ↓
     送达 ←── 审查听证报告
      ↓
 行政复议程序
      ↓
     执行
      ↓
     存档
```

图4-4 价格违法案件处理流程

监督成本。价格行为规制的监督成本主要由行政执法过程中的监督成本和应诉成本等构成。一方面，价格行为规制主要是一种法律行为，必须加强对执法过程的监督，才能保证执法行为不缺位、不越位，这一过程会产生大量的成本，也可以称之为内部管理成本，且价格执法队伍越庞大，监督成本越高。另一方面，法律和行政行为必然会带来行政诉讼和行政复议，随着依法治国的深入推进，市场主体维权意识也越来越强烈，特别是由于很多价格违法行为规定不明确，价格主管部门将会面临越来越多的行政诉讼和行政复议，这也需要付出巨大的成本。

机会成本。从单个的案件来看，价格行为规制的机会成本要远远低于价格水平规制的机会成本，但从全局来看，前者的机会成本也不低。由于价格行为规制成本往往被忽视，也容易造成一些资源浪费。

价格行为规制的成本也可以分为固定成本和可变成本。随着价格执法行为的增加，在固定成本相对稳定、可变成本相对较低的情况下，平摊到每一次价格执法中的成本是呈下降趋势的；但随着价格执法次数的增加，可变成本也会稳步增长，甚至固定成本也会稳步增加，当可变成本增长到一定水平时，每一次价格执法平摊的成本就会逐步上升，即随着价格执法活动的增加，某种商品价格行为规制的边际也呈现出先递减后递增的性质，边际成本曲线也会呈现 U 形。

4.3.2 平台内经营者价格行为规制的收益

价格行为规制的收益可以从微观和宏观两个层次、经济和社会两个方面来分析。从微观来看，对竞争性商品经营者价格行为进行规制，目的是通过保护市场交易中的信息弱势方，防止市场参与者利用其信息优势地位侵害信息弱势方的交易相对人利益，因而既能保护消费者的合法权益，又能够保护经营者的利益。从宏观来看，对竞争性商品经营者价格行为进行规制，使得个人边际效用函数与社会边际效用函数越来越一致，进而能够促进宏观经济稳定。从实践中看，我国价格违法案件数与经济稳定程度成反比，1984 年至今的案件数先是逐步上升，到 1990 年达到顶峰后稳步下降，特别是近年来经济发展较为稳定的情况下，价格违法行为明显减少。此外，对竞争性商品经营者价格行为规制还可以维护公平、正义、自由的社会价值。

竞争性商品经营者价格行为规制的收益主要有以下特征：

一是收益具有隐蔽性。价格行为规制的收益有两个组成部分：减损收益和增值收益。减损收益是通过对不正当价格行为规制，所减少的由发生不正当价格行为所造成的损失，这部分损失无法量化。人们无法衡量由于禁止了价格歧视行为，经营者不实行价格歧视行为而产生的这部分的收益有多大，只能说正常的市场秩序没有被破坏，消费者的利益没有被损害，整个社会的福利没有减损。增值收益是通过对价格行为进行规制，使得市场秩序得以改善，消费者的盈余得到保障。价格行为规制收益主要还是表现在减损收益，人们更能直接感受到不正当价格行为造成的损失，而增值收益则更为隐蔽。

二是收益的实现具有滞后性。对竞争性商品价格行为的规制，由于不正当价格行为包括很多方面，包括价格垄断、价格歧视、价格欺诈等，若经营者实施了这些行为，但利益相关方没有发现，也就没去举报，没有表达诉求，而规制者也没发现，那么这种行为造成的损害是实际上发生而未遭受到阻止。只有规制部门或法院受理了对不正当价格行为的控告，规制部门去调查，然后根据法律进行惩处，规制才能起作用，规制的收益才可能实现。

三是收益具有偶然性。影响价格行为规制效果的经济体特征变量有很多，不仅有规制者的能力这一特征变量，还有政治、法律、社会、国际等复杂社会因素的变化。规制者的能力直接影响到其制定的一系列价格行为法律规范的效果，以及是否对被规制者构成预期的激励。现实中对价格行为的规制多是对经营者的不正当价格行为进行事后的惩罚，通过威慑来降低潜在行为主体的违法激励，这种规制方式的效果受制于规制者规制能力的强弱。通常情况下，价格规制者越成熟，经验越丰富，规制能力就越强，威慑效果就越好[1]。价格行为的规制，对价格规制者的规制能力要求极高，规制能力有临界值，在临界值以内，规制收益大于规制成本，在临界值以外，规制收益小于成本，规制也就不存在。以我国10多年来发生的价格违法案件为例，2006年我国价格违法案件8.5万件，此后逐年减少，2018年价格违法案件降低到2.6万件。因此，价格法律规制机构的存在，并不必然增加规制的收益。

4.3.3 平台内经营者价格行为规制的效用分析

根据上述内容，基于成本—收益分析，借鉴杨德才等（2016）关于王朝周期性兴衰的分析逻辑，建立一个简单模型来分析政府推进平台经济背景下竞争性商品经营者价格行为规制变迁的决定是如何作出的[2]。

$$U_{ERP} = T' + ET \tag{4.20}$$

式中，U_{ERP} 表示平台经济背景下经营者的价格行为规制的效益，是规制提供者即政府的追求目标，是一种包括了经济收益和社会收益的综合收益。T' 表示规制体系改革前的收益，即无论是否改革，政府的收益 T' 都能得到保障。而 T' 受单位时间的收益 T、贴现因子 $\delta[\delta \in (0, 1)]$ 以及现有价

---

[1] 韩松姜. 资本市场监管的两种模式 [J]. 制度经济学研究, 2013 (2): 65-83.
[2] 杨德才, 靳振忠, 蒋辛未. 制度效率、制度僵化与王朝周期性兴衰: 基于新制度经济学理论的分析 [J]. 上海财经大学学报, 2016 (5): 27-39.

规制体系延续的时间 n 等因素影响。理论上，在现有价格规制体系外部和内部要素不变的情况下，n 的预期是无限的，但实际上 n 的延续时间是与现有制度与环境的适应性程度成正比，同时也与政府对价格规制体系能够延续的时间 Δn 成反比（$\Delta n = \dfrac{\lambda}{n}$，$\lambda > 0$，为外生变量），即如果认为现有的改革方案不能从根本上解决问题，那么政府就会延长现制度的使用时间 n。根据贴现公式，可以分别得出平台经济背景下竞争性商品经营者的价格行为规制变迁前的收益 T' 和变迁后的预期收益 ΔT 函数：

$$T' = \frac{1-\delta^n}{1-\delta}T \tag{4.21}$$

$$\Delta T = \frac{1-\delta^{\frac{\lambda}{n}}}{1-\delta}T \tag{4.22}$$

ET 是规制体系改革的预期净收益，受规制体系改革预期收益 ΔT、政府推动规制体系改革的意愿 β、规制体系改革需要的成本 C 以及规制体系变迁成功的概率 P 等因素影响，其中，ΔT 为规制体系改革后增加的收入，能够提高政府的声望；$\beta[\beta \in (0,1)]$ 反映了政府的主观愿望，β 越大则愿望越强烈，β 越小愿望则越不强烈，当 $\beta = 1$ 时政府改革的主观动力最强，$\beta = 0$ 时不会有改革；C 表示立法、执法、普法、司法成本以及经营者付出的成本，假设 $C = C(t)$，且 $\dfrac{dC}{dt} > 0$，即随着时间推移，价格规制体系改革的成本越来越高。假设 $C\beta^k$ 为不同改革力度下的成本，受 β 影响，当 $\beta = 0$ 时价格规制体系改革成本为 0，相反，$\beta = 1$ 时则需要付出全部成本完成价格规制体系改革。价格规制体系改革成功的概率 $P \in [0,1]$ 受两个方面的因素影响，即改革的意愿 β 和利益集团的阻力 $p_0[p_0 \in (0,1)]$ 影响，且 p_0 随着时间的推迟而增强，即 $p_0 = p_0(t)$ 且 $\dfrac{dp_0}{dt} > 0$，因此，$P = p_0\beta$。

综合上述分析可以得出平台经济背景下竞争性商品经营者的价格行为规制变迁的预期净收益函数：

$$ET = P(\Delta T - C\beta^k) + (1-P)(-C\beta^k) \quad P \in [0,1]，k > 1 \tag{4.23}$$

且

参与约束： $P(\Delta T - C\beta^k) + (1-P)(-C\beta^k) > 0 \tag{4.24}$

根据上述分析，将平台经济背景下竞争性商品经营者的价格行为规制变迁的成本—收益模型进行求解：

$$maxU_{ERP} = T' + p_0\beta(\Delta T - C\beta^k) + (1-P)(-C\beta^k) \quad (4.25)$$

且由式（4.25）可得：

$$p_0\beta(\Delta T - C\beta^k) + (1-P)(-C\beta^k) > 0 \quad (4.26)$$

通过参解约束可得：

$$\beta < \sqrt[k-1]{\frac{p_0\Delta T}{C}}$$

对式（4.26）中的 β 求导，可得：

$$U'_{ERP} = p_0\Delta T - kC\beta^{k-1} = 0 \quad (4.27)$$

化简可得：

$$0 < \beta^* = \sqrt[k-1]{\frac{p_0\Delta T}{kC}} < \beta < \sqrt[k-1]{\frac{p_0\Delta T}{C}} \quad (4.28)$$

所以，β 满足参与约束条件。

同时，由于

$$U'_{ERP} = -(k-1)C\beta^{k-2} < 0 \quad (4.29)$$

因此，只要竞争性商品经营者的价格行为规制预期效益 $\Delta T > 0$，政府就应该采取相应的改革行动 $\beta^* = \sqrt[k-1]{\frac{p_0\Delta T}{kC}}$。

综上分析，在平台经济背景下，政府推动竞争性商品经营者的价格行为规制的意愿 β 是与互联网平台经济发展的总体趋势相关的函数，即政府会研判现有的价格规制体系与平台经济发展的需求是否适应。但最后是否改革以及以何种方式、何种力度进行改革，则与价格规制体系改革的预期收益 ΔT 相关，当 ΔT 足够大时，政府改革意愿 β 就足够大，甚至会推进价格规制的全面改革。相反，当 $\beta < 1$ 时，价格规制体系改革的最优方式就是 $\beta = \beta^*$。

值得指出的是，政府对价格规制体系改革所处环境的变革以及改革预期收益 ΔT 的研判也受信息不对称、利益集团、机会主义行为等因素影响，并不完全正确，因而也会影响制度变迁的进程和科学性。此外，由于价格执法收益=减少的经济损失+公平价值观的增长，后者即是每一次价格执法增加的社会福利总和，前者是物质的，后者是非物质的。随着价格执法行为次数的增加，执法行为会越来越成熟，价格行为规制的体系也会越来越完善，对于经营者而言，采取机会主义价格行为的机会成本就会越来越大，要么减少违法的次数，要么降低违法目标，从而降低自己的机会成本。因此，随着价格执法次数的增加，社会的经济损失在减少。与此同时，价格执法的次数越多，公平公正的理念就越深入人心，执法带来的价值宣传效用也会逐步降低。总体来看，随着价格执法次数的增加，价格执法的边际收益呈下降规律，即每一次价格执法带来的社会福利的增量是下降的。

4.4 平台内经营者价格行为规制效用的实证分析

本章前面几节，从交易费用角度探讨了竞争性商品经营者的价格行为规制的发生机制和作用机理，对竞争性商品经营者的价格行为进行规制，通过提高机会行为成本减少因信息不对称和机会主义带来的交易成本。

因此，基于上文的分析，本书提出有待检验的假说：加强平台内竞争性商品经营者的价格行为规制会显著降低不正当价格行为，增加社会福利。

从上文分析可知，机会成本的大小会影响经营者不正当价格行为决策。从统计上讲，经营者不正当价格行为被处罚的概率影响经营者不正当价格行为所带来的收益。因此，建立计量经济学的基准模型如下：

$$E_{it} = \beta_0 + \beta_1 y_{it} + \beta_2 U_{it} + \beta_3 P_{it} + \beta_4 IS_{it} + \gamma_i + \delta_t + \mu_{it} \quad (4.30)$$

式中，下标 i 代表地区，t 代表年份，E 代表社会福利指标，y 代表市场化水平，U 代表规制力度，P 代表被处罚的概率，IS 代表期望收益，γ_i 代表固体效应，δ_t 代表时间效应，μ_{it} 代表随机扰动项。

4.4.1 数据说明与计量方法

对社会福利水平的度量：社会福利水平指价格行为规制带来的福利变化。当然，这一指标的度量存在主观因素，本书采用较为客观的百度指数进行度量。笔者对"天价""价格不公""价格联盟"等关键词的搜索热度进行聚类分析，比较直观地得到公众对不正当价格行为的关注度。如果这些与不正当价格相关的关键词的热度较低，说明公众遇到这些不正当价格行为的概率也较低。这个指数可以直接由百度指数计算，处于 1~1 000。需要说明的是，百度搜索指数是从 2011 年才出现的，2011 年之前的数据本书是采用文本抓取工具获得的。

规制力度的度量：采用物价管理部门查处人均案例数来表示，源于历年各省统计年鉴，单位为件/百万人。

被处罚概率的度量：通过德尔菲法的主观打分法取得。本书通过发放电子邮件和电话采访两种形式，针对各年度各省的被处罚概率进行了咨询，共计得到9名专家的反馈，并进行了算术平均。期望收益采用价格执法部门违法所得的金额得到，单位为元/百万人。市场化指数 y 来自王小鲁等的研究[①]。所用数据来源于各省（自治区、直辖市）1998—2017年的统计年鉴和网络公开资料。

本书以城镇化率为代理变量，即城镇常住人口占该区域所有人口的比重[②]。人均指标指的是城市常住人口的平均数，相关指标均以2010年为基期，均来自各省（自治区、直辖市）1998—2017年的统计年鉴。根据数据的可得性，本书共采用除香港、澳门、台湾、西藏、宁夏、青海、新疆之外的27个省（自治区、直辖市）20年的数据。

从逻辑上讲，惩罚的力度越大，不正当价格行为的机会成本就越高，不正当价格行为就越少，社会福利相应增加。具体度量上，民众被不正当价格行为侵害的感受越不强烈，负面关键词在百度指数中的频度就越低。图4-5是关键词"天价"和"价格歧视"的百度指数绝对值年度分布情况。由图4-5可知，该指数存在足够的变异，比较适合运用计量经济学模型进行进一步分析。

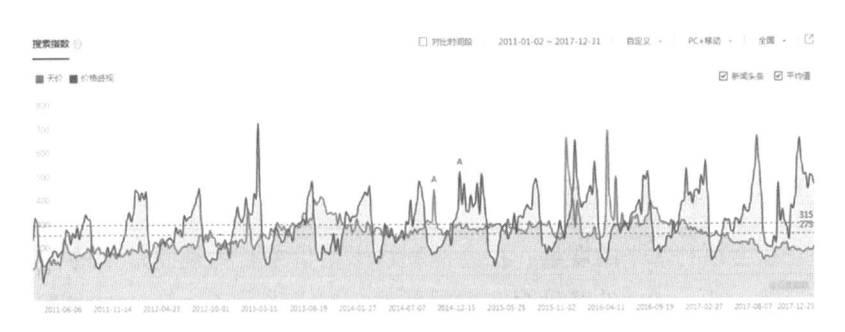

图4-5 关键词"天价"和"价格歧视"的百度指数绝对值年度分布情况

[①] 王小鲁，樊纲，胡李鹏. 中国分省市场化指数报告（2018）[M]. 北京：社会科学文献出版社，2019：15-18.

[②] 学界也有使用非农人口占比作为城市化水平的度量，主要是基于统计口径的问题，2004年以前统计的是户籍人口，2004年后是城市常住人口，城市常住人口中包含了居住半年以上的流动人口。

图 4-6 为省际主要变量相关矩阵，图中各主要变量两两之间存在较为明显的相关关系，但散点图的曲线形状并没有看出函数形式，线性趋势虽有所呈现，但多元线性关系还是无法得出，需要通过计量模型进一步研究。

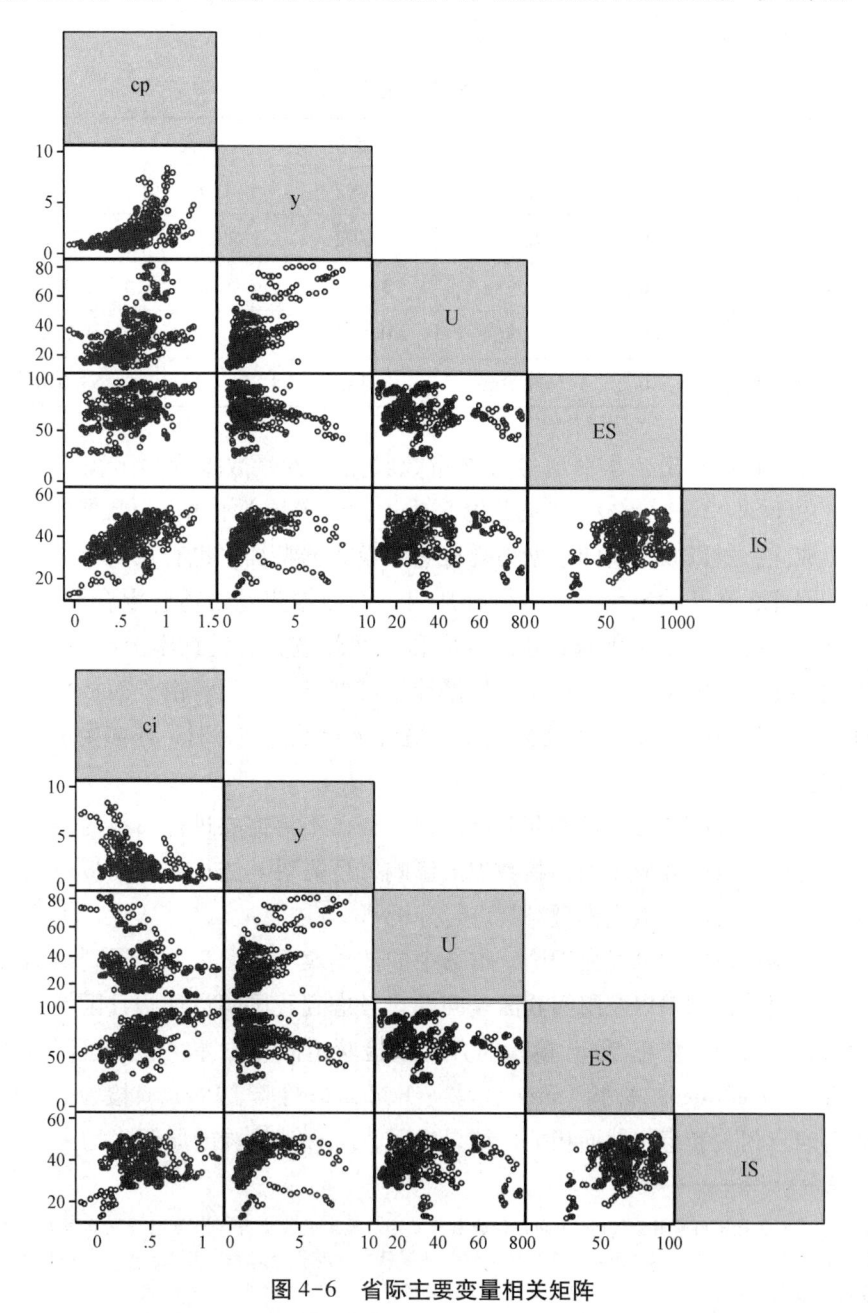

图 4-6 省际主要变量相关矩阵

表 4-3 为被解释变量和解释变量的描述性统计，包括除香港、澳门、台湾、西藏、宁夏、青海、新疆之外的 27 个省（自治区、直辖市）1998—2017 年的观察值，样本容量为 540。从各变量的描述性统计可以看出，变量的变异程度较大，比较适合进行回归分析。

表 4-3 样本描述性统计

变量	观察值	均值	标准差	最小值	最大值
E	540	250.6	1.892	199	904
y	540	69.32	2.302	29.8	92.2
U	540	0.188	1.345	0.12	0.89
P	540	0.469	0.594	0.255	0.705
IS	540	38.169	8.142	11.838	53.036

综上可以看出，本书通过百度指数收集的省际数据为强平衡面板数据，由于 $N=27$、$T=20$，可见此处 N 远远大于 T 的强平衡面板数据的条件并不成立，所以收集到的数据集既有短面板数据特征，也有长面板数据特点。因此，在开始研究之前必须研判相关的数据集是否适合混合（Pool）估计。经检验，相关数据的截面效应和时间效应具有统计学上的显著性，因此，相关数据集可以按照面板数据计量模型进行分析。由于面板数据时间跨度长达 20 年，因而在研判其是否适合进行混合估计时，还需要进行平稳性检验。

面板数据的核心变量不存在单位根过程，不再需要进行面板的协整检验。考虑到时间效应 T 对面板数据的影响，还需对其进行动态面板模型分析。本书采用固定效应模型对其进行分析①。

根据面板数据的经典理论，本书中的数据集不可避免地会遇到组间异方差、组内自相关以及组间截面等问题。考虑到我国幅员辽阔且区域差异明显，本书通过修正 Wald 检验的方式来检验组间异方差，通过运用伍德里奇（Woodlridge）检验、Frees 检验、Frideman 检验、Pesaran 检验等，检验组内自相关和组间截面相关。结果显示，所有被检验的原假设均为"不

---

① 笔者先使用豪斯曼（Hausman）检验来确定是用固定效应模型（FE）还是随机效应模型（RE）进行检验，由于不可预测的异质性通常会对解释变量有较大影响，因此，根据本书数据集本身的特点，笔者采用固定效应模型来对其进行分析。

存在组间截面相关"。理论上,通过残差计算,可以预见个体扰动项之间的相关系数应接近于0,以及由这些相关系数构成的"残差相关系数矩阵"非主对角线应该离0不远。上述3个检验的原理相同,且可以通过可行广义最小二乘法(FGLS)修正数据上的问题。

由于动态面板数据的内生性问题,无论是随机效应还是固定效应的估计量都存在偏差,需要寻找合适的工具变量以解决组内估计量不一致的问题。阶段差分广义矩(Difference GMM)和系统广义矩(System GMM)①都有各自的限定条件和局限性。本书的数据集不能全部符合这些限定条件,因此将上述多种估计方法都进行估计,通过比较分析,得到相对科学合理的估计结果。

4.4.2 实证结果分析

本书根据前面所示的方法,针对静态面板模型,对省份层面数据检验组间异方差、组内自相关以及截面自相关的存在性。两个关键词"天价"和"价格联盟"在模型中分别表示为EP、EI。通过使用随机效应模型(RE)、固定效应模型(FE)以及可行广义最小二乘法(FGLS),可得表4-4中的检验结果。从检验结果来看,模型总体表现良好,以"天价"关键词热度作为被解释变量的随机效应(RE)模型方法和可行广义最小二乘法(FGLS)中的各种检验均在5%水平以下,即统计上具有显著性,且省级面板数据存在组间异方差、组内自相关以及截面自相关等问题。由表4-4可知,对静态面板模型而言,FGLS是较为适合的分析方法。

表4-4 省际静态面板数据模型估计结果

被解释变量	EP			EI		
估计方法	FE	RE	FGLS	FE	RE	FGLS
y	0.012 3*** (5.52)	0.014 2** (3.98)	0.052 0*** (4.15)	-0.049 3*** (-8.58)	-0.040 7*** (-9.64)	-0.072 1*** (-5.44)
U	0.002 9*** (2.74)	0.005 2*** (6.02)	0.003 8*** (5.29)	0.003 9*** (4.88)	0.006 0*** (6.23)	0.003 1*** (4.08)

---

① Arellano & Bond(1991)提出的阶段差分广义矩(Difference GMM)的原理是使用所有可能的滞后变量作为工具变量。系统广义矩(System GMM)的原理是通过将差分方程与水平方程作为一个方程系统进行GMM估计,实现差分GMM与水平GMM的融合。

表4-4(续)

被解释变量	EP			EI		
估计方法	FE	RE	FGLS	FE	RE	FGLS
IS	0.010 4*** (7.13)	0.008 6*** (6.32)	0.007 9*** (9.79)	0.002 2* (1.09)	0.001 8*** (3.45)	0.002 3*** (6.11)
P	0.004 1** (2.45)	0.002 9* (1.77)	0.001 8** (2.12)	−0.000 9 (−0.88)	−0.003 0* (−1.75)	−0.003 9** (−4.87)
样本容量	540	540	540	540	540	540
截面个数	27	27	27	27	27	27
修正Wald检验	283.54***	855.08***	299.33***	108.87***	102.32***	88.31***
Woolridge检验	29.71***	32.14***	28.88***	21.15***	20.97***	29.04***
Frideman检验	2.99**	3.02**	3.78**	6.15***	7.25***	8.37***
Frees检验	39.88**	50.73**	92.36**	44.53**	44.53**	44.53**
Pesaran检验	4.05***	4.29***	5.25***	4.55***	6.77***	3.63***
调整R^2	0.696 4	0.787 9	0.763 8	0.598 7	0.753 5	0.817 2
联合显著检验	120.13***	198.21***	208.75***	41.25***	199.65***	175.73***
AIC	−66.62	−42.89	−69.42	−55.88	−42.37	−80.12
SIC	−35.77	−30.23	−39.63	−37.44	−23.78	−42.28

注：解释变量的显著性检验在FE模型中为F检验，在RE模型和FGLS时为Wald检验；括号内为Z值；***、**、*表示通过显著性水平依次为1%、5%、10%。

由表4-4可知，各解释变量在不同方法的背景下差别并不大，系数的值波动并不明显，说明估计结果是相对稳健的，同时符号也符合预期。不管是将"天价"还是"价格联盟"关键词热度作为被解释变量，规制强度 U 的符号都为正，说明前面的假说成立，价格行为规制促进了社会福利，达到了预期的政策目标。市场化指数的系数变化在两个对社会福利水平的不同度量下，表现不同，一正一负，也符合预期。因为"天价"这个关键词包含的信息更多，不一定是企业的不正当价格行为；但是"价格联盟"关键词则是不正当价格行为的意味更浓。市场化程度越高，不同企业的支付函数差别更大，企业也更倾向于追求边际收益最大化，"价格联盟"的维系成本越高，联盟也变得越不稳定。对于其他解释变量的情况也符合预期，企业进行不正当价格行为的机会成本越高，社会福利水平增加越多。

关于动态面板模型，根据模型设定，通过系统广义矩方法和差分广义矩对省际动态面板数据进行了估计,结果见表4-5。

表4-5 省际动态面板数据模型估计结果

被解释变量	EP		EI	
估计方法	Diff-GMM	Sys-GMM	Diff-GMM	Sys-GMM
EP_{t-1}/EI_{t-1}	0.506 8*** (8.03)	0.612 9*** (9.45)	0.605 5*** (8.23)	0.710 2*** (11.32)
y	0.069 1*** (4.55)	0.051 1*** (6.19)	-0.092 5*** (-3.69)	-0.010 9** (-2.14)
U	0.003 1* (1.78)	0.002 9** (3.37)	0.001 1* (1.24)	0.000 4*** (1.99)
IS	0.007 1*** (8.12)	0.006 1*** (3.28)	0.003 2** (2.06)	0.002 0* (1.49)
P	0.000 4 (1.08)	0.003 2** (2.05)	-0.000 2 (-0.23)	-0.003 5* (-1.15)
样本容量	540	540	540	540
截面个数	27	27	27	27
AR(1)检验	-2.63**	-2.38***	-2.85***	-3.08***
AR(2)检验	1.90*	1.28	1.88*	1.31
Sargan检验	21.33	17.92	60.25***	80.78***
调整R^2	0.565 8	0.885 8	0.763 7	0.790 5
Wald检验	56.14***	48.79***	29.24***	99.47***
AIC	-65.32	-77.83	-68.25	-71.57
SIC	-41.28	-40.06	-38.91	-31.22

注：解释变量的显著性检验在FE模型中为F检验,在RE模型和FGLS时为Wald检验;括号内为Z值;***、**、*表示通过显著性水平依次为1%、5%、10%。

进一步将被解释变量"天价"和"价格联盟"关键词热度的一阶滞后项纳入基准模型,来体现"天价"和"价格联盟"关键词热度的影响。用Arellano-Bond估计量进行检验,表4-5中的检验结果显示,系统广义矩参数估计值是一致的,而差分广义矩估计在10%显著水平上不能接受原假设。被解释变量"天价"和"价格联盟"关键词热度的萨根(Sargan)检验表现有所不同,"天价"关键词热度为被解释变量时,"工具变量都是有效的"假设均不被两种GMM方法拒绝;而当"价格联盟"关键词热度为被解释变量时，则两种 GMM 估计方法都拒绝了这一假设。这说明动态面板模型方法也许适用于分析规制强度对社会福利水平的影响。

综上所述，当以"价格联盟"关键词热度为被解释变量时，应选择 FGLS 方法；而以"价格联盟"关键词热度为解释变量时，系统广义矩（Sys-GMM）建模方法更为合适。基于此，得到省际价格行为规制方程（见表4-6）。

表4-6 价格行为规制方程估计结果（省际）

被解释变量	EP		EI	
解释变量	系数	Z 统计量	系数	Z 统计量
EP_{t-1}／EI_{t-1}	0.6122***	21.87		
y	0.0497***	6.45	0.0599***	-20.42
U	0.0020**	3.12	-0.0022***	6.37
IS	0.0013***	5.80	0.0019***	4.26
P	0.0034**	2.01	-0.0044**	-2.95
常数项	-0.2058***	-3.85	0.1528***	3.88
样本容量	540		540	
截面个数	27		27	
估计方法	Sys-GMM		FGLS	
调整 R^2	0.8765		0.8054	
Wald 检验	39.87***		125.66***	

注：解释变量的显著性检验在 FE 模型中为 F 检验，在 RE 模型和 FGLS 时为 Wald 检验；括号内为 Z 值；***、**、* 表示通过显著性水平依次为 1%、5%、10%。

由表4-6可知，对于分省面板的估计情况，4个核心解释变量在统计上至少显著程度为5%，说明市场化水平、规制力度、被罚概率和期望收益4个核心解释变量都对价格行为规制的效果有显著影响。从符号看，如果搜索关键词为"天价"时，4个核心解释变量中的符号均为正，说明市场化水平、规制力度、被罚概率和期望收益的提高，将会提升价格水平规制的效果，从而增加社会福利。若搜索关键词为"价格联盟"时，规制力度和被罚概率的系数为负，说明这两个变量的值比较大时，规制效果反而比较低；市场化水平和规制强度的值较大时，规制效果较好，说明市场的法治化水平较高，经营者不正当价格行为能够得到及时发现和纠正。从系数看，市场化水平的影响程度相对较大，搜索关键词为"天价"和"价格联盟"时，分别为 0.049 7 和 0.059 9，差别并不大；被罚概率影响排名第二，只不过符号一正一负，绝对值相差不大。期望收益的影响在统计上是显著的，但经济上并不显著。这个模型表明：对于价格行为规制的效果而言，规制力度、被罚概率和期望收益的作用都没有市场化水平提高的影响大，甚至这三者的影响加起来都没有市场化水平提高的影响大，说明价格水平规制起到提高社会福利水平的效果。

需要注意的是，表 4-6 的左边，搜索关键词为"天价"的时候，这个指数对滞后预期有很大的影响，甚至系数大于市场化水平的影响，这也符合传播学的特征，互联网的热点总是要持续一段时间。比较表 4-4、表 4-5 和表 4-6 的回归结果，可以发现，4 个核心变量系数的显著性和数值都没有发生很大幅度的变化。不管是静态面板模型还是动态面板模型，系数的差距并不大，说明了回归结果具有较高的稳健性。

因此，本书的假说得到了较好的检验，即平台经济背景下加强竞争性商品价格行为规制会显著降低不正当价格行为，从而增加社会福利。可以说，竞争性商品价格行为规制的效率能够得到实践证明。

总体来说，经营者价格行为规制效果及社会福利的提高与市场化水平及行政执法的关系为显著正相关，市场化水平的影响比行政执法相关变量的影响要大一些。但并不是说前者可以取代后者，相反，后者是前者的重要保障之一。市场化水平高的表现之一是法治化水平提升，提升市场化水平的重要任务之一是提升法治化水平，而法治化必然包括政府依法行政。从这个意义上讲，为了提高规制效果及社会福利水平，必须高度重视政府的价格规制水平的提升。

价格串谋行为、哄抬价格等不正当价格行为，弱化市场竞争，减少社会福利，在保持经营者的自主定价权及随时调整价格权利的同时，对价格串谋等不正当价格行为必须进行规制。本节用中国的省际面板数据对理论假说进行了检验，假说成立。综上，竞争性商品价格行为规制不管是在理论上还是在实践上都存在证据。

4.5 本章小结

平台经济背景下,影响竞争性商品经营者追求利润最大化的因素是价格行为而不是非价格行为。在这种情况下,原有对经营者的价格行为规制体系已经不能完全适应新的形势要求,因而产生了一定的制度需求。对其进行改革的要求并没有显得很迫切,但随着时间的推移,改革的成本会越来越高,因而最好的方式是随着平台经济的发展,对竞争性商品经营者的价格行为规制进行渐进性改革。经理论和实证检验,这种渐进式的改革是有效的,因而进行改革也是可行的。

5 互联网平台企业价格行为规制分析

目前,实践界和学术界对于互联网平台企业属性的认知还存在一定的争议,理论界将其认定为垄断企业或寡头垄断企业,实践界部分认可此看法,但认为这是一种特殊的市场主体,不能简单套用传统的市场结构分析标准。本书也认为某些互联网平台企业的确具有寡头垄断的特征,但考虑到三个因素,本书仍然将其单列为讨论的对象。首先,互联网平台企业是平台经济存在的前提和核心,如果忽略其存在则不仅不实事求是,而且会造成论述的不完整。其次,互联网平台企业是否是垄断企业并不会改变在其平台上出售的商品和服务的竞争性特征,而且本书仅仅将互联网平台企业的价格行为视为影响经营者价格行为的外部因素。最后,在当前的法律实践中如何给互联网平台企业价格行为进行定性还存在不一致,不同地区的法院对其认定也不相同[①]。由于传统的价格行为规制思路和方式在面对互联网企业的价格行为时,面临着技术和观念层面的双重困境,因而需要在新的认知基础上对其价格行为规制的基础和方法进行探讨。

5.1 互联网平台企业价格行为规制的作用机理

互联网平台企业是技术革新的成果,既是为其他企业提供竞争场所的平台,又是积极参与竞争的独立的市场主体,还是竞争性商品价格行为规

---

① 蒋潇君. 互联网企业滥用市场支配地位行为的反垄断法规制研究 [D]. 北京:对外经济与贸易大学, 2014.

制体系面临的新挑战，具有其独特的作用机理。

5.1.1 互联网平台企业的基本认识

互联网平台企业是互联网经济的核心主体，突破了传统企业的运营框架，既具有普通平台企业的一般特征，又深受互联网技术的影响，具有虚拟性、开放性和复杂性等属性。

当前学者们对互联网平台企业的认识并不统一，一般都认为这是一种建立在互联网技术基础上，通过提供虚拟交易场所，促使多方达成交易而获利的企业，本质上是基于流量增进和数据计算的促进跨界融合的一种"中介"。此类企业的共同特征是拥有一个基于互联网技术的信息运算平台，这个平台既是一种经营者，也代表着一种交易机制，是传统经济活动与互联网技术融合而成的新业态的代表，具有强大的经济意义：如果其专注于降低交易成本，则其主要功能在于强化原有的交易关系；如果其专注于建立新的交易机制或标准，则容易创造新的需求，大多数互联网平台企业具有这两种特征。

互联网平台以其强大的线上信息整合功能，拓展了经济活动的时空范围，以近乎零成本的方式匹配着线下的资源供给和需求，活跃了市场，因而互联网平台企业往往被描述成一个能够降低交易成本，提升资源配置效率的跨界的、闭环的交易市场。因此，与传统企业重视重资产不同，对于互联网平台企业而言，其最重要的资产是数据计算能力以及流量和数据，即用户和用户交易轨迹等轻资产。这一特征也决定了互联网平台企业之间的竞争是数据的竞争、注意力的竞争、平台的竞争以及创新能力的竞争等非价格行为竞争。而平台企业的竞争已经成为互联网竞争的主要模式。

互联网平台企业具有经济性和社会性两种属性。一方面，与其他传统企业一样，互联网平台企业必须重视经营效益，即企业经营活动的经济性。另一方面，互联网平台企业承载了众多非经济职能，作为一种市场中介，承担着监督市场参与者行为的职责，而且由于牵涉面较广，一旦发生危机其负面社会效应特别明显。更重要的是，互联网平台企业为众多小微企业提供了扩大市场、整合资源和增值的能力，降低了小微企业进入世界市场的成本。同时，互联网平台企业也为生产交换环节的裂变和细化提供了可能性，为创造更多就业提供了机会。这种功能与全社会支持弱势社会群体发展、支持平等的市场进入权等价值观是高度一致的。互联网平台企业的运行状况不仅是企业自身的问题,而且关系特定社会价值观的实现问题。互联网平台企业同时具有公私机构的双重属性和职能,这要求增强平台主体所应承担的社会责任。

互联网平台企业的发展具有重要的经济和社会意义。经济意义方面,消费者消费的被动地位得以转变,掌握了主动性,迫使生产者的生产模式发生改变,更为注重消费者的消费需求。社会意义方面,突破时空限制,开辟了大量的新兴市场,一定程度上促进了全球化。由于信息的准确性和充分性,资源配置得以优化,流入最适宜的行业或主体,社会的总体福利得以提高[①]。互联网平台企业还创造了大量的新型工作岗位,尤其是疫情期间,更加方便了劳动者的就业。

互联网平台企业是供给和需求两种市场主体之外的第三种主体,虽然最初是以单纯的"网络服务提供者"的形象出现,但随着信息技术的发展,互联网平台企业已经成为更加综合化、全面化的服务提供商,成为经济活动的重要参与者和市场革新的重要推动者。可以预见,随着时间的推移,互联网平台企业必然会发展得越来越成熟,其涉及的领域也必然会愈加广泛。当然,互联网平台的介质性功能始终无法代替实体经济存在的必要。故此,互联网平台经济的运行表现为通过线上线下的融合,将实体经济与虚拟经济结合,具有很强的复合性。传统经济中的市场一般为单边市场,涉及主体也通常为买卖双方,交易中可能出现的问题相对比较明确,政府的调控与合法规制也相应较为简单清晰。与主要表现为互联网市场下虚拟经济的平台经济不同,互联网平台企业线上线下交互式反应的跨界模式通常是以双边市场为载体,以"平台"为核心,通过实现两种或多种类型顾客之间的双赢和共赢。

互联网平台企业具有以下基本特征。

5.1.1.1 网络外部性

网络外部性是互联网平台企业的核心特征之一,也称为网络效应,即接入某一特定互联网平台的用户价值随着其他用户的接入而增加,对于某一个特定的用户而言,接入特定互联网平台的用户越多,其从这一互联网平台获得的效用就越大,这一效用是一种净价值增量。由于互联网平台的系统性、内部构件的互补性以及信息的交互性,使得其垂直—层状结构之

---

① 魏小雨. 互联网平台经济与合作治理模式[J]. 黑龙江社会科学, 2017(1): 105-111.

间的活动具有正反馈效应,导致了网络外部性[①]。网络外部性具有差异性,互联网平台企业的用户规模越大,其网络外部性越强,价值越高。

网络外部性可分为直接外部性和间接外部性,前者是指对某种商品的消费能够直接增加其他消费者的效用,前提是消费同一种商品,如移动电话等,新加入的消费者会为消费此种商品的其他消费者带来正的外部性溢出。后者则是由于某特定商品使用者的增多,从而降低使用价格,增加使用者效益,如随着某种操作系统的普及,与之相关的应用软件增加进而为使用者提供更多选择,获得额外收益等。前者建立在物理网络基础之上,后者则是建立在产品的互助性基础之上。也有学者用交叉网络外部性来描述互联网平台的特征,但表述并不是很清晰。

由于网络外部性的存在,使得互联网平台具有明显的规模经济特征。即随着互联网平台使用者数量的增加,使用者的效用稳步增加,同时互联网平台企业的边际成本递减。随着使用者数量的增加,互联网平台的网络节点数也会迅速增长,反过来又会放大互联网平台的外部效应,吸引更多的使用者,并增加其使用价值,进而形成网络平台规模与使用价值之间的正向循环。当使用者数量超过临界点时,互联网平台的正向反馈机制就会自发吸引使用者,进而形成垄断地位,甚至形成赢家通吃。在我国,寡头垄断已经成为互联网经济的普遍的市场结构。

寡头垄断的市场结构导致了处于市场支配地位的互联网平台企业频频触及"垄断"的警戒线,在竞争中使用协议共谋、默契协同、搭售等被禁止的不正当竞争行为,或实施拒绝数据开放、端口兼容等排他行为,以及通过使用排序、平台模式、拒绝交易、免费模式,操作注意力、个人信息、技术与数据等方式,抑制消费者选择能力与范围。传统经济理论一直将外部性与政府治理结合起来,认为外部性导致社会和私人福利的不一致,无法实现社会资源配置的最优化,因而必须通过约束和激励制度对市场主体的行为进行规制。然而这一理论并不符合互联网平台发展的现实。互联网平台的外部性可以通过相关的价格机制予以解决,并不一定必然导致市场失灵,因此传统的外部性与政府规制理论并不完全适用于互联网平台的发展。当然,也有学者认为不能以传统的市场结构类型来评价寡头平台。

---

① 周正. 基于双边市场理论的电子商务平台竞争规制研究 [D]. 大连:东北财经大学,2010.

5.1.1.2 双边市场特征

互联网平台是典型的双边市场。根据双边市场理论，互联网平台是一个独立的追求利益最大化的利益主体。与单边市场不同，双边市场不是由买卖双方构成，而是由买家、卖家和平台三方构成。但平台的盈利方式并不是按照自身运行的边际成本定价，而是在平台的买卖两边进行分配。最常见的是向一边收费而向另一边免费。因此，传统的价格行为并不适合评判互联网平台企业是否破坏竞争。

作为一种双边市场，对互联网平台提供的服务，双边用户的需求具有互补性，但与传统市场的互补性不同。互联网平台同时向双边市场的参与者提供服务，这些服务之间存在互补性，但这种互补不是来自产品或服务的功能互补性，而是来自双边市场不同用户类型的联合需求。互联网平台双边市场特征还表现为多平台接入行为，即由于转移成本非常低，双边用户都有可能同时加入多个平台进行交易，尽可能多地享受另一边用户的规模带来的好处。另外，与传统的商品和服务不同，互联网平台的供给往往是信息服务类产品，这类产品具有高固定成本和低边际成本的特性，这是由于信息产品的复制成本非常低，接近于零。这一特征也说明了网络平台具有巨大的规模效益，同时由于互联网平台固定成本绝大多数为沉没陈本，资产专用程度较大，因而前期也存在相当大的风险。

双边市场特征使得互联网平台竞争具有自己的特征。平台一边的用户数量巨大时，可能形成较高的买方势力。虽然互联网经济以寡头结构为特征，但这种结构不一定是低效率的。

5.1.1.3 用户锁定效应

互联网平台的锁定效应，是指先发企业凭借其先行进入市场的优势，锁定用户，从而实现使企业受益的良性循环，可以分别从平台和用户两个方面探讨。

从互联网平台的角度来看，所谓用户锁定效应是指互联网平台一旦获得市场优势，增强形成占据流量和数据的能力，牢牢控制用户，进而巩固其地位。平台能够锁定用户的原因在于数据技术的发展，互联网领域的财产具有无形性数据化的特征，而数据资源不可移动，用户无法将这些数据带到其他的平台，只能被现有的平台锁定。互联网平台锁定用户的手段包括注意力与数据竞争，如果平台的竞争对手没有明显的价格与技术差异，则用户转向新平台的动力不足，展现出对平台的"黏性"。

从用户的角度来看，用户锁定效应产生的根源在于迁移成本，而迁移成本决定了平台的竞争程度，低转移成本会带来激烈的竞争。互联网平台拥有熟悉效应、默认设置以及用户资料记录，使得用户一旦熟悉某个平台就很难转移到其他平台。对于特定的用户而言，其使用某个互联网平台越多，其花费的时间与注意力越多，则使用这个平台的技术和知识越多。如果换到另外的平台，不仅在这个平台上积累的关系网络无法迁移，而且其积累的数据或经验也无法搬迁，这些就构成了用户的搬迁成本。因而，互联网平台在设计自己的商业模式时，都尽量降低用户的学习成本，即进入门槛，同时通过信用等级等方式提升转移成本。

锁定效益对于平台和用户都是有用的。由于数据和技术通过网络进一步集中，平台的优势进一步放大，强者越强，弱者越弱，最后只留少数平台企业在市场上。锁定效应能够使平台企业强者愈强，弱者愈弱，抢到先机的企业能够始终保持竞争力，而竞争者的竞争力则被削弱了。对于用户而言，个人信息成本的沉淀方便了先发企业的锁定效应，为其产品或者服务在市场上取得优势提供了条件。但从社会的角度来看，锁定效应在一定程度上导致了平台企业以各自核心业务为基础的寡头格局，其他企业若想顺利进入市场，只有通过技术与商业模式的创新才能突破寡头平台的围剿[①]。

5.1.2 互联网平台企业的价格行为特征

互联网平台企业作为一种双边市场企业，其收入主要有两种：接入费和使用费（交易费用），前者是用户接入平台的费用，后者是用户接受服务的费用。互联网平台企业经常采用的价格策略是偏斜定价，一方面，用低价格或"零价格"扩大一边用户的接入规模；另一方面，对另一边用户进行收费以获取利润。而传统企业一般采取的是以边际成本为依据的定价策略。

假设两个互联网平台企业（$i=1,2$），共处于竞争性市场条件下，同时，假设互联网平台用户即买卖双方的自由度不同。其中，a 边用户既可以使用其中任何一个互联网平台，也可以同时使用两个不同的互联网平台，但 b 边用户则没有自由选择权，只能使用其中一个特定的平台。本书用 Hotelling 模型分析 b 边用户的分布情况。

---

① 承上. 互联网行业经营者集中的反垄断规制研究 [D]. 重庆：西南政法大学，2018.

在互联网平台企业拥有完全市场信息的情况下，为了实现自身利益最大化，互联网平台不会向 a、b 边用户提供完全的市场信息，此时 b 边用户既无法获得互联网平台的充分信息，也无法获得 a 边用户的充分信息，因而只能通过其他途径获得信息从而判断 a 边用户的价格行为。

在此情况下，互联网平台就可以针对 b 边用户无法充分掌握信息的特征，采取横向的差异化竞争策略。此时，假设 a 边用户的需求为

$$N_{ai} = \alpha_a n_{bi} - P_{ai}; \quad i = 1, 2$$

此时，用 t 代表平台的差异化程度，x 代表无差异消费者的位置，则可以得出 b 边分别从互联网平台 1、2 获得的效用：

$$u_{b1} = v_0 - \alpha_b N_{a1}^e - tx; \quad u_{b2} = v_0 - \alpha_b N_{a2}^e - t(1-x)$$

其中：v_0 是 b 边用户加入平台后所获得的初始效用，P 为互联网平台上出售商品的价格，$\alpha_a > 0$ 表示 b 边用户对 a 边用户具有正网络外部性，N_a^e 表示 b 边用户对 a 边用户的预期，由此，在信息对称的情况下，可有

$$N_a^e = n_a$$

5.1.2.1 正当价格策略与互联网平台利润

假设正当价格策略是一种可以预期的价格行为，对于 a 边用户和 b 边用户而言，信息是完全的，互联网平台的价格行为可以预期。因此，当互联网平台企业采取正当的价格策略时，b 边用户就会拥有 a 边用户的完全信息和互联网平台企业价格策略的完全信息，能够针对互联网平台企业以及 a 边用户的价格行为作出及时有效的应对策略，此时，$n_a^e = n_a$，a、b 两边的用户需求可以表示为

$$u_{b1} = v_0 - \alpha_b N_{a1} - tx; \quad u_{b2} = v_0 - \alpha_b N_{a2} - t(1-x)$$

由 Hotelling 效用无差异点可得

$$u_{b1} = \frac{t - N_{a1} \alpha_b + N_{a2} \alpha_b}{2t}$$

变形可得两边的需求：

$$N_{a1} = \frac{t(-2P_{a1} + \alpha_a) - (P_{a1} + P_{a2} - \alpha_a)\alpha_a \alpha_b}{2(t + \alpha_a \alpha_b)};$$

$$N_{b1} = \frac{t + (P_{a1} - P_{a2} + \alpha_a)\alpha_b}{2(t + \alpha_a \alpha_b)};$$

$$N_{a1} = \frac{t(-2P_{a2} + \alpha_a) - (P_{a1} + P_{a2} - \alpha_a)\alpha_a \alpha_b}{2(t + \alpha_a \alpha_b)};$$

$$N_{b2} = \frac{t + (P_{a1} + P_{a2} + \alpha_a)\alpha_b}{2(t + \alpha_a \alpha_b)}$$

互联网平台企业的利润为

$$\Pi_i = P_i N_{ai}; \quad (i = 1, 2)$$

根据利润最大化的一阶条件,可得互联网平台企业的均衡定价为

$$P_1^* = P_2^* = \frac{\alpha_a(t + \alpha_a \alpha_b)}{4t + 3\alpha_a \alpha_b}$$

将互联网平台的定价水平代入需求函数,可得均衡条件下互联网平台 a、b 两边用户需求为

$$N_1^* = N = \frac{\alpha_a(2t + \alpha_a \alpha_b)}{8t + 6\alpha_a \alpha_b}, \quad N_{b1}^* = N_{b2}^* = \frac{1}{2}$$

进而可得竞争条件下,互联网平台使用正当价格行为可获得的利润为

$$\Pi_{1fpb} = \Pi_{2fpb} = \frac{\alpha_a(t + \alpha_a \alpha_b)(2t + \alpha_a \alpha_b)}{2(4t + 3\alpha_a \alpha_b)}$$

5.1.2.2 不正当价格策略与互联网平台利润

接下来,讨论互联网平台企业采取不正当的价格策略时的利润情况。假设 b 边用户预计 a 边用户的规模为

$$N_{ai}^e, \quad i = 1, 2$$

这一预期可以视为一个定值,因此互联网企业可以针对 a 边用户选择价格策略。因为互联网 a、b 两边用户的均衡由两边用户的预期和互联网平台自身的定价水平决定,因此,如果要满足互联网平台企业的预期,现实的用户规模就必须与平台用户的预期一致。由此,可以将 a、b 两边的用户需求表示为

$$u_{b1} = v_0 - \alpha_b N_{a1}^e - tx; \quad u_{b2} = v_0 - \alpha_b N_{a2}^e - t(1-x)$$

此时,无差异用户表示为

$$N_{b1} = x = \frac{t - \alpha_b N_{a1}^e + \alpha_b N_{a2}^e}{2t}$$

将上式代入需求函数中可以得到包含用户预期与价格变量的需求公式:

$$N_{a1} = \frac{\alpha_a[t + \alpha_b(N_{a2}^e - N_{a1}^e)]}{2t} - P_{a1}; \quad N_{b1} = \frac{1}{2} + \frac{\alpha_a(N_{a2}^e - N_{a1}^e)}{2t}$$

$$N_{a2} = \frac{\alpha_a[t + \alpha_b(N_{a1}^e - N_{a2}^e)]}{2t} - P_{a2}; \quad N_{b2} = \frac{1}{2} + \frac{\alpha_a(N_{a1}^e - N_{a2}^e)}{2t}$$

根据互联网平台企业利润最大化的一阶条件,可得

$$P_{a1} = \frac{\alpha_a[t + \alpha_b(N_{a2}^e - nN_{a1}^e)]}{4t}; \quad P_{a2} = \frac{\alpha_a[t + \alpha_b(N_{a1}^e - N_{a2}^e)]}{4t}$$

当两边用户的预期满足 $N_a^e = N_a$, $i = 1, 2$,将上述公式代入需求函数可得均衡状态下互联网平台两边用户的需求:

$$N_{a1}^* = N_{a2}^* = \frac{\alpha_a}{4}, \quad N_{b1}^* = N_{b2}^* = \frac{1}{2}$$

进而可得均衡价格为

$$P_{a1}^* = P_{a2}^* = \frac{\alpha_a}{4}$$

由此可得,竞争状态下运用不正当价格行为的互联网平台的利润为

$$\Pi_{1ipb} = \Pi_{2ipb} = \frac{\alpha_a^2}{16}$$

5.1.2.3 竞争状态下互联网平台企业价格选择

通过比较竞争状态下互联网平台运用正当价格行为和不正当价格行为获得的利润:

$$\Pi_{1fpb} - \Pi_{1ipb} = \Pi_{2fpb} - \Pi_{2ipb} = -\frac{\alpha_a^4 \alpha_b^2}{16(4t + 3\alpha_a \alpha_b)} < 0$$

即

$$\Pi_{fpb}^* < \Pi_{ipb}^*$$

可以看出,实施正当价格行为时,互联网平台获得利润多少与平台差异化因素正相关,平台之间的竞争较为激烈;而实施不正当价格行为时平台差异化水平与此无关,平台之间的竞争变得不甚激烈。所以在竞争条件下,互联网平台企业如实施不正当价格策略,即不完全信息策略时,向a、b两边用户隐藏有用信息或提供非中立的信息时,能够获得更高的利润,这必然会极大地强化其采取不正当价格行为的潜在动机。

平台经济背景下,互联网平台企业既是普通的市场主体,其价格行为的目的是追求更大利润;同时,在激烈竞争情况下互联网平台企业往往会变成寡头垄断,采取垄断价格行为,由于互联网的无边界性和信息传播低

成本性等特征,使其价格行为的外部性更容易被放大。因此,根据传统的经济学理论,互联网平台企业的不正当价格行为是破坏市场竞争的一种手段,是垄断造成的市场失灵的重要表现,最终会造成社会福利的损失。因此,政府应采取相应的价格行为规制措施,以确保在发挥平台优势的同时限制或减轻其不利一面。

然而,双边市场中的价格行为规制问题十分复杂。由于互联网平台企业的私有信息不容易获得,很难判断其提供服务的边际成本,进而就难以对其市场地位和价格行为进行严格的法律界定。从这个意义上讲,互联网平台经济顺应我国经济社会发展的现实需求,一定程度上推动着和倒逼着经济体制机制的改革与创新。

因此,针对具有双边市场特征的互联网平台企业,传统的价格行为规制理论和实践并不完全适应互联网平台的高速发展。原因在于两个方面,一方面,根据掠夺性定价的标准,具有双边市场特征的互联网平台的定价低于边际成本,即在一边制度低于边际成本的价格是适应互联网平台特征的最优选择,不应该被认定为掠夺性定价[1][2][3]。在互联网平台这一双边市场中,用户群体的竞争由于网络外部性的存在表现为"鸡和蛋的关系",平台企业不得不采用低价战略来吸引客户。另一方面,互联网平台寡头垄断并不必然带来市场效率的降低,也不会带来消费者利益的损减[4][5],很多学者已经证明了单边市场的相关理论并不适用于对双边市场的分析[6],判断互联网平台是否垄断应考虑市场两边的投入和产出[7],而不仅仅看价格。

---

[1] ROCHET J, TIROLE J. Cooperation among competitors: some economics of payment card sssociations [J]. Rand journal of economics, 2002, 33 (4): 549-570.

[2] EVANS D S. The antitrust economics of multi-sided platform markets [J]. Yale journal on regulation, 2003 (20): 325-381.

[3] PARKER G, ALSTYNE V. Two-sided network effects: a theory of information product design [J]. Management science, 2005, 1 (51): 1494-1504.

[4] ARMSTRONG M. Competition in two-sided markets [J]. Band journal of economics, 2006 (8): 21-26.

[5] ROCHET J C, TIROLE J. Tying in two-sided markets and the impact of the honor all cards rule [J]. International journal of industrial organization, 2008.

[6] JULIAN W. One-sided logic in two-sided markets [J]. Review of network economics, 2004, 3 (1): 44-64.

[7] 朱振中,吕廷杰. 双边市场经济学研究的进展 [J]. 经济问题探索, 2005 (7): 125-129.

因此，互联网平台的价格行为规制呼唤新的理论视角[1][2]，甚至无须进行规制[3]，否则不仅规制无效，而且可能会降低市场效率。

互联网平台的这些特点导致传统的价格行为规制理念受到了挑战。首先是价格目标面临挑战，消费者福利高于生产者福利，强调对消费者利益的保护的观念面临挑战；其次是经济理论基础的挑战，传统的市场竞争理论和社会福利理论无法完美解释相关现象，也无法测算互联网平台垄断对创新的支持和左右；最后是分析模式的挑战，平衡多元主体间利益以及掌握规制市场结构与行为的尺度都受到了挑战，这些挑战也延续到了分析模式的具体适用方面[4]。

虽然双边用户对平台提供服务的需求不同，但也是相关联的，平台企业的定价方式与方法也与传统方式不同，必须以新的经济理论和模型来指导平台企业的定价行为。同样，对平台企业价格行为的规制也需要新的理论与模式[5]。互联网外部效应会导致复杂的经济学现象，加之法律的滞后性，执法人员能力有限，无法判断平台的价格行为有没有损害后果，从而无法判断该行为是否违法。尤其是反垄断执法人员只依据《反垄断法》去判断时，更难以保证判断上不出现偏差。鉴于此，必须遵循互联网市场和传统市场运行的一般规律，从跨界融合的维度审视双边市场和多边市场理论与实践在互联网平台经济发展中的运用，实现线上数据资源和线下实体资源的有效整合与配给，科学合理设计行业准入标准，加强事中事后监管，减少不合理的制度性交易成本，推动互联网平台经济法治化环境的营建。

5.1.3 互联网平台企业价格行为规制的作用机理

从法学的角度来看，对互联网平台企业的价格行为进行规制主要是为了维护社会公平，公平和正义是平台经济最根本的伦理标准，即市场参与

---

[1] EVANS D. Some empirical aspects of multi-sided platform industries [J]. Review of network economics, 2003 (3): 191-209.

[2] EVANS D S. The antitrust economics of multi-sided platform markets [J]. Yale journal on regulation, 2003 (20): 325-381.

[3] 朱俊荣. 双边市场的非垄断性分析 [J]. 经济研究导刊, 2010 (9): 79-80.

[4] 承上. 互联网行业经营者集中的反垄断规制研究 [D]. 重庆：西南政法大学, 2018.

[5] 周正. 基于双边市场理论的电子商务平台竞争规制研究 [D]. 大连：东北财经大学, 2010.

者的行为必须符合公平和正义的价值观，否则就应该得到惩罚。事实上，互联网平台企业的不正当价格行为，特别是利用自身的市场支配地位进行的垄断定价、价格歧视和掠夺性定价等价格行为，严重损害了竞争对手、经营者和消费者的合法权益，甚至直接违反了法律规定，政府必须主动予以纠正，以维护良好的社会风气。但从经济学角度来看，之所以对互联网平台企业的价格行为进行规制，是为了维护平台经济的效率。平台经济背景下，价格仍然是最重要的市场信号，而价格机制是调节供求关系、影响资源配置的最有效机制。互联网平台企业滥用自己的市场支配地位所进行的不正当价格行为，将会极大地扰乱价格信号，增加其他市场主体的交易成本，当这种成本上升到一定水平时，必然会影响市场交易的效率，损害社会福利。

占据市场支配地位的互联网平台企业实施不正当价格行为，将会对竞争对手、经营者和消费者的交易成本产生影响，进而影响经营者盈利能力、消费者剩余、市场效率和社会福利。具体表现在以下几个方面：

首先，增加了信息搜索和研判成本。为了消除互联网平台不正当价格行为的负面影响，经营者和消费者需要花更多的时间和资金寻找有用的信息，同时也需要花费更多的成本消化供给和需求信息的影响。其次，增加了议价成本。信息不透明增加了互联网平台、经营者和消费者三者之间的讨价还价难度，延长了议价过程，推高了议价成本。再次，增加了决策成本。面对互联网平台这个强势的合作对手和不透明的价格，经营者和消费者将会需要更多的精力用于决策，增加了机会成本。最后，增加了维权成本。与普通的经营者和消费者相比，互联网平台处于更加有利的地位，特别是技术优势和信息优势使其可以更多地掩饰自己的不正当价格行为，使经营者和消费者必须增加更多的监督和维权成本。

虽然有学者认为掠夺性定价能够降低经营者和消费者的交易成本，进而增进社会福利，但这种观点不符合逻辑。这种观点认为，掠夺性定价能够降低普通经营者的交易成本，使其更加充分地利用互联网平台提升交易效率。同时，掠夺性定价能够降低消费者的交易成本，减少消费者的支出。虽然互联网平台企业的超低定价或零价格提供商品和服务，能够显著地降低经营者和消费者的搜寻成本、信息成本、议价成本、决策成本、监督成本及维权成本等交易成本，但这种收益不可能持久。

讨论掠夺性定价的前提是必须将其置于一个竞争情境之中，在市场主体技术水平差距不大的情况下，以远低于市场平均价的价格水平提供商品和服务都会极大地伤害自身的利润，这种做法唯一的目的就是运用自己的市场支配地位，以超低价或零售价格拉低平均价格和利润空间，使处于弱势地位的竞争对手无法生存，自动退出竞争，从而抢占市场份额，谋取长远利益。实施掠夺性定价的互联网平台企业的任何损失都会在今后得到补偿，甚至会加倍补偿。而在缺乏竞争的情况下，经营者和消费者必然会降低其议价权利，交易成本会由互联网平台决定。因此，在掠夺性定价中，经营者和消费者的收获是暂时的，失去的是长期的利益，因为追求利润是企业的最终目标。

尽管交易成本与市场效率之间的关系十分复杂，影响因素众多，但其逻辑起点都是围绕企业的成本和利润展开。平台经济背景下，衡量市场效率的标准也必须是经营者的成本和利润，以及对其参与市场交易的意愿。由于经营者在线经营的目标是为了实现利润最大化，其核心是价格和成本问题，其他因素可视为从属因素。由此，我们可以得到竞争性商品经营者的利润函数，假设经营者同时经营线上（on-line）和线下（off-line）业务且经营范围一致：

$$\Pi_i = (P_i^{off} Q_i^{off} - C_i^{off}) + (P_i^{on} Q_i^{on} - C_i^{on})$$

其中，Π_i 为 i 经营者的利润，P_i^{off} 是经营者销售的商品或服务的线下价格，Q_i^{off} 为经营者销售的商品和服务的线下需求，C_i^{off} 是包含了交易成本的线下生产销售成本，P_i^{on} 是经营者线上销售的商品和服务的线上价格，Q_i^{on} 为经营者线上销售的商品和服务的数量，C_i^{on} 为包含了交易成本的线上生产销售成本。

当

$$P_i^{off} Q_i^{off} - C_i^{off} > 0，但 P_i^{on} Q_i^{on} - C_i^{on} < 0$$

经营者将会选择线下销售，而中断线上销售；

当

$$P_i^{off} Q_i^{off} - C_i^{off} < 0，但 P_i^{on} Q_i^{on} - C_i^{on} > 0$$

经营者将会中断线下销售，而关闭线上销售；

由此可见，P_i^{off}、P_i^{on}、C_i^{off}、C_i^{on} 是经营者最为关注的因素，其中，C_i^{on} 最为关键，其高低决定了线上销售的收入水平。

当

$$P_i^{off} Q_i^{off} - C_i^{off} > 0，且 P_i^{off} + P_i^{on} > C_i^{on}$$

经营者才会保持线上销售的连续性并使 Π_i 最大化。此时，经营者线上销售后每单位所得的交易成本最小，即

$$P_i^{on} = \frac{1 + R_i^{on}}{I_i^{on}} \times C_i^{on} = \frac{C_i^{on}}{I_i^{on}} + \frac{R_i^{on} \times C_i^{on}}{I_i^{on}}$$

其中，R_i^{on} 为经营者线上销售商品或服务的预期利润率，I_i^{on} 为预期销售总额，$\frac{C_i^{on}}{I_i^{on}}$ 表示网上销售平价，即经营者线上销售赚取的每单位收入所需支出的包括交易成本在内的成本，$R_i^{on} \times C_i^{on}$ 表示预期的总利润。

由此可见：

P_i^{on} 取决于 $\frac{C_i^{on}}{I_i^{on}}$ 和 $\frac{R_i^{on} \times C_i^{on}}{I_i^{on}}$ 的高低，即经营者出售的商品和服务的线上定价取决于线上销售总成本和线上销售利润预期。对于经营者而言，其维持线上销售行为的最低要求是

$$P_i^{on} = \frac{C_i^{on}}{I_i^{on}}$$

即经营者线上销售赚取的每单位收入所需支出是包括交易成本在内的成本。这意味着，经营者期望的交易成本传递的最低程度是自己定价的中值，也就是经营者报价的底线。低于这个底线，经营者在线每销售一个单位的商品或服务，就会出现净亏损。

仅当

$$P_i^{on} > \frac{C_i^{on}}{I_i^{on}}, \quad 且 P_i^{on} = \frac{C_i^{on}}{I_i^{on}} + \frac{R_i^{on} \times C_i^{on}}{I_i^{on}}$$

经营者才会保持长期的在线销售行为，因为 $\frac{R_i^{on} \times C_i^{on}}{I_i^{on}}$ 已经包含了经营者希望在线销售获得的利润。

当

$$P_i^{on} = \frac{C_i^{on}}{I_i^{on}}$$

经营者在线销售将会出现萎缩，因为零利润的企业只能维持简单再生产，而无法扩大再生产，经营者无法生存。

因此，在确保 $P_i^{on} = \frac{C_i^{on}}{I_i^{on}}$ 的前提下，$\frac{R_i^{on} \times C_i^{on}}{I_i^{on}}$ 的高低取决于经营者自身

的产品条件和战略目标,即在线交易成本传递的各种条件。一般情况下,由于在线销售竞争十分激烈,经营者为了保持或扩大在线销售,基本上都会把 $\frac{R_i^{on} \times C_i^{on}}{I_i^{on}}$ 维持在较低的程度,以确保竞争力。

然而,在互联网平台企业采取垄断定价、价格歧视或掠夺性定价的情况下,经营者的交易成本必然会随之上升,包含了交易成本的 C_i^{on} 也会随之上升,进而导致无法将 $\frac{R_i^{on} \times C_i^{on}}{I_i^{on}}$ 维持在较低的程度,如此,必然会推动 P_i^{on} 上升。然而,正如前文所述,在平台经济背景下,消费需求的弹性系数低,价格微小的变动都可能造成市场份额的损失,当这种损失达到一定规模时就会造成线上亏本并影响 Π_i,经营者就会重新评估是否继续在线出售商品或服务。

值得指出的是,C_i^{on} 既可能全部由消费者承担,也可能由消费者分担,还可能由经营者全部承担,但即使是由消费者来承担,如果任由交易成本上升,也会导致交易无法继续进行,经营者最终放弃线上交易。

由此可见,互联网平台企业为了争夺用户、抢占市场份额、谋取长远利益而采取的不正当价格行为,虽然能够为广大的消费者提供低价商品和服务,但也存在推高经营者和消费者交易费用的可能性,如果任由这种行为发展下去,在寡头垄断的情况下,市场效率必然会降低,平台经济发展潜力将会受到影响,而社会福利将会受到损害。因此,必须对互联网平台的某些价格行为进行规制,避免其滥用市场支配地位,以维护市场竞争和市场效率,在充分发挥平台经济优势的基础上,实现社会福利最大化。

5.1.4 互联网平台企业价格行为规制的国外实践

互联网平台企业价格行为规制是一项世界性的新课题,欧盟和美国在这方面作出了很多探索。但欧美的探索主要是以反垄断的形式进行的。

5.1.4.1 美国的实践特征

由于美国处于互联网经济的塔尖,处于绝对优势地位,因而在互联网平台企业反垄断规制上表现得较为审慎,在保护消费者利益、维护自由竞争的同时,也高度重视提高市场效率。其主要特点包括以下三个方面:一是在是否采取规制上,以成本—效益分析结果作为是否对互联网企业采取反垄断措施的重要参考,同时,对互联网平台企业价格行为的市场影响范围、损害及传导效应等进行经济学分析。二是维护创新在价值上的优先性。由于互联网平台企业在技术创新中具有重要的引领作用，因而美国始终把创新作为反垄断的重要价值取向，即支持市场集中以促进技术创新，2010年美国新版的《横向合并指南》就要求在反垄断和促创新之间进行平衡，认为必须考虑反垄断对创新的损害。三是充分运用和解制度。由于上述两个特征，在针对互联网平台企业的反垄断实践中，"和解"制度成为一种被广泛运用的制度，表面上是为了提高执法效率和节约法律资源，但本质上仍然是为了增加反垄断规制的灵活性，维护效益和创新优先的价值取向。

5.1.4.2 欧盟的实践特征

与美国相比，欧盟对互联网平台企业的规制要更为严格，经常会开出天价罚单。欧盟对互联网平台企业的规制也主要反映在反垄断措施方面，其特征主要有以下几个方面：一是始终对大型互联网平台企业抱有敌意，防止其垄断行为的影响力传递到其他行业领域，因而采取了同一主体多案并行的调查方式。二是重视数据量的增长和使用对市场竞争的影响，紧盯数据驱动的竞争行为变化及其影响，即如果企业的行为导致了数据集中，就有可能遭受反垄断机构的调查。三是弱化价格因素在反垄断行为中的指标意义，更加关注数据、流量、算法等互联网企业发展的关键要素是否对市场结构、技术创新以及市场环境产生影响。欧盟之所以采取这种价值和技术取向，与其在互联网经济中的弱势地位有关。欧盟关注的是平台生态传导和数据集中效应，而不关注大型互联网企业在技术创新中的地位。

5.2 互联网平台企业价格行为规制的需求分析

互联网平台企业的价格行为规制的需求指的是现有的制度供给与互联网平台发展的现实不完全适应，而且加强制度供给能够有效地降低交易成本，提升市场效率。

5.2.1 互联网平台企业不正当价格行为的主要类型

在市场活动中，互联网平台除了实施普通经营者可能采取的不正当价格行为外，还有可能滥用其市场支配地位，采用三种不正当价格行为。从前文分析可以看出，原有的价格规制相关法律法规不完全适应这些不正当价格行为的规制。

第一种，垄断定价行为。垄断定价行为是互联网平台利用其规模效应和用户锁定效应，一边实施垄断定价以获取不当利润，即互联网平台利用其拥有的巨大用户群体和用户搬迁成本，逼迫用户接受自己的定价，如互联网文学平台利用自己的优势逼迫作者接受自己的定价。垄断定价其实是一种平台经济的市场门槛，不利于新的参与者加入市场，抑制了市场自由竞争，如搜索平台利用自己的市场支配地位，通过竞价方式获取搜索排名费用；又如中国电信在基础接入服务市场上进行垄断定价，而这种不合理的高价通过逐级转嫁，最后落到互联网产业链后端的 ICP 服务商。

第二种，价格歧视行为。价格歧视是指互联网平台根据不同的用户进行不同定价，互联网平台企业的价格歧视行为主要表现为针对不同的群体制定不同的使用价格，如互联网住宿平台利用大数据技术对用户的使用频率进行分析，根据使用频率确定住宿价格，使用越多的用户收费越高。某些支付平台与零售商进行合作，对使用本支付平台的消费者实施价格优惠，也涉嫌价格歧视。

第三种，掠夺性定价行为。掠夺性定价是指互联网平台利用自己的市场优势，将本平台使用费用降至平均成本之下，从而驱逐市场现有对手或阻止新的竞争者进入市场。在平台经济中，无论是先进入者还是后进入者都有可能运用掠夺性定价吸引客户，抢占市场，如网约车平台会以价格补贴或零价格的方式吸引客户使用自己的平台，对于一些小企业而言，根本无力承担利润减少甚至利润亏损，只能退出市场。长此以往，其他市场主体就很难进入相关市场，而原有的互联网平台企业在其他经营者退出市场后，通过提高商品价格弥补前期的利润损失，实现利润可持续增长。

5.2.2 互联网平台企业价格行为规制的供给

互联网平台企业的定价方式包括收取注册费、交易费，二部制定价以及免费等方式，针对这些定价方式，政府应逐步加强与互联网平台发展相适应的制度供给，以促进互联网平台企业健康发展。

5.2.2.1 提出包容审慎的规制理念

近年来，互联网平台经济的发展先后引发了一些经济问题和社会问题，针对这些问题的处理也不断引起社会争议，政府对互联网平台的规制就在这些争议与治理过程中逐步建立起来。但随着对平台经济认识的逐步加深,以及过去"一管就死、一放就乱"的历史经验,政府对互联网平台企业及其价格行为规制理念不同于以往,采取了"包容审慎"的态度。所谓包容审慎,就是对互联网平台发展过程中出现的新兴事物报以宽容态度,对于新出现的问题特别是争议保持谨慎态度,努力做到既积极作为,又不乱作为。这一态度在《关于促进平台经济规范健康发展的指导意见》中体现得较为充分。

总体来看,我国政府和社会各界均将互联网平台视为生产力发展的新成果,是经济发展的新动能,规制的总体方向是降低互联网平台的合规成本,实施包容审慎监管,在鼓励市场竞争、严守安全底线的基础上,为新业态发展留足空间。这与传统价格行为规制在出发点上强调社会影响、方法上"一刀切"、标准上强调严格明显不一样。虽然政府仍然强调互联网不是法外之地,认为互联网平台企业的价格行为规制是必要的,但在具体方式方法上考虑了互联网平台运行的特征以及规制的经济逻辑,不再生搬硬套传统的价格规制理念、制度和行为,强调科学、精准规制。

5.2.2.2 出台专业的规制法律法规

目前,除《价格法》《反垄断法》和《中华人民共和国消费者权益保护法》(下文简称《消费者权益保护法》)三部重要法律之外,我国政府还出台了一些针对性的法律法规,如前文提到的《国家发展改革委关于〈禁止价格欺诈行为的规定〉有关条款解释的通知》《网络交易管理办法》《网络交易价格举报管辖规定》,以及《电子商务法》等。当然,上述法律法规规制的互联网平台的价格行为种类很多,但大多数情况下只有这个平台被视为拥有市场支配地位时,即只有当互联网平台被视为垄断企业时,其部分价格行为才会被视为垄断价格行为。由于互联网平台企业的特殊性,相关法律对其市场支配地位的判断标准也不同于传统平台企业,主要表现为:对传统的垄断企业的认定标准主要包括市场地位、市场绩效和价格行为,当企业拥有市场支配地位时,就可以独立决定某种商品或服务的价格,操作生产和销售,而不必考虑消费者和竞争对手,控制价格和排除竞争。但市场份额的标准并不完全适用于判定互联网平台是否拥有市场支配地位,一方面是因为互联网平台新产品和服务推出的频率高,而且竞争很激烈,一个产品可能会很快占有很高的市场份额,但其他企业的市场占有率很快就会提高,而且平台用户很可能迅速转移至其竞争对手,这意味着互联网平台企业的市场份额并不能证明其市场垄断地位。因此，在对互联网平台企业的价格行为进行规制时，执行主体一般都会小心翼翼，避免简单地套用传统经验。

5.2.2.3 建立共享合作的规制机制

理论上，由于互联网平台改变了传统市场机制运行模式，实现了市场结构的扁平化和市场主体的平等化以及交易行为的及时性和透明化，这些对现有的价格规制模式产生了较大冲击。针对互联网平台价格行为的特殊性，新构建的价格行为规制体系主要包括以下特征：首先是具有平等开放的主体结构。互联网的开放性决定了规制主体的多元化，即允许各主体根据自己的优势、能力与所掌握的资源位序采取不同的共享裁量权，这极大增强了规制行为的正当性。其次是拥有较为灵活的运作结构。规制体系对互联网平台的发展具有较强的适应性，如对网约车平台的规制就受到了质疑。再次是拥有合法合理的方法。现有的价格规制方式较好地解决了游走于法律"灰色地带"的互联网平台的发展与规制问题，在符合基本的法律价值和社会道德的基础上，规制的方式方法应宽松宽容，尽量做到因业制宜。最后是拥有有机统一的治理体系。规制体系不应是一成不变的，而是应根据不同的主体属性、规制目标和治理能力等，选择不同的规制机制。

5.2.3 互联网平台企业价格行为规制的需求

互联网平台企业价格行为规制的需求指对互联网平台价格行为进行规制的相对缺口，主要表现为非正当价格行为的存在以及相应规制体系的不完善。

5.2.3.1 互联网平台企业价格行为规制的制度缺失

单纯从法律法规建设的角度来看，现行的互联网平台企业的价格行为规制的制度体系已经较为完善，但从适应性来看，也存在一些不足，主要表现为以下几个方面。

首先，传统的价格法规不完全适应新的问题。主要表现为价格法规适用范围未涉及互联网平台企业这一特殊的市场主体类型，同时，现有的价格法规对于市场决定价格的竞争性经营者的价格行为是否需要进行规制以及如何规制没有明确的规定。更重要的是，有关价格规制的法律法规存在条文冲突等问题，更加导致了互联网平台企业价格行为规制的复杂性[1]。

其次，互联网平台的市场边界难以确定。传统的经营者所处的市场边界往往是由其经营的商品和服务的销售范围来确定，拥有相对明确的地理空间，认定较为容易。虽然互联网平台企业也是独立的经营者，但由于其经营范围突破了时空限制且存在线上线下交易同步进行的问题，所以很难以产品和服务销售范围来确定其市场边界，同时，也无法从互联网平台企业注册地或其从事的行业来定义市场边界，还需要进一步进行探索。

最后，互联网平台企业的市场支配地位难以认定。传统企业是以自主定价能力为标准，但正如前文所述，由于互联网平台的复杂性，对其进行市场支配地位的认定难度较大，我国现在使用的综合认定、市场份额推定门槛、反向推定等标准和方法都不再适应，逻辑上也存在模糊地带。上述原因造成了互联网平台企业的不正当价格行为的认定过程非常复杂，有些案件甚至不了了之。如，价格补贴行为在传统市场里很容易被定为非法，但在平台经济背景下则难以确定；搜索平台的高额的广告位价差，以及互联网平台为了推广而做出虚假价格承诺等，在平台经济背景下很难用传统的法律予以规制。

5.2.3.2 互联网平台企业价格行为规制的机制不完善

从规制执行的角度来看，针对互联网平台的价格行为规制难以落到实处，执法过程同时存在"不作为"和"乱作为"现象。这些问题产生的主要根源在于执法部门难以按照既定的规制标准对互联网平台企业的价格行为属性进行准确判断，迫使其不得不在"一刀切"和"不作为"两个极端之间进行选择。

首先，相关认知不足。这个问题主要表现为两个方面，一方面是对互联网平台企业属性认识不到位，平台企业虽然是追求利润最大化的市场主体，但与其服务对象，即使用平台的经营者不同，后者有些方面与传统企业并无二致，用约束普通经营者的思路和法律法规去规范互联网平台企业，必然会出现张冠李戴、削足适履等问题，规制变成了限制。另一方

---

[1] 如《价格法》《反垄断法》《中华人民共和国反不正当竞争法》(下文简称《反不正当竞争法》)中关于价格歧视、掠夺性定价、操纵市场价格行为等内容都是不一致的。2020年1月颁布的《〈中华人民共和国反垄断法〉修订草案（公开征求意见稿）》试图解决这一问题，对关于如何认定互联网经营者具有市场支配地位给了明确认定，提出要考虑网络效应、规模经济、锁定效应以及掌握和处理相关数据的能力等要素，也增加了垄断协议的违法成本。

面,对互联网平台的市场边界、行业属性、市场支配能力等的认定标准还很模糊,还不能为互联网平台企业的价格行为规制提供坚实的理论支撑,执法部门和互联网平台企业对于某种价格行为是否属于正当的市场行为认识不同。部分经营者认为市场调节价格,供求关系决定价格,政府不需要对市场价格进行管理。一些执法部门也通常错误地认为市场定价和政府价格管理不能同时存在。

其次,监管力量不足。一方面,监督检查的机制不健全,现有的价格监督检查权多为指导性、建议性的,没有相应的制约措施作配套,相关规定在实践中无法落实到位,价格规制效果不佳。另一方面,价格监督检查力量整合不到位,特别是不同级别的价格主管部门无法科学配合,对价格波动的监督和治理都产生了严重影响。此外,地方执法力量和权威性不够,无法实现有效监管。

再次,信息沟通不便。虽然平台经济背景下,各方面都在呼吁并探索更加高效的信息共享机制,积极建设有效的事前、事中、事后数据共享平台,但在实践过程中三大障碍造成了这种信息共享机制运行并不那么有效。第一,技术障碍。政府与平台之间的技术鸿沟,使得执法机关失去了信息支配者的地位,必须依托网络平台的力量收集信息,而政府鉴别平台提供的信息有一定的难度,加上平台价格行为本身具有隐蔽性,因而造成了取证难。第二,权力障碍。各级执法部门的信息沟通不顺畅,一些基层价格监管机关得不到网络平台和上级部门的配合启动执法工作,而真正实施执法的力量往往又是基层执法机关。第三,法律障碍。互联网平台企业在保护用户隐私和配合执法机关监督二者之间无法实现平衡,互联网平台企业往往以保护用户隐私等名义,拒绝配合执法部门的监督,如滴滴和交通运输部之间的数据对接之争就有这个因素。

最后,部门配合不到位。由于《价格法》规定价格管理由价格主管部门负责,其他部门配合,导致了多头执法,进而影响了价格主管部门的公信力。如《中华人民共和国电信条例》就极大地影响了价格主管部门对电信行业定价行为的管理。同时,传统的政府规制是一种条块管理分割的系统,对于边界清晰的传统产业较为合理。但平台经济属于新兴业态,虽然被视为独立的行业,但与之相应的监管体系没有建立起来,同时,由于互联网平台企业无法被单独纳入传统的行业分类,不适用建立在传统产业分类基础上的产业管制体系,造成了更加严重的多头监管问题。在多头管理情况下，互联网平台企业的价格行为监管受到了更多的部门之间的掣肘，如价格主管部门认定为不正当的价格行为，在行业主管部门看看恰恰是一种值得鼓励的业态创新或模式创新，甚至会得到相应的财政补贴。

5.3 互联网平台企业价格行为规制变迁的效用评价

相对于普通企业，互联网平台企业的价格行为规制成本与收益的构成并无不同，但技术壁垒增加了成本。然而，互联网平台的价格行为规制的可行性分析比传统的价格规制可行性分析复杂得多。

5.3.1 互联网平台企业价格行为规制的成本

互联网平台企业的价格行为规制成本具体可以分为监测成本、决策成本、执行成本、监督成本以及机会成本。

监测成本，是指政府获取互联网平台企业的不正当价格行为线索需要一定的成本。政府主要依靠举报或投诉获得相关线索，这种成本相对较低，但核实和辨识相关线索的成本则较高。总体来看，监测成本在总成本中占比不高。决策成本，是指政府对互联网平台企业的不正当价格行为进行惩罚需要付出的成本，这是一个较为漫长的过程，涉及信息核实、行为研判、不同价值之间的权衡、社会风险研判以及处罚到什么程度等。执行成本，是指使价格行为处罚落实到位需要付出的成本，正常情况下，这是个反复协调沟通的过程也需要付出的成本。监督成本是指对执法行为的监督过程需要付出一定的成本。除了上述成本外，机会成本也是必须考虑的因素。总体来看，监测成本和监督成本在总成本中所占的比重较低，而决策成本和执行成本所占的比重较高，其中尤以决策成本为甚。这与互联网平台企业的特点有关。

正如前文所述，互联网平台企业价格行为规制面临诸多挑战：从不正当价格行为认定标准来看，传统的垄断定价、价格歧视以及掠夺性定价等定义标准并不完全适用于互联网平台企业，其中最重要的是在平台经济背景下，互联网平台企业的价格行为后果与传统市场背景下的平台企业或垄断企业的行为后果不完全相同，甚至完全不同；从证据获取的难度来看，价格监管部门获得互联网平台企业交易信息比较困难，同时，由于存在地方保护主义，互联网平台企业所在地政府更倾向于保护本地企业；从法律依据来看，现有的价格法律法规滞后于平台经济发展的现实，不能简单套用；从规制对象来看，传统的价格规制采取的是属地管理，其前提是交易双方的所在地相同，但互联网平台企业与其交易对象并不一定处于同一个地点，案件发生地的执法部门无法独立研判互联网平台企业的价格行为是否违法；从执法过程来看，由于具体执行部门的行政级别较低且技术较弱，无法直接对互联网平台企业采取强制措施，需要请求上级单位或互联网平台企业所在地政府的支持，这同样是一个较为漫长的过程，增加了规制成本。

此外，由于互联网平台经济是一种新兴产业，被视为一种新的增长点，政府认为是新事物，更倾向于支持其发展，即采取宽容态度而不是约束的态度。这就导致了两种价值观的冲突——是先发展后规范还是先规范后发展，政府往往从现实出发采取前者，并将其解释为顺应产业和科学发展规律的必然选择。在这种价值观的支配下，一切对互联网平台企业的惩罚都有可能被视为与区域发展的迫切需求、与营造优质营商环境的现实需要不相适应。对互联网平台企业的价格行为进行规制面临诸多挑战。

5.3.2 互联网平台企业价格行为规制的收益

理论上，任何一项政府行为的目标都是多元的，其追求的收益都是多方面的。政府对互联网平台企业的价格行为进行规制的主要目标也是为了维护自由、公平和效率等多元价值。互联网平台企业价格行为规制的收益具体包括四个方面：

首先，经营者的收益。政府通过加强对互联网平台的价格行为规制，一方面可以降低经营者的经营成本，提升经营者特别是中小微企业的生存能力和盈利能力，为经营者扩大生产提供基本的保障，而经营者发展规模的扩大又能有效地促进社会生产的扩大。另一方面，政府依法依规对互联网平台企业的不正当价格行为进行惩罚，能够有效减少企业的损失。

其次，平台经济规模。作为一种新兴业态，平台经济本身的发展壮大意味着社会财富的增加、财政征收和扩大就业，是政府追求的重要目标。在政府看来，确保数量可观的互联网平台参与竞争是维持产业规模的重要前提；维持互联网平台与经营者之间的公平交易，是平台经济得以存在的前提；平台经济健康发展，才能确保生产过程的各个环节的继续裂变，创造新的经济单元，延长产业链，做大价值链，提升平台经济的活力。为此，政府必然将互联网平台经济规模作为衡量价格行为规制收益的重要指标之一。

再次，消费者福利。互联网平台企业的价格行为虽然具有一定的特殊性，而且可以为消费者带来更多的福利，但如果一味地放纵其不正当价格行为，最终同样会损害消费者的利益。滥用市场支配地位要么会限制其他互联网平台企业进入竞争，要么会阻碍其他经营者进入市场，要么会极大地损害现有的经营者扩大生产的能力，但无论哪一种消极影响，最终都会减少市场竞争，进而影响消费者的选择权，将消费者的选择范围限制在一定的范围之内。为了操纵价格，互联网平台企业可能会损失部分利益，让利于消费者，但为了弥补这些损失，互联网平台企业必然会将其转嫁给其他经营者或消费者，导致经营者成本的进一步升高。因此，对于消费者而言，政府加强对互联网平台企业的价格行为的监管，可能会伤害其眼前的利益，但从长期来看，能够维护其选择权和长远利益。

最后，社会总福利。社会总福利也可以被解读为社会的总收益，即互联网平台的价格行为规制所产生的所有的收益，包括直接收益和间接收益，因为价格具有传导性，互联网平台企业的价格行为必然会传导至全社会的交易活动。社会总福利不是个体或群体的福利，而是由这些福利构成。个体或群体的福利与社会总福利并不总是一致的，有时候特定个体或群体的福利改进会改进社会总福利，有时候则相反，如互联网平台企业的价格行为并不总能增进社会总福利。因此，为了确保社会总福利的可持续增长，必须适当地牺牲某些个体或群体的福利，或限制其通过不当途径得到的福利。从这一个意义上讲，互联网平台企业的价格行为规制效果是以社会总福利增加与否来衡量的。

可以认为，上述收益均来自政府价格规制对市场竞争的维护。西方经济学理论认为，社会福利来自市场竞争。激烈的市场竞争能够给竞争者带来巨大的压力和动力，能够有效激发市场主体的主动性、积极性和创造性，从而促进经济增长、社会发展和人类进步。但竞争也会带来垄断，造成少数主体支配市场的局面，一旦市场高度集中或市场进入门槛提高，竞争就可能受到影响，进而影响社会福利的增加。由此可见，竞争本身并不能自我维持，需要来自市场之外的力量予以维持和调节。政府对互联网平台企业的价格行为进行规制的过程，就是维持和促进竞争的过程，也是改进社会福利的过程。

5.3.3 互联网平台企业价格行为规制的效用

平台经济中，普通的经营者与传统的市场主体差异并不大，很多经营者仅仅是将其经营活动从线下搬到线上而已，因而仅仅根据成本—收益分析即可对其价格行为规制作出理解。但对互联网平台企业的价格行为规制则不同。总体来看，对互联网平台企业的价格行为进行规制的现实可行性进行研判，仍然需要进行成本—收益分析，但由于互联网平台企业的不正当价格行为难以认定，而且为了维护其利益，互联网平台企业必然利用这一点抵制规制。因而，对互联网平台的价格行为规制是否可行，取决于政府与平台企业基于成本—收益分析基础上的博弈。

5.3.3.1 价格监管部门与互联网平台企业的博弈

本书选用纳什均衡来理解价格监管部门与互联网平台企业之间的博弈[①]。由于规制力度的大小和不正当价格行为收益大小相关，因而政府与互联网平台企业之间存在着博弈。

总体来看，不正当价格行为是互联网平台企业实施的动态行为，其范围和手段都会随着政府的价格规制行为而调整变化。政府若对互联网平台企业的价格行为进行规制，则不正当价格行为可能减少或以更加隐蔽的方式发生；相反，如果没有规制，互联网平台企业的不正当价格行为会不断增多，最终造成市场效率下降，甚至导致市场萎缩。

5.3.3.2 价格监管部门与互联网平台企业的博弈模型分析

假设1：面对互联网平台企业的价格行为，政府的选择有两种，即规制或放任不管。如果政府严格规制互联网平台的价格行为，约束其滥用市场支配地位的行为，能够有效增加市场效率和政府声誉，将规制带来的效用记为 U_0，同时规制成本为 C_0。如政府放任不管，则不仅会导致经营者和消费者利益受损，影响市场效率，也会导致政府声誉受损，受损的效用记为 $-U_0$。

假设2：在拥有市场支配地位的情况下，互联网平台的价格行为有两种选择，即不正当价格行为和正当价格行为。假设当互联网平台 i 采取正

---

① 纳什均衡一般被理解为：博弈中的每个参与人都选择了对自己最佳的对策，改变策略不会使参与人获得增益；在其他参与人不改变行为的前提下，自身行为改变也没有好处。

当价格行为时，其收益为 B_i；当互联网平台 i 采取不正当价格行为时，会出现额外收益 B_i^e。但在价格行为被政府规制的情况下，互联网平台 i 会面临处罚，记为 B_i^f；同时需要对经营者和消费者作出补偿，记为 B_i^d。而在政府进行价格规制的背景下，互联网平台的不正当价格行为并不总是能被发现并受到处罚，假设互联网平台 i 面临处罚的概率为 α，相应地，政府价格监管部门采取处罚的概率为 β。由此可得互联网平台 i 与政府价格监管部门之间的支付矩阵（见表 5-1）。

表 5-1 互联网平台 i 与政府价格监管部门之间的支付矩阵

		政府价格监管部门	
		规制	无规制
互联网平台企业	不正当价格行为	$B_i + B_i^e - \beta B_i^f - \alpha B_i^d$, $U_0 + \beta B_i^f - C_0$	$B_i + B_i^e$, $-U_0$
	正当价格行为	B_i, $U_0 - C_0$	B_i, U_0

当政府对互联网平台的价格行为进行规制时，$B_i + B_i^e - \beta B_i^f - \alpha B_i^d < B_i$

即互联网平台经营者采取不正当价格行为时的收益小于采取正当价格行为时的收益，因此，互联网平台企业就可能选择正当价格行为以获取最大利益；当政府对此不进行规制时，互联网平台企业会收获额外收益 B_i^e。

当互联网平台采取正当的价格行为时，政府不会进行规制，此时的收益是 U_0；当互联网平台采取不正当价格行为谋取利益时，则博弈进入了混合博弈状态，政府的规制策略取决于 $U_0 + \beta B_i^f - C_0$ 与 $-U_0$ 的比较：

当

$$U_0 + \beta B_i^f - C_0 < U_0$$

政府的最优选择是不采取规制，因为规制成本高于规制收益，技术上并不经济。

设互联网平台 i 采取不正当价格行为的概率为 P_i，政府规制的预期收益为 Π_0，则

$\Pi_0(P_i, 1) = P_i(U_0 + \beta B_i^f - C_0) + (1 - P_i)(U_0 - C_0) = P_i \beta B_i^f + U_0 - C_0$；
$\Pi_0(P_i, 0) = P_i(-U_0) + (1 - P_i)U_0 = U_0 - 2P_i U_0$；

令

$$\Pi_0(P_i, 1) = \Pi_0(P_i, 0)$$

则得到概率临界值：

$$P_i = \frac{C_0}{\beta B_i^f + 2 U_0}$$

同样，政府对互联网平台企业的价格行为实施规制的概率为 P_0，互联网平台 i 的不正当价格行为的期望收益为 $\Pi_i(1, P_0)$，采取正当收益的期望收益为 $\Pi_i(0, P_0)$，则

$$\Pi_i(1, P_0) = P_0(B_i + B_i^e - \beta B_i^f - \alpha B_i^d) + (1 - P_0)(B_i + B_i^e);$$
$$\Pi_i(0, P_0) = P_0 B_i + (1 - P_0) B_i = B_i;$$

令

$$\Pi_i(1, P_0) = \Pi_i(0, P_0)$$

则得概率临界值：

$$P_0 = \frac{B_i^e}{\alpha B_i^d + \beta B_i^f}$$

可以看出，基于成本—收益考量，政府是否对互联网平台企业的价格行为进行规制存在混合策略的纳什均衡（$\frac{C_0}{\beta B_i^f + 2 U_0}$ 和 $\frac{B_i^e}{\alpha B_i^d + \beta B_i^f}$），即互联网平台企业根据 $P_i = \frac{C_0}{\beta B_i^f + 2 U_0}$ 来决定是否采取垄断价格、价格歧视或掠夺性定价等不正当价格行为；而政府则根据 $P_0 = \frac{B_i^e}{\alpha B_i^d + \beta B_i^f}$ 来选择是否对互联网平台企业的价格行为进行规制。

综上可以得出如下结论：

当混合策略均衡时，互联网平台企业采用不正当价格行为的概率 P_i 由 C_0、β、B_i^f 和 U_0 决定。当 C_0 越大，即政府规制互联网平台企业的价格行为的成本越大，则实施规制的阻力越大，此时 P_i 越大；β、B_i^f 越大，即政府对互联网平台企业不正当价格行为的触发力度越大，则 P_i 越小；而 U_0 越大，即政府因严格规制收益越大，P_i 越小。

政府对互联网平台的价格行为采取规制的概率 P_0 由 B_i^e、α、β、B_i^f 和 B_i^d 决定。当 B_i^e 越大，即互联网平台企业收获额外收益 B_i^e 越大，意味社会和政府的效用 U_0 会减少，因而 P_0 会越大；β、B_i^f 越大，意味着政府从互联网平台企业收取的罚款越多，意味着政府对其价格行为规制相当严格和有效，政府继续加强对其价格行为规制的可能性 P_0 会越小；而 α、B_i^d 越大，则意味着经营者和消费者得到的收益较多，市场处于有效状态，政府加强

互联网平台价格规制的概率 P_0 越小。

总之，与评价经营者的价格行为规制是否具有可行性相比，决定是否要真正对互联网平台企业的价格行为进行规制要复杂得多。除了要比较规制效用 U_0 和规制成本 C_0 之外，还需要考虑 B_i^e、α、β、B_i^f 和 B_i^d 的具体情况。

5.4　本章小结

互联网平台具有网络外部性、双边市场特征和用户锁定等特征，这些特征使得传统的针对各种平台企业的价格规制手段不再完全适用。但互联网平台企业采取垄断价格、价格歧视和掠夺性定价等不正当价格行为同样会造成交易成本的提升，影响市场效率和社会福利，因而仍然需要政府对其价格行为进行规制。但这种规制是否真正可行除了受成本—收益影响外，还受不正当价格行为给互联网平台企业带来的收益多少、政府现有规制的严格程度、现有规制给经营者和消费者带来的收益等因素影响。但从总体来看，在政府、互联网平台和经营者三方博弈过程中，政府加强价格规制能够有效地增加社会福利。

6 竞争性商品价格水平规制分析

竞争性商品价格水平是价格调节机制运行的结果，是引导市场调节供需的信号。价格调节机制运行是一系列市场要素相互作用的过程，与其他市场机制一样，这个过程并不是零成本的。当价格调节机制运行成本过高时，就会造成价格信号失灵，价格水平无法反映正常的市场供求关系，需要利用"有形之手"进行调整。在平台经济背景下，互联网平台对竞争性商品的价格水平波动产生了一定影响，但这种影响是否足以推动现有的竞争性商品价格水平规制的改变，需要充分讨论。

6.1 竞争性商品价格水平规制的作用机理

竞争性商品价格水平规制是新型价格管理体制的重要组成部分。为了理解政府调节竞争性商品价格水平的合理性，必须首先厘清竞争性商品价格水平规制的内在机理，以便更好地理解和改进竞争性商品价格水平规制。

6.1.1 竞争性商品价格水平规制的基本认识

6.1.1.1 竞争性商品价格水平波动

价格水平波动是商品供求关系变化的外在表现，具有系列衔接性、市场依存性、综合反映性和利益消长性等特征[1]。竞争性商品价格水平波动是一种重要的市场信号，贯穿市场交易全过程，极大地增加了市场的透明度：一方面，竞争性商品价格水平波动较好地解决了信息不对称问题，使

---

[1] 贾秀岩. 价格学原理 [M]. 天津：南开大学出版社，1990：302-311.

得市场主体之间的交易变得越来越容易；另一方面，竞争性商品价格水平波动提升了市场透明度，方便了市场"监管"，通过跟踪研判价格水平波动情况能够把握市场"脉搏"，从而能够根据实际需要调整资源配置，保护和增加社会福利。

我国竞争性商品价格规制体系的建立过程与我国价格改革的过程是一致的，但二者并不是同一的，竞争性商品价格规制体系的建立过程与价格放开的过程并不是同一的。我国竞争性商品价格规制体系的建立有其自身的逻辑，这个逻辑基于改革开放后我国的价格管理实践，即应对实践中存在的问题而采取的措施，而不是计划经济体制下价格管理体制改革不彻底的产物，也不是计划经济下价格管制制度缺陷的改良，而是市场经济发展不同时期对制度的不同需求的结果。总而言之，竞争性商品价格规制有其自身的制度供给动因，其中，有些因素是结构性的，即市场化改革的必然结果，但有些则是人为造成的。

引起竞争性商品价格水平波动的根本原因在于在信息不充分的情况下，市场参与者无效率的决策和行动可能会导致商品的价格弹性降低，即价格信号调节商品的供需的能力降低，甚至功能会暂时失效。引起竞争性商品价格水平波动的直接原因包括通货膨胀、不正当价格行为以及价格形成机制转换。总而言之，竞争性商品价格规制有其自身的制度供给动因，其中，有些因素是结构性的，即市场化改革的必然结果，但有些则是人为的。

价格水平波动频次、方向、时效等不同，对市场主体间的信息交流的影响也不同。总体来看，作为一种市场信号，价格水平波动传递的信息具有以下特点：廉价，即市场主体能够以较低的成本获得这种市场信息；公开，竞争性商品价格水平都是公开的，容易被市场参与者、潜在竞争者、消费者以及市场监管主体发现；共享，理论上竞争性商品价格水平波动情况不仅仅是交易双方以及潜在竞争者独享的，而是由整个市场共享；高频，对于某种商品而言，交易越频繁商品的信息越充分，价格水平波动频率和幅度越小；未来，即价格水平波动调节的是市场主体未来的行为，或者市场主体行为的效果体现在未来。

价格水平波动具有传播性[①]，一种商品价格水平波动必然会导致整个

---

① 冯云廷，李怀. 价格传导机制研究及其现实意义 [J]. 财经问题研究，1997（1）：56-59.

产品链的价格水平波动,因而价格水平波动特别是价格总水平情况一直被视为市场经济运行的晴雨表,或某个行业发展的温度计,既反映社会经济运行总体状况或某个行业发展景气的重要参数,又能够指示市场交易双方采取不同的经济行为维护自己的利益。

理论上竞争性商品价格水平存在涨、跌、平三种状态,即上涨、下跌和稳定三种趋势。每一种趋势反映的市场经济状况不同,而且每种状态下市场主体采取的行为也并不相同。但从长期来看,价格水平波动的最终趋势均为上涨,因此,政府多关注价格上涨水平,不同的国家根据本国国情制定了消费者价格指数(CPI)合理波动区间,一旦超过最高水平就会对价格水平进行规制。

6.1.1.2 竞争性商品价格水平规制的内涵

所谓竞争性商品价格水平规制,是指政府通过经济、法律和行政手段,对某种商品的价格水平或价格总水平的变动进行直接或间接的干预、约束和控制的系列行为总和[1]。竞争性商品价格水平规制是在尊重价值规律和各种价格关系的基础上,根据不同的目标和条件采取的一种宏观调控措施[2],一方面能够弥补市场机制自身的缺陷,另一方面能够创造有利于市场有效运行的良好环境[3],目的是保持价格的基本稳定和促进价格合理形成,进而稳定经济,安定人民生活。之所以需要对竞争性商品价格水平进行规制,是因为价格调节机制本身具有一定的局限性,具体表现在:一是效应的滞后性,即价格调节对经济运行是一种滞后调节。虽然市场化的价格调节机制能够灵敏地反映市场供需,但就具体的市场主体而言,获得、研判价格信息需要一定的时间,根据价格信号组织和调整生产也需要一定的时间,必然会造成价格信号变化与供需调整节奏之间的不一致,供需调整往往滞后于价格信号,完全依靠价格机制进行自我调节可能会引起市场的盲目性。二是价格机制的分配效应,不正常的价格水平可能会导致社会资源的不合理分配,进而造成收入分配的不平等,最终会导致两极分化,甚至社会动荡。三是价格的剧烈波动会扰乱市场信息,甚至会导致市场机制崩溃[4]。因为价格调节机制无法实现价格水平在合理的区间波动,

---

[1] 沈福权.价格调控要不断向纵深发展[J].价格理论与实践,1997(5):15-18.
[2] 肖湘,高峰.浅论宏观价格调控策略[J].学术交流,1990(4):31-35.
[3] 徐丽红.价格宏观调控法律问题研究[M].北京:中国社会科学出版社,2013:19.
[4] 蒋和胜.供求机制不能完全调节价格[J].经济理论与经济管理,1990(2):38-40.

也无法保证形成合理的供需关系，因此需要政府对价格水平进行适度干预。

与公共产品和服务的价格调控不同，竞争性商品价格水平规制是以尊重价格机制的正常运行为前提的：首先，政府的各项规制是建立在对当前价格走势以及经济形势研判的基础上，通过传导机制影响微观主体的价格行为；其次，政府的规制措施应尽可能地不破坏和威胁市场主体独立自主的定价权，即不损害市场化的价格形成机制；再次，政府规制的根本目标是恢复价格的调节功能，引导价格机制正常运行，推动微观市场主体根据商品价值和市场供求采取合理的价格行为，而不是以行政手段取代价格调节功能；最后，理论上政府对竞争性商品价格水平进行规制能够有效弥补市场机制的不足，但实践中，政府的价格水平规制措施并不总是科学的，还需要通过市场反应来进行检验，并根据商品价格水平波动情况进行动态调整。

6.1.1.3 竞争性商品价格水平规制的对象

竞争性商品价格规制的主体是政府，规制对象是"价格水平"或市场价格。但对"价格水平"的理解却不一致。

"价格水平"与"价格总水平"。一些学者将"价格水平"（price level）等同于"价格总水平"（overall price level）。根据《中华人民共和国价格法释义》，"价格总水平"是指"一定时期内全社会所有商品和服务价格的综合平均水平"[1]，是一揽子商品价格的平均和综合，反映了经济的健康程度[2]。"价格水平"是指特定地区、特定时期某一项或多项商品或服务项目综合的平均价格指标，既包括单个商品价格水平、分类商品价格水平，也包括价格总水平。但从实践来看，政府价格调控的对象不完全是"价格总水平"，还包括对某一种或某一类商品价格水平进行规制。因此，"价格水平"的内涵和外延更加广泛，既是宏观经济的概念，也是微观经济范畴。

"价格水平"与"价格指数"。价格水平变动情况往往利用"价格指数"来表达。价格指数是一种用来反映报告周期与基期相比商品价格水平的变化趋势和变化程度的相对数，其中，反映价格总水平的变动叫作"价

---

[1] 卞耀武.中华人民共和国价格法释义[M].北京：法律出版社，1998：26.
[2] 殷霄雯，李永安.政府在稳定价格水平中的经验教训与职能定位：基于政府与市场关系的视角[J].江西社会科学，2014（9）：55-59.

格总指数",也简称"价格指数"。价格指数的类型很多,目前运用较多的是消费者价格指数(CPI)和生产者价格指数(PPI),前者综合反映一定时期内居民所购买的所有消费品(包括货物和服务)的价格变动程度,后者反映生产者在初级市场(非零售市场)上出售或购买产品的价格变动情况[1]。除此之外,我国统计部门编制的价格指数还有居民消费价格指数、工业品出厂价格指数等。"价格指数"是反映某一时期内商品和服务项目价格水平变动的方向、趋势和程度的经济指标,是显示价格水平动态变化情况的工具,是一个相对量,而"价格水平"则是绝对数。

无论是某类商品或服务项目的价格水平还是价格总水平,其形成都会受到各种市场因素的影响,当这些因素发生变化时,竞争性商品价格水平也会发生变化。由于竞争性商品的价格并不是孤立存在的,都处于不同的流通环节上,彼此之间存在着复杂的联系,某种商品价格水平的变动往往会超出自身的范围,带来纵向(产业链方向)或横向的连锁反应。当价格水平波动超过一定的幅度时,其影响无法被其他因素抵消,就会引起不同商品的比价变化,当价格上升部分与价格下降部分不能相互抵消,就会导致价格总水平的变动。因此,价格水平规制不仅应该关注价格总水平的急剧波动,还应该关注单个商品或服务项目价格的大幅波动,避免因某种商品价格水平的急剧波动导致价格总水平的大幅波动,甚至造成严重的通货膨胀或通货紧缩。

6.1.2 竞争性商品价格水平规制的实践内容

6.1.2.1 竞争性商品价格水平规制的具体实践

目前,我国对竞争性商品价格水平调控的有关规定主要体现在《价格法》中。虽然《价格法》调控的对象是全社会商品和服务价格加权平均指数,但在实践过程中,政府还对部分重点竞争性商品的价格水平予以重点关注。

现有的竞争性商品价格水平规制主要包括以下内容:

根据规制范围,竞争性商品价格水平规制方式可以分为综合规制、总体规制、重点规制和非重点规制四种。其中,综合规制是综合运用各种手段对剧烈波动的竞争性商品价格水平进行多层次、多角度、全方位的干预,确保各种商品之间形成合理的比价关系,防止个别部门牟取不合理的

---

[1] 袁卫. 统计学 [M]. 北京:高等教育出版社, 2009: 307-308.

利益，维护公平合理的竞争环境；总体规制，重点是对价格总水平的规制，避免价格的剧烈波动影响国民的生活水平和社会的安定和谐，每年国家对 CPI 进行规划、监测和干预即是如此；重点规制，是对引起市场混乱甚至社会经济问题的某些重点商品进行规制，如对房地产市场的规制即是重点规制；非重点规制，是一种暂时的、短期的价格调控，范围有限，力度有限，如对"蒜你狠""豆你玩""苹什么""姜你军"等价格问题的干预等。四种规制方式彼此之间并非是互相排斥的，在某一时间内是有可能同时运用的①。

《价格法》对价格水平规制的相关规定比较多，主要包括以下几种措施：综合运用货币、财政、投资、进出口等方面的政策和措施；建立重要商品储备制度，设立价格调节基金等，调控价格，稳定市场②。为了防止滥用政府手段干预市场竞争，《价格法》仅仅赋予国务院和省级人民政府竞争性商品价格水平规制权限，且省级人民政府采取价格水平规制措施时必须报国务院备案③，其他各级人民政府及政府部门均无权实施这项权力。这一规定确保了价格水平规制建立在尊重价值规律和市场机制的基础之上。

《价格法》对价格水平规制的措施和规制的主体进行了明确规定④，这些规定确保了价格水平规制建立在尊重价值规律和市场机制的基础之上。根据规制手段属性，可以将价格水平规制手段分为经济手段、法律手段和行政手段⑤。目前，我国已经基本形成了以经济手段和法律手段为主、以行政手段为辅的价格水平规制方式，对价格水平的变动进行直接或者间接的干预和约束。其中，经济手段是运用经济措施和政策工具调节商品供需、控制物价总水平。法律手段是国家通过制定价格法律和法规的形式调节物价，具有规范性、严肃性和稳定性的特点。行政手段，是政府及有关物价管理部门运用行政命令的方式直接管理部分商品价格的方式。

竞争性商品价格规制的基本手段见表 6-1。

---

① 陈家国. 谈市场经济体制下对价格的调控问题 [J]. 价格月刊，1994（9）：14-15.

② 还有其他一些措施，如，实行农产品价格保护制度，在粮食等重要农产品的市场购买价格过低时，可以在收购中实行保护价格，并采取相应的经济措施保证其实现；对部分商品价格采取限定差价率或利润率、规定限价、实行提价申报制度和条件备案制度等干预措施；可以在全国范围内或者部分区域采取临时集中定价权限、部分或者全面冻结价格的紧急措施。

③ 刘定华. 肖海军. 宏观调控法律制度 [M]. 北京：人民法院出版社，2002：437-438.

④ 同③：437-438.

⑤ 刘学敏. 中国价格管理研究 [M]. 北京：中国社会科学院出版社，2000：82.

表 6-1 竞争性商品价格规制的基本手段

规制手段	具体方式	内　容
经济手段	货币政策	调节市场货币供应量和货币使用方向，从而实现国家对市场货币流通量的调节，达到调节社会总需求和总供给的平衡，实现价格总水平的稳定
	财政政策	通过调节政府行政支出的安排，即调节政府预算支出的变化引起相应的对商品及服务购买数量的变化，从而引起总需求和价格总水平的变化
	投资政策	通过调节投资总规模，促进社会总供给与社会总需求的基本平衡，从而实现价格总水平的基本稳定
	进出口政策	在市场供不应求的情况下，政府可以通过采用限制出口、扩大进口的政策手段；在市场供过于求的情况下，政府可以采取限制进口、鼓励出口的政策手段，从而达到稳定国内价格总水平的目的
	重要商品储备制度	政府为平抑或稳定某些重要商品市场价格水平，建立起这些商品的调节性库存，通过吞吐存量来调控市场价格的管理制度，包括重要商品储备的设置、重要商品储备的商品选择、重要商品储备的使用
	价格调节基金制度	政府为了平抑市场价格，用于吞吐商品、平衡供求或者支持经营者的专项基金，主要内容包括价格调节基金的设置范围、价格调节基金的筹集
法律手段	《价格法》《反不正当竞争法》等	明确各级政府及价格管理机关的权限、隶属关系、管理范围、调节方式、调节手段等，规范政府价格规制标准、程序和方式，保障市场主体利益，维护经营者公平竞争，确保价格水平
行政手段	保护价格	在粮食等重要农产品的收购价格过低时，为了保护生产者和消费者利益实行的一种最低保护价，即规定最低收购价格。当市场价低于保护价时，按保护价收购
	限定差价率或者利润率	当某些商品和服务价格显著上涨或者有可能上涨时，规定经营者的进销差价率、批零差价率或者经营的利润率，以控制价格上涨
	规定限价	当某些商品和服务价格显著上涨或者有可能上涨时，对出售或者购买某些商品或者提供服务所规定的价格限度。限价有最高限价与最低限价
	提价申报制度	由经营者自主制定的比较重要的价格，在一定的特殊时间内，为控制价格过高或者频繁上涨，维护市场价格秩序，经营者在提高价格时，必须在规定时间内向价格主管部门申报。价格主管部门批准，经营者可以提价；价格主管部门没有批准，经营者就不能提价

6　竞争性商品价格水平规制分析

表 6-1(续)

规制手段	具体方式	内　　容
	调价备案制度	由经营者自主制定的比较重要的价格，在一定的特殊时间内，为控制价格过高或者频繁上涨，维护市场价格秩序，经营者在提高价格时，必须在规定时间内向价格主管部门备案。对提价不当的，价格主管部门有权责令其不提价、少提价或者推迟提价，经营者必须执行；在规定的时限内，价格主管部门没有提出异议，备案视作同意，经营者可以提价
	集中定价权限	在特殊情况下，将定价目录规定的政府有关部门的定价权，临时收归本级政府、上一级政府或者价格主管部门
	部分或者全面冻结价格	在特殊情况下，政府采取的临时性管制价格的防范性措施，即规定在一定时期内，价格保持在现有的水平，不得提高

6.1.2.2　竞争性商品价格水平规制的特点

与竞争性商品价格行为规制相比，竞争性商品价格水平规制具有自身的特点，主要表现在以下几个方面：

从规制的原因来看，对竞争性商品价格行为进行规制的直接原因在于经营者的不正当价格行为。经营者的不正当价格行为根源于机会主义。但竞争性商品价格水平规制的直接原因却不是经营者的违法行为，相反，经营者的一切行为都是合法的。价格调节机制失灵导致价格不能正常反映供求关系，进而造成资源配置不合理和国民生活水平下降，甚至会导致经济社会发展的延滞，这是竞争性商品价格水平规制的直接原因。

从规制的层次和方式来看，竞争性商品价格行为规制的对象是微观的经营者行为，是一种微观的、直接的规制，主要通过法律手段和行政手段纠正或禁止经营者的不正当价格行为。相反，竞争性商品价格水平规制虽然改变的是微观的经营者行为，但最终的目标是调节市场的供求关系，并不关注某个具体的经营者的具体价格行为，是一种宏观的兼有直接方式和间接方式，且规制手段更加多种多样。

从规制的主体和对象来看，竞争性商品价格行为规制主体包括各级人民政府和各级人民政府的价格主管部门，通过价格执法的方式，确保有关价格的法律法规落实到位，维护公平、透明、竞争的市场环境；但竞争性商品价格水平规制的对象是某类商品价格水平或价格总水平，避免价格剧烈波动破坏经济社会发展进程，最主要的主体是国务院，省、自治区和直辖市进行相关价格规制的措施必须向国务院报备，省级以下人民政府及其价格主管部门无权进行价格水平规制。

从规制的目标来看，竞争性商品价格行为规制的主要目标是避免因信息不对称和机会主义造成的价格形成成本过高，增加消费者和经营者价格决策成本，降低经济活动频率；竞争性商品价格水平规制的目标是恢复或提升价格调节机制的功能，一方面提升价格信号的灵敏性，避免价格信号失灵；另一方面减少价格调节的时滞效应，缩短价格信号形成与供需关系改变之间的时间，恢复价格机制的调节功能。

竞争性商品价格行为规制与竞争性商品价格水平规制之比较见表6-2。

表6-2 竞争性商品价格行为规制与竞争性商品价格水平规制之比较

	规制层次	调控方式	规制手段	规制主体	规制对象	规制目标
价格行为规制	微观规制	直接规制	法律手段、行政手段	各级价格主管部门	经营者的不正当价格行为	维护价格形成机制
价格水平规制	宏观规制	直接规制、间接规制	经济手段	国务院及省级人民政府	某类商品价格水平或价格总水平	恢复或提升价格调节机制

6.1.3 竞争性商品价格水平规制的作用机理

6.1.3.1 价格调节机制

要理解竞争性商品价格水平规制，必须先了解价格调节机制是如何运作的，又是如何失灵的。

价格调节机制的内涵。价格调节机制的定义大同小异，简言之，就是价格信号引导市场主体调节资源配置的机制。价格水平变动与供求关系存在内在联系，并与供求关系同时存在正相关或负相关。价格调节机制不仅是价格机制的主体，而且是整个市场机制的核心，价格水平波动，既能刺激微观市场主体调整经济行为，如改进技术、创新产品、降低成本等；又能从宏观上调节社会各生产部门的要素配置情况，调整资金、劳动力、自然资源等在各社会生产部门之间的分配[①]。通过价格反馈机制，价格调节机制与价格形成机制形成了一个相互联系的反馈环路，即价格波动—供求

[①] 邓学文，范尊武.价格机制的转换：一场深刻的市场革命[J].广西社会科学，1993（5）：24-27.

调整之间的循环往复，确保了价格机制运行的连续性，进而推动生产要素的不断优化组合并实现供给和需求之间的均衡。

价格调节机制的运行动力。价值是价格的基础，价格是价值的货币表现。价格调节机制运行过程本质上是一种价格与价值关系的矫正过程，价格与价值的偏离是其持续不断运行的动力之源。在竞争性商品价格一定的情况下，价格的偏离形成了企业的利润空间。价格水平的波动造成了企业盈利空间的变化，触动了企业的根本利益，必然刺激企业调整自己的要素配置策略，尽可能将要素配置到利润更高的部门或环节[1]，进而引起价格与价值的新变化。可以说，价格调节机制的运行过程实际上是价格与价值的一致与背离的矛盾运动过程，"如果没有价格背离价值，也就没有价格机制的调节作用。"[2] 价格与价值之间的矛盾运动过程是价格调节机制发生作用的内在机制。

价格调节机制的功能。价格调节机制体现了价格的表价、核算、信息和分配四大功能[3]，与价格形成机制相比有自身的特点：利益性，价格水平的波动造成了市场参与者收入的增加或减少，改变了市场原有的利益格局；诱导性，市场活动中价格是一种释放利益的诱导信号，显示着利润的空间和利润生产领域，能够诱导市场主体调节生产；分配性，价格与价值的一致或偏离意味着社会福利分配是否公平，交易双方成本是否得到了恰当的补偿，此外，价格波动还会引起社会劳动分配的调整。

价格调节机制的效应。调整生产要素的配置是价格调节的最终结果，这种结果直接表现为一些可见效应：同价效应，即"一物一价"，在同一个市场范围内，一个商品一种价格进而导致不同企业不同的利润水平；结构效应，商品价格的比例关系造成了一种商品价格的变化引起其他商品价格变化，进而导致价格总水平结构的变化；连锁效应，即一种商品价格变化会触发相关商品价格的同向连续波动；替代效应，即当一种商品价格大幅度上涨时，消费者可能会选择功能或质量相同、相近但价格相对较低的

---

[1] 隋广军.国家调控价格杠杆与价格自动调节机制的比较研究［J］.暨南学报（哲学社会科学），1987（2）：12-17.
[2] 张剑辉.论市场性价格机制［J］.湖南商学院学报，1995（1）：3-8.
[3] 同[2].

商品代替①。

6.1.3.2 价格调节机制失灵的发生机理

Hayek 认为，价格机制能用最简短的方式传递分散在每个人手中的专有知识，这是其他机制不能比拟的②。理想的价格调节机制只有在完全竞争市场中才会存在，在此情境下，市场参与者能够作出"序贯决策"，即针对价格水平的每一次波动选出平均收益最大的方案，通过反复循环这种选择，最后实现效用最大③。在这种状态下，价格调节机制以近乎零成本的状态运行，实现对资源的有效优化配置。

实际上，价格调节机制并非完美无缺，在特殊的情境下，甚至可能是一种高成本的调节机制，使得市场参与各方产生误判，降低市场交易效率。其根本原因在于，在不确定的市场环境下，市场参与者可能无法有效研判进入/退出市场的机会成本④。如，对于市场参与者而言，价格信号包含的信息并不一定是充分的，一方面，价格波动频率越高、幅度越大，研判成本越高；另一方面，商品价格不一定反映商品的真实价值，需求方难以判断价格的真实性。这些不确定因素造成了应对价格波动的决策是一种非确定型决策，很难保证每一次决策都是最有效率的决策。其中，机会成本的不确定性是决定市场主体决策效率的关键，最终决定了价格调节机制的运行成本——交易成本的高低。

关于决策中决策主体参考的机会成本问题，有学者认为应该是决策者"所放弃的其他选择中能带来的最高收入"⑤，或为了得到某种东西而必须放弃的所有其他东西的最大价值⑥；也有学者认为应该是指"放弃其他所有选择的平均净收益"⑦。无论是"最高收入""最大价值"，还是"平均净收益"，都蕴含着以下意思：一是机会成本是多种多样的，二是机会成

---

① 胡援成.价格调节机制与市场优化 [J].当代财经，1989（2）：35-38.
② HAYEKY F A. The use of knowledge in society [J]. American economic, 1945, 35 (4): 519-530.
③ 王玉民，周立华，张荣.序贯决策方法的应用 [J].技术经济，1996，(11)：57-59.
④ 进入市场包括参加市场交易、继续原有的市场活动、保持或增加原有的生产或消费计划等各种状况；退出市场包括退出原有市场活动或减少特定的经济行为。
⑤ 高鸿业.西方经济学（微观部分）[M].北京：中国人民大学出版社，2004：154-155.
⑥ 池峰.机会成本内涵、表达与使用的探究 [J].长春理工大学学报，2011（11）：27-29，42.
⑦ 王威.沉没成本与机会成本决策相关性辨析 [J].财税研究，2015（13）：238-240.

本是清晰的、能够确定的，三是机会成本是静止的，否则便不能比较。在此条件下，"经济行为人拥有完全充分有序价值偏好、完全预期和完全计算能力。"[①] 但实际上机会成本是一种主观评估结果，不仅存在多种可能性，而且具有不确定性。

造成机会成本不确定性的原因有以下几点：一是市场环境的复杂性。当价格水平波动时，市场参与者所面临的是一个由众多主体构成的复杂市场环境，决策者很难获得所有的市场信息，也很难及时对信息的重要性进行辨别。二是市场环境的动态性。价格水平的不断变动造成市场均衡的破坏，进而带来市场环境或大或小的变动，市场参与者的选择方案及机会成本也处于不断的变动之中，很难确定。三是市场机会的无限性。经济活动中的"机会"具有无限性，未知的机会成本会向最大化和最小化两个方向无限发展，但作为市场参与者无法准确把握未知的机会成本具体往哪个方向发展。但"不确定性"并不意味着机会成本不存在或没有意义，相反，正是机会成本的存在才使稀缺世界中的决策变得有意义。

决策过程是一个选择的过程，可以具体为机会成本选择的过程，决策成本可视为机会成本评估过程，即价格调节机制的运行成本关键在于机会成本的评估过程。在理想状态下，当价格水平波动时，市场参与者面对的市场环境是确定的，信息也是对称和充分的，因而各种机会成本是确定的，此时选择的难度最小，决策成本最低，市场参与者的行为最有效率。在实践中，当价格水平波动时，市场参与者面临的是一个不确定的市场环境，交易双方的信息也是不对称的，决策者面临的机会成本是不确定的，一方面，单个具体的机会成本无法衡量，确定其他选择的"平均净收益"具有较大的难度；另一方面，无法对所有机会成本进行排列，找出能够带来"最高收入"或"最佳价值"的其他选择的难度也较大，此时决策的成本大大上升，市场行为的效率大大降低。

"机会成本作为一种观念性的成本比较……是强条件限定性的。"[②] 在机会成本是确定的，评估是有可能的前提下，决策者会运用机会成本；在市场信息完全缺失以至于无法对机会成本进行任何形式的评估时，决策者

---

① 伊特韦尔. 新帕尔格雷夫经济学大辞典 [M]. 陈岱孙，译. 北京：经济科学出版社，1996：93-95.

② 陈彩虹. 机会成本的不精确性与投资决策 [J]. 财经问题研究，1998 (7)：20-24.

是"不会考虑机会成本的",因而实践中机会成本可利用程度是有条件的[1]。由于"个体的行为强度与其对信息的控制感成正比"[2],因而随着市场环境不确定性的增强,市场参与者对市场信息的控制感会越来越少,从而评估进入/退出市场机会成本的不确定性越来越强[3],导致决策成本变得越来越高,市场参与者行动效率变得越来越低。

一旦评估机会成本的成本达到一定水平,就会出现"延迟决策"现象,即不确定的经济环境会"对企业决策产生了负向影响,企业倾向于降低投资、推迟决策以等待不确定性的消失"[4],有研究表明,市场环境不确定会使企业做出理性的"延迟退出"决策;同时,市场环境不确定会引发"消费者困惑",消费者趋向于采取"延迟决策"[5]。此外,市场中企业数量越多、交易越频繁、信息越容易取得,确定机会成本的代价越小,进入/退出市场的速度(决策)越快,相反,速度(决策)则相对较慢[6]。极端情况下,即当市场环境绝对不确定时,机会成本处于绝对不确定的状态,"我们现有知识不足以算出一个正确预期",评估机会成本将是无限的,无法做出任何决策,人们只能相信市场现状将会"无限期继续下去"[7],因而会持续保持既有的经济行为。

至此,可以将价格调节机制失灵的发生机理概括为机会成本不确定性导致的高成本的决策过程,即在特定的商品市场中,价格水平波动所提供的信号并不一定是充分的,不确定的市场环境造成了市场参与者决策的机会成本的不确定性。机会成本的不确定性导致了决策成本的生成和变化,进而影响了市场参与者的行动效率。当机会成本不确定性逐步增强时,市场参与者的决策成本也会逐步增加——作出进入或退出市场决策的难度增

---

[1] 陈良.对相关决策成本有关问题的探讨[J].中央财经大学学报,2006(8):93-96.

[2] AJZEN I. The theory of planned behavior [J]. Organizational behavior and human decision processes, 1991 (50): 179-211.

[3] GURBAXANI V, WHANG S. The impact of information systems on organizations and markets [J]. Communications of the ACM, 1991, 34 (1): 59-73.

[4] 张慧,江民星,彭璧玉.经济政策不确定性与企业退出决策:理论与实证研究[J].财经研究,2018(4):116-129.

[5] MITCHELL V W, PAPAVASSILIOU V. Marketing causes and implications of consumer confusion [J]. Journal of product& brand management, 1999, 8 (4): 319-342.

[6] 周开国,闫润宇,杨海生.供给侧结构性改革背景下企业的退出与进入:政府和市场的作用[J].经济研究,2018(11):81-98.

[7] 凯恩斯.就业、利息和货币通论[M].高鸿业,译.北京:商务印书馆,2005:96-98.

加,进而影响了市场参与者的行动效率——将决定付诸行动的效率。当决策成本提高到一定程度时,市场参与者更可能倾向于"延滞决策",即保持原有的市场行为等待机会成本研判成本降低,甚至相信现有的市场趋势能够持续下去,进而保持原有的经济行为,价格调节机制失灵的发生机理见图6-1。在这种情况下,价格的调节功能失效,市场可能出现"越贵越买"等现象。

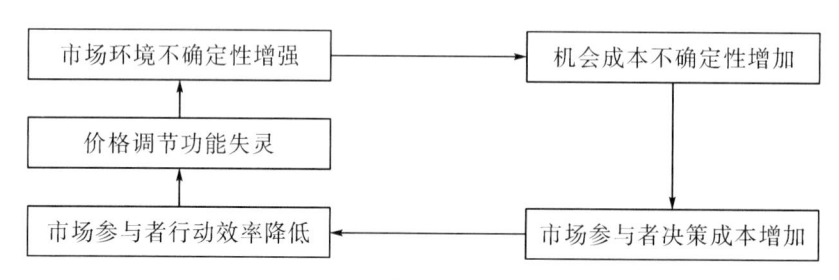

图6-1　价格调节机制失灵的发生机理

由此可以看出,价格调节机制失灵的根本原因在于,在市场交易中,并不是所有的决策都是确定型决策（decision making under certainty）。确定型决策是指决策者所面临的环境是确定的,市场参与者的决策是既定信息下最大效用的行为。确定型决策下,价格水平波动能够迅速触发商品供求格局的调整,市场参与者在感受到价格信号变化后,能够以极低成本甚至零成本进行决策,并通过具体的进入市场或退出市场的行动表现出来。总而言之,确定型决策下,价格调节机制的运行成本极低,甚至是零成本的,此时市场效益最优。

事实上,市场主体面临的多是非确定型决策（decision making under uncertainty）。确定型决策有三个基本前提:目标和问题清晰;信息充分,能够对不同的备选方案进行评估;能够预测未来可能发生什么[1]。然而,市场参与者的认知能力有限,其所处的环境充满了不确定性,市场参与者的决策多是在不确定的环境中作出的。市场主体所面临的市场环境是动态的、复杂的和不可预测的。市场参与者必须在不确定的情境下进行决策,而在高度不确定的环境下,理性预测是不可行的[2]。古典经济学已经对不

---

[1] SARASVATHY S D. How do firms come to be? Towards a theory of the prefirm [D]. Pittsburgh: Carnegie Mellon University, 1998.

[2] SARASVATHY S. Causation and effectuation: toward a theoretical shift from economic inevitability to entrepreneurial contingency [J]. Academy of management Review, 2001, 26 (2): 243-263.

确定性环境下的决策进行了研究，1921 年，经济学家 Knight 首次提出不确定性的概念，并将其与风险的概念相区别，认为风险是可度量的，即决策结果的概率分布是可知的；而不确定性是指决策者无法预估决策结果的概率分布，甚至连决策结果本身都有可能是未知的[1]。20 世纪 50 年代，Simon 系统地质疑了确定性假设的前提，认为完全理性和确定性环境都是不存在的[2]，因而备选方案和预期存在不确定性[3]。在 Simon 理论的基础上，先后发展出预期效用理论[4]、一般预期效用理论[5]和前景理论（prospect theory）[6]。

以决策情境的不确定性为假设发展起来的行为决策被称为非确定型决策，即在决策所涉及的条件是未知的且各种自然状态出现概率无法预测条件下所做的决策。根据 Knight 的理论，非确定型决策又具体分为两种——风险决策和模糊决策，前者指虽然不确定决策所涉的随机因素，但能够指导这些因素的概率分布；后者又称为不确定型决策，是指各种自然状况出现概率无法预测的决策[7]。但无论是哪种决策，其核心都是有限理性的决策者如何克服不确定性，从而实现方案最优和行动最优的。

在价格水平较大幅度波动的情况下，市场参与者面临的是一个充满了不确定性和模糊性的市场环境[8]，这个市场环境存在两个或两个以上的随机的自然状态，人们并不是生来就具备运用经济学和概率论分析问题和做出判断的，以预测和计划为核心思想的相关决策理论难以成立，市场参与者也无法通过准确估计系统行动方案所处状态概率进行决策[9]。因此，当价格水平急剧波动时，市场参与者只能在信息及所掌握资源条件的约束下

---

[1] KNIGHT F. Risk, uncertainty and profit [M]. New York: Sentry Press, 1921: 36.
[2] TALCOTT P. The structure of social action [M]. New York: Mc Graw-Hill Press, 1937: 145.
[3] 西蒙. 管理行为 [M]. 詹正茂, 译. 北京: 机械工业出版社, 2016: 71.
[4] PETER M T, GERD G. Bounding rationality to the world [J]. Journal of economic psychology, 2003, 24 (2): 143-165.
[5] FOSS N J. Bounded rationality in the economics of organization: "much cited and little used" [J]. Journal of economic psychology, 2003, 24 (2): 245-264.
[6] TVERSKY A, KAHNEMAN D. Judgment under uncertainty: kahneman and biases [M]. Cambridge: Cambridge University Press, 1982: 38.
[7] ELLSBERG D. Risk, ambiguity and the savage axioms [J]. Quarterly journal of economics, 1963.
[8] 崔连广, 张敬伟, 邢金刚. 不确定环境下的管理决策研究: 效果推理视角 [J]. 南开管理评论, 2017 (5): 105-115.
[9] 摩根. 不确定性 [M]. 王红漫, 译. 北京: 北京大学出版社, 2011: 16.

进行非确定型决策。在不确定的市场环境下，市场参与者要根据商品价格波动导致的所有可能出现的随机市场状态提出备选方案，并对各种方案进行评估和选择，决策成本要远高于确定型决策。由此可见，与其他制度一样，价格调节机制运行是存在成本的。

6.1.3.3 竞争性商品价格水平规制的作用机理

对竞争性商品价格水平进行规制具有经济上、政治上的动力，但其内在的逻辑在于：作为市场机制的重要组成部分，价格机制也存在失灵问题，需要政府的有形之手进行弥补。实践中，虽然市场参与者的确通过价格信号来了解现状和预测未来，并相应调整自己的经济行为[①]，但商品的价格敏感性实际上是由人的决策和行为的效率决定，即便价格信号是准确的，对于具体市场参与者而言也不一定是充分的或及时的，市场主体作出进入或退出市场的决策并付诸实践并不一定就是有效率的。简而言之，在信息不充分的情况下，市场参与者无效率的决策和行动可能导致商品的价格弹性降低，即价格信号调节商品的供需的能力降低，价格功能甚至会暂时失效。竞争性商品价格水平的急剧波动不仅会在短时期内影响国民的生活质量，而且会影响资源配置效率，进而影响经济的可持续发展和社会福利的改进。

作为政府调节经济、维护和增进社会福利的重要内容，竞争性商品价格水平规制的动因可以从价格调节机制之不足和政府调节的优势两个方面来分析。

从价格调节机制特征看，竞争性商品价格水平规制的直接原因在于价格调节机制运行失灵。价格调节机制运行是由一系列的决策构成，在资源稀缺的世界里，决策具有机会成本[②]。可以将价格调节机制运行的过程看成是由一系列决策构成的交易过程。在机会成本越来越不确定的情况下，市场参与者的决策成本越来越高，当这个成本超过一定水平时就会导致"延滞决策"现象，即市场参与者会延滞作出进入/退出市场的决策，进入/退出市场的行动效率因而降低，生产要素配置仍然会按照既定的趋势发展下去，价格水平会保持既定的趋势发展下去，并导致新一轮的上涨或下降，如此往复。当决策成本（交易成本）过高，以至于市场参与者行动效

[①] 汪钰华.弱价格信号条件下的协调机制：论现阶段我国宏观经济的控制和调节[J].经济理论与经济管理，1986（6）：10-16.

[②] 萨缪尔森，诺德豪斯.经济学[M].萧琛，译.北京：人民邮电出版社，2008：145.

率下降到价格信号失灵时,价格调节机制失灵,就会出现取代价格机制作用的非市场化的调节方式①,需要借助"有形之手"来降低价格调节机制的运行成本,从而恢复价格信号的调节功能。

价格调节机制失灵的原因在于个体理性的不足。"价格机制是一种分散性的协调机制,"使得各类经济主体能够在市场交易中自发地调整自己的行为②。这种机制建立在个体理性基础之上,当价格水平波动时,每个市场参与者都独立运用自己的理性自主决策,根据价格上升和下降做出进入或退出市场的决策。但建立在个体理性基础上的个人决策的局限性非常明显:一方面,满足个人决策的市场条件并不总是完善的,即充分而对称的信息并不总是存在;另一方面,个人决策者并不总是运用统计知识、逻辑能力计算不同自然状态下决策的机会成本或收益、损失。事实上,作为市场参与者对市场信息的掌握十分有限,当价格波动幅度超出正常预期时,独立的市场参与者往往只能通过单纯的价格波动信号来研判市场的供求状况,并做出决策。根据集体行动理论,众多个体的理性决策可能会带来集体行动的不理性,导致价格调节机制失灵。

从政府角度来看,对价格水平进行规制的动力在于群体决策的优势。所谓群体决策是相对于个体决策而言的,即多个个体参与市场分析和行动决策的过程。虽然群体决策具有反应慢、效率低等缺点,但其优点也是不可忽视的,其中最重要的是可以克服个体知识、信息、能力等方面的不足,而兼顾多方面的利益③。政府决策是群体决策的典型代表,当价格水平波动超出正常预期时,来自不同部门的个人能够更广泛、更全面、更准确地接收市场信息,能够对商品价格对价值的偏离情况做出更准确的判断,且能够提出更多的解决方案,进而弥补个体理性之不足。

政府价格水平规制根源于集体理性的支配。个体理性追求的是个体利益的最大化,而集体理性考虑的则是特定群体或整个社会的利益最大化④,政府是集体理性的化身和实践者。价格调节机制的失灵是个体理性被无限夸大和放任的结果,其结果必然导致所有市场参与者都面临"囚徒困境",

---

① 科斯.企业市场与法律[M].盛洪,陈郁,译.上海:生活·读书·新知三联书店,1990:105.
② 万解秋,李慧中.价格机制论[M].上海:生活·读书·新知三联书社,1989:13.
③ 任福兵,李玲玲.国外群体决策研究进展[J].现代情报,2018(5):172-177.
④ 詹宏伟.个体理性与集体理性的冲突与和解:兼论我国转变发展方式的一条独特途径[J].甘肃理论学刊,2014(1):91-95.

最终伤害群体或整个社会的长远发展。价格水平规制可以视为为实现集体理性而采取的强制措施，通过经济、法律或行政手段降低交易成本，确保市场参与者能够充分交流并达成合作，在尽量满足独立的市场参与者诉求的同时，实现社会的长远发展。

由此可见，价格水平规制的关键是降低市场环境的不确定性，进而降低机会成本的不确定性，尽量减少生产参与者的决策成本，进而提升市场交易的效率。

如前所述，价格调节机制失灵被视为市场信息不确定的结果，因此价格水平规制的主要目标是改善市场信息，进而恢复价格的本性。价格水平规制作用机制包括以下几个环节：政府研判市场发展趋势或经济形势，通过规制价格水平为市场参与者提供更为全面和准确的市场信息，提升市场参与者研判不确定性的市场环境的能力，降低决策机会成本的不确定性，进而降低决策成本，提升市场参与者的行动效率，在一定程度上恢复价格的本性[1]。由此可见，通过提供更全面的信息，降低机会成本的不确定性是价格水平规制的关键。

价格水平规制降低机会成本不确定性的重点环节主要有两个：

一是价格水平规制改善了竞争性商品的市场信息供给。信息不对称不全面是导致市场运行不能达到帕累托最优的重要原因[2]，当价格水平波动幅度超过市场预期，可能会导致市场参与者无法全面研判市场信息，进而导致价格狂热或崩溃。无论是哪种价格水平规制方式——改变供给或直接的限价措施等，都极大地改善了市场环境，即通过政策供给改变市场环境的不确定性。同时，价格水平规制是政府汇集和研判各方信息的结果，弥补了独立的市场参与者无法获得全面信息的不足。此外，价格水平规制还能够抑制市场的机会主义行为，减少投机行为带来的不确定性，有利于价格回归价值，进而恢复价格信号敏感性。

二是价格水平规制改善了信息传递渠道。决策成本不仅受机会成本确定性程度影响，而且受信息传递的效率影响。信息传递的方式和效果决定着市场参与者的决策和效果，信息传递越有效，市场参与者的决策成本就越小[3]。信息传递效率有两层含义，一是单位时间内有多少价格信号传递

---

[1] 刘学敏. 价格规制：缘由、目标和内容 [J]. 学习与探索, 2001 (5): 54-60.
[2] 张红凤. 西方规制经济学的变迁 [M]. 北京：经济科学出版社, 2005: 58.
[3] 黄梦醒, 潘泉, 邢春晓, 等. 三级供应链信息共享的价值 [J]. 工业工程, 2008 (3): 6-9, 45.

给市场参与者；二是单位时间内有多少市场参与者能够充分把握价格传递的信号。信息论认为，信息不对称的关键在于缺乏足够的信息传递管道[①]，可以通过赋权或引入专业组织来收集交易中的私人信息。价格水平规制下，一方面，政府暂时充当了市场上私人信息发掘者的角色，使之变成一种公共信息，另一方面，政府提供了较为统一的信息渠道，极大地提高了信息传递效率。

综上所述，价格水平规制通过改变市场信息供给效率，降低了机会成本的不确定性，进而降低了决策成本，提升了市场参与者的行动效率。但价格调节机制的运行成本是不可能被降到零的，规制的目的只是让其限制在合理的范围之内[②]。所以，价格水平规制必须手段和程度恰当，不然会导致一系列新的消极后果[③]。

6.1.4 竞争性商品价格水平规制的作用效果

我国价格总水平规制的主要做法包括调整社会总需求、调整货币供给、调整价格结构、加强物价调控和管理四种方式。当然，价格总水平规制是一项非常复杂的工作，单靠某一种手段无法达成目标，一般都会是多管齐下，综合施策。除上述几个重要手段外，税收、进出口、汇率等手段也是经常采用的办法。改革开放以来价格总水平波动及应对措施见表 6-3。

表 6-3　改革开放以来价格总水平波动及应对措施

	时间	CPI 峰值/%	触发价格波动的主要原因	主要影响	应对措施
1	1979—1980 年	6.0	较大幅度提高粮食、棉花等 18 种主要农产品收购价格；新建和续建 120 个大型项目，基建投资相当于过去 28 年的总和，严重脱离实际情况；调高部分城镇职工工资，职工工资总额有较大幅度增加	财政赤字严重，外贸赤字扩大，外汇储备迅速下降	压缩基础建设，收缩银根，管制物价

[①] 姚遥，陈卓淳. 不对称信息的交易成本分析 [J]. 石家庄经济学院学报，2007（5）：77-82.

[②] 应飞虎. 合同法如何降低交易成本：基于法经济学视角对合同法功能的审视 [J]. 深圳大学学报（人文社会科学版），2003（1）：61-66.

[③] 李书田. 物价在宏观调控中的作用 [J]. 价格与市场，2007（11）：10-15.

表6-3(续)

	时间	CPI峰值/%	触发价格波动的主要原因	主要影响	应对措施
2	1984—1987年	8.8	财政"放权让利";投资审批权限放宽、拨改贷,价格"双轨制";货币年增量猛然扩大,基建规模扩张;货币化工资改革,社会消费扩大;发行大面额钞票	经济过热、技改投资扩大,经济发展不协调	削减投资规模,加强物价监管,严格信贷规模管理
3	1988—1989年	18.8	价格改革"闯关",双轨制价格并轨;放开粮食等生活必需品价格;未形成有效价格约束	工农业比例失调较为严重,工业内部比例关系失调突出,抢购生活必需品,银行挤兑,消费品价格飞涨	暂停价格"闯关",严厉紧缩财政、信贷,力度过大
4	1996年	24.1	价格市场化改革;提高工资;对外开放;人民币贬值;房地产热升温;投资规模猛涨;金融领域乱集资、乱拆借、乱设金融机构,货币供应量增长;重工业化进程加快推进;农业自然灾害;外汇体制改革	恶性通胀,煤电油运等基础产业负担加剧,钢材等生产资料价格急剧上涨,金融秩序混乱	调控手段增强,紧缩货币和财政、保值储蓄、整顿金融秩序、实行分业经营
5	1998—2003年	-1.4	摆脱"短缺经济"状态;社会保障体制转轨;企事业单位改革;就业、教育和住房体制改革;对外经济体制改革;居民增加储蓄、减少消费;征收个人所得税;通缩性货币政策,投资管制;行政性产业结构调整,环保政策强化;出口下降,垄断商品价格上涨	投资规模缩减,泡沫破灭,流通货币减少,居民收入下降,产品供大于求,企业负债增加,效益下滑,盲目、过度竞争	积极的财政政策,改革住房制度,加入WTO,引进外资,发展汽车行业,赋予民营企业出口自主权,调整税率,降低存款利率和存款准备金率
6	2007—2011年	5.9	信贷投放超常规增长;房地产吸引了大量资金;劳动力、土地资源等成本上升;发达经济体采取量化宽松的政策,导致国际大宗商品价格上涨;国际粮食石油等初级产品价格持续上涨;国际收支持续大幅顺差导致货币供应增加,农副产品价格居高不下	经济过热,房地产价格迅速上升,生产成本快速上涨	对内上调准备金率、对外加快人民币升值
7	2012—2017年	2.6	工业需求不强;国外市场萎缩;农业生产稳定;房地产价格涨幅稳定	经济增速逐步回落,消费品价格高位运行;外贸顺差减少;消费品增速回落,投资与消费关系失衡;收入分配差距较大	稳定价格,提高存款准备金率和利息,下调关税,控制融资平台贷款,调控房价,增值税试点,推进境外投资,消费品补贴

表6-3(续)

	时间	CPI峰值/%	触发价格波动的主要原因	主要影响	应对措施
8	2018—2022年	2.9	新型冠状病毒感染，俄乌战争以及"贸易战"、逆全球化，国际能源、粮食价格上涨，全球通胀压力上升	重要民生和大宗商品价格上涨	支持市场主体复工复产，强化民生、医疗物资、能源等保供稳价

为了使规制目标落实到位，国家付出了巨大代价。但仅仅从价格总水平计划目标与实际执行成果来看，不同历史时期价格总水平规制的效率不同。其中，1989—1999年实际执行结果与计划目标之间的偏差较大，2000年以后除个别年份外，二者之间偏差明显缩小。2000年前价格总水平计划目标与实际执行结果出现较大偏差的根本原因在于：当时我国经济正处于激烈的转轨时期，不确定因素多，宏观调控经验不足、调控手段不完善等；社会总供需极度不平衡，经济运行经常大起大落，不容易预测；与价格总水平调控相配套的各种机制还不完善，如对货币、汇率的传导机制了解不深等；政策执行不到位。此外，还存在一些技术方面的因素，如对价格的"时滞"规律认识不够，使用的价格指数不科学等[1]。2000年以后计划执行效果较好，其根本原因在于供需关系逐渐平衡，国家对宏观经济运行的规律有了更深的认识和把握，宏观价格调控水平较以前有了较大提升[2]。

1978—2022年价格总水平规制计划与效果见表6-4。

表6-4 1978—2022年价格总水平规制计划与效果

年份	CPI/%	
	计划目标	实际波动幅度
1978	—	0.7
1979	—	2.0
1980	—	6.0
1981	—	2.4
1982	保持物价基本稳定	1.9

---

[1] 许光建.论价格总水平目标的选择与确定[J].价格理论与实践，1997(6)：29-30.
[2] 王双正.改革开放以来我国价格总水平运行与调控分析[J].经济研究参考，2007(51)：9-19,30.

表6-4(续)

年份	CPI/% 计划目标	CPI/% 实际波动幅度
1983	—	1.5
1984	—	2.8
1985	—	8.8
1986	—	6.5
1987	—	7.3
1988	—	18.8
1989	CPI上涨幅度明显低于上年	18.0
1990	CPI上涨幅度低于上年	3.1
1991	—	3.4
1992	—	6.4
1993	6.0	14.7
1994	10.0	24.1
1995	15.0	17.1
1996	—	8.3
1997	—	2.8
1998	5.0	-0.8
1999	4.0	-1.4
2000	CPI保持或略高于上年	0.4
2001	1.0~2.0	0.7
2002	1.0~2.0	-0.8
2003	1.0	1.2
2004	3.0左右	3.9
2005	4.0	1.8
2006	3.0	1.5
2007	3.0	4.8
2008	4.8	5.9
2009	4.0	-0.7
2010	3.0	3.3
2011	4.0	5.4
2012	4.0	2.6

表6-4(续)

年份	CPI/%	
	计划目标	实际波动幅度
2013	3.5	2.6
2014	3.5	2.0
2015	3.0	2.6
2016	3.0	2.1
2017	3.0	1.7
2018	3.0	2.1
2019	3.0	2.9
2020	3.5	2.5
2021	3.0	0.9
2022	3.0	2

数据来源：根据政府工作报告和历年统计年鉴等公开资料整理而得。

注：1978—1985年居民消费价格指数缺失，用全国商品零售价格指数代替。

6.2 竞争性商品价格水平规制变迁的需求分析

由前文分析可以看出，竞争性商品价格水平规制的目的是通过降低价格调节机制的运行成本，重新恢复价格信号对供需关系的调节作用。因此也可以认为竞争性商品价格水平规制的目的就是调节生产和需求以实现供需均衡。因此，可以通过比较传统市场背景下和平台经济背景下政府的价格规制在实现某种竞争性商品供需平衡过程中的重要性来理解平台经济对竞争性商品价格水平规制的影响。这种影响是通过评估经营者 i 在获取某种价格信息和采取某种价格措施过程中对政府提供的信息的依赖程度来做判断。

6.2.1 传统市场背景下竞争性商品价格水平规制

无论是在传统市场还是在平台经济背景下，某特定竞争性商品都会存在 n 个经营者，这些经营者的集合为 R。在传统的市场背景下，R 中的经营者 i 之间的关系有远近之分，即每个经营者 i 从市场中获得价格信息的能力不同。我们将 R 中经营者 i 传递特定商品价格信息的概率和获得特定商品价格信息的概率设为 $\lambda h + o(h)$，其中，$o(h)$ 代表一个比 h 更高阶的无穷小量。同时假设每个经营者 i 只会把价格信息传递给与其关系最近的经营者，即同一个经营者不会收到来自不同的经营者的价格信息，信息传递不重叠。基于此，可以建立一个纯生模型，用 $X(t)$ 表示 t 时刻市场内掌握价格信息的经营者数目，而 $X(0) = 1$ 表示一开始只有一个经营者知道调整商品价格是有利可图的且进行了调整。

根据前述假设，可以得知在传统市场中，由于信息传递效率较低，特定商品价格传播效率（供需关系调整的速度）将会与 R 中最后一个经营者 i 进行价格调整的时间成反比。借用这个模型，只需求得从状态 $X(0)$ 发展到状态 $X(t) = j$ 的时间，就可以评估传统市场中竞争性商品价格水平自发调整的效率，进而评估对竞争性商品价格水平进行规制的必要性。

假设初始状态时，R 中已知价格信息的经营者的数量为 j，即 $X(t)=j$。此时，如果需要得出 R 内经营者经过时间 h 之后发展到状态 $j + 1$ 的概率，即 $X(t + h) = n + 1$ 的概率。利用条件概率来刻画，可得

$$P\{X(t+h) - X(t) = 1 \mid X(t) = j\} = \binom{j}{1}[\lambda h + o(h)][1 - \lambda h + o(h)]^{j-1}$$

$$= j\lambda h + o(h) \tag{6.1}$$

满足这一条件的过程必然是一个泊松过程。因此，式（6.1）发生概率的参数为 $\lambda_j = j\lambda$。借用纯生过程的术语，这一参数也被称为"出生率"。由此便可以刻画 R 内经营者获取价格信息的状态经过时间 h 之后发展到状态 $j + 1$ 的纯生过程了。

首先，定义转移速率矩阵

$$Q = \begin{bmatrix} -\lambda & \lambda & & & \\ & -2\lambda & 2\lambda & & \\ & & \ddots & \ddots & \\ & & & -(n-1)\lambda & (n-1)\lambda \\ & & & & 0 \end{bmatrix}$$

Q 矩阵中，每一列代表开始时的状态，每一行则代表终结时的状态，没有列出的项均为 0，而 a_{ij} 表示从 i 到 n 状态转化的速率。矩阵中每一行的所有变量之和恒为 0，意思是经过时间 t 后，系统要么维持原初状态，要么改变了状态。

用 $P(t)$ 表示状态转换概率矩阵，矩阵中任意一项 $p_{ij}(t)$ 表示原初状态 i 经过时间 t 后的最终状态的 n 的概率。

用矩阵 $P'(t)$ 表示状态转换概率对时间 t 的导数，即

$$\frac{d}{dt}P(t) = P'(t)$$

由此可得

$$\begin{cases} P'(t) = QP(t) \\ P(0) = I \end{cases} \quad (6.2)$$

式中，I 代表一个 $n \times n$ 单位矩阵。

式（6.2）是一个特殊的纯生模型，无论 t 为多少，必定存在 $Pnn = 1$。在实践中，这意味着在某个特定的 R 中竞争性商品经营者的数量 n 保持不变。

由于状态空间至多为 n 个，因此，微分方程的解可以写成矩阵形式。由此可得

$$P(t) = e^{Qt} \quad (6.3)$$

根据泰勒多项式，在 $x = 0$ 时展开 e^x，并代入 $x = Qt$，可得

$$P(t) = e^{Qt} = \sum_{j=0}^{\infty} \frac{(Qt)^j}{j!} \quad (6.4)$$

随机抽出矩阵 $P(t)$ 的第 n 列，记为 $P_n = (P_{1n} \, P_{2n} \cdots P_{nn})^T$，$P_n$ 为一个向量，T 代表对矩阵的一次转置。由此可将式（6.2）重新写成

$$\begin{cases} -j\lambda \, P_{jn}(t) + j\lambda \, P_{j+1n}(t) = P_{jn}(t), \, j = 1, 2 \cdots n-1 \\ P_{nn}(t) = 1 \end{cases} \quad (6.5)$$

式（6.5）经过拉普拉斯变换后，可得

$$P_{jn}^{'e}(S) = \int_0^{+\infty} e^{-st} P'_{jn}(t) dt = s \, P_{jn}^e(S) \quad (6.6)$$

式中：

$$P_{ij}^e(S) = \int_0^{+\infty} e^{-st} P'_{ij}(t) dt$$

$$P_{nn}^e(S) = \int_0^{+\infty} e^{-st} P'_{jn}(t) dt = \frac{1}{S}$$

由此可得 $P_{jn}^e(t)$ 和 $P_{j+1n}^e(t)$ 之间的关系：

$$P_{jn}^e(S) = P_{j+1n}^e(S) \frac{j\lambda}{s + j\lambda} \quad (6.7)$$

由于 $P_{nn}^e(S) = \dfrac{1}{S}$，因而可以迭代出任意 $P_{jn}^e(S)$。在此基础上，可以得出

$$P_{n-1n}^e(S) = P_{nn}^e(S)\frac{j\lambda}{s+j\lambda} = \frac{1}{s}\frac{j\lambda}{s+j\lambda} = \frac{1}{s} - \frac{1}{s+j\lambda} \quad (6.8)$$

其中，迭代式中 $j = n - 1$

基于式（6.8），运用拉普拉斯逆变换可得

$$P_{n-1n}(t) = 1 - e^{-(n-1)\lambda t} \quad (6.9)$$

同样方法可得：

$$P_{n-2n}(t) = 1 - (n-1)e^{-(n-2)\lambda t} + (n-2)e^{-(n-1)\lambda t} \quad (6.10)$$

由式（6.9）和式（6.10）可看出，给定时间 t 时，经营者传递和获取价格信息的概率 λ 越大，从初始状态 $n-1$ 转变到最终状态 n 的概率也就越大。

由此，设 T 为 R 中所有的经营者 i 都获取价格信息并采取价格行为的时间，T_j 为从 j 个获得价格信息的经营者到 $j+1$ 个获得价格信息的经营者的时间，可得

$$T = \sum_{1}^{n-1} T_j \quad (6.11)$$

鉴于这一纯生模型刻画的是一个泊松过程，可知事件发生概率与指数分布的期望和方差有关。

由于随机过程

$$\lambda j = \begin{cases} \lambda j, & j = 1, 2 \cdots n-1 \\ 0, & \text{otherwise} \end{cases}$$

因而 T 的期望和方差分别是：

$$\begin{cases} \mu_T = ET = \sum_{j=1}^{n-1} T_j = \sum_{j=1}^{n-1} \dfrac{1}{j\lambda} = \dfrac{1}{\lambda} \sum_{j=1}^{n-1} \dfrac{1}{j} \\ \sigma_T^2 = VarT = \sum_{j=1}^{n-1} VarT_j = \sum_{j=1}^{n-1} \dfrac{1}{(j\lambda)^2} = \dfrac{1}{\lambda^2} \sum_{j=1}^{n-1} \dfrac{1}{j^2} \end{cases} \quad (6.12)$$

由于 ET 的表达式中有一项 $\sum_{j=1}^{n-1} \dfrac{1}{j}$。基于欧拉-马斯切罗尼常数，即

$$\gamma = \lim_{n \to \infty} \left(\sum_{k=1}^{n} \frac{1}{k} - 1nn \right)$$

由此可得

$$\sum_{k=1}^{n} \frac{1}{k} \approx 1nn + \gamma$$

基于此，可以将式（6.12）简化为式（6.13）：

$$\mu_T \approx \frac{1}{\lambda}[\ln(n-1) + \gamma] \tag{6.13}$$

从上述分析可以看出，R 中所有经营者得到价格信息的时间与 R 中经营者数量 n 成正比，即 R 越大，相关信息被经营者全部获得的难度越大、时间越长。

由此可见，在传统市场背景下，由于经营者数量众多，如果由市场自发调节竞争性商品价格水平或者说由市场自发调节供需关系，商品价格传递和获取以及价格行为的采用，将会是一个漫长的过程，价格调节机制的效率必然极度低下。原因在于，传统市场背景下，理性的经营者不会主动传递正确的商品价格信息，也无法获得更多有用的商品价格信息，因而所有的决策都是一种不确定决策，经营者决策的机会成本存在很大的不确定性，价格机制运行成本上升，进而会导致决策延滞甚至价格调节机制失灵。因此，在竞争性商品价格水平出现不正常的波动时，特别是上涨太快已经影响人民生活和经济发展时，必须由政府弥补价格信息传递效率低下带来的价格调节机制失灵问题，通过主动地传递市场信息，增加经营者决策的确定性，降低价格机制运行成本，提升竞争性商品交易效率。

6.2.2 平台经济对竞争性商品价格水平规制的影响

与传统市场背景不同，理论上平台经济背景下，由于价格信息传递效率极高，R 中的经营者 i 将会无差别地传递或获得特定商品的价格信息，因而会迅速采取一致的价格行为。这会导致消费者对政府的价格规制行为的需求变化。

假设在 0 时刻，特定竞争性商品经营者 i 由 1 个经营者已获得价格信息和 $n-1$ 个未获得价格信息的经营者构成。假设在长度为 h 的时间内任意获得价格信息的经营者将会以概率 $\lambda h + o(h)$ 引起任一指定的经营者获得价格信息并采取价格行为。假设 $X(t)$ 为时刻 $X(t)$ 时群体中已采取某价格行为的经营者的数量，显然 $\{X(t), t \geq 0\}$ 也是一个纯生过程，其出生率满足：

$$\lambda_j = \begin{cases} (n-j)\lambda j, & j = 1, 2\cdots n-1 \\ 0, & \text{ot erwise} \end{cases} \tag{6.14}$$

其矩阵形式为

$$Q = \begin{bmatrix} -(n-1)\lambda & (n-1)\lambda & & & & \\ & -(n-2)2\lambda & (n-2)2\lambda & & & \\ & & \ddots & \ddots & & \\ & & & -2(n-2)\lambda & 2(n-2)\lambda & \\ & & & & -(n-1)\lambda & (n-1)\lambda \\ & & & & & 0 \end{bmatrix}$$

(6.15)

据式（6.15）可以得到式（6.16）[①]：

$$\begin{cases} -(n-j)j\lambda P_{jn}(t) + (n-j)j\lambda P_{j+1n}(t) = P_{jn}(t), j=1,2\cdots n-1 \\ P_{nn}(t) = 1 \end{cases}$$

(6.16)

式（6.16）经拉普拉斯变换后得

$$P_{jn}^e(S) = P_{j+1n}^e(S) \frac{(n-j)j\lambda}{s+(n-j)j\lambda} = \frac{1}{S} \quad (6.17)$$

其中拉普拉斯变化为

$$P_{ij}^e(S) = \int_0^{+\infty} e^{-st} P'_{ij}(t) dt$$

式（6.17）可以通过迭代的方法得出任意的 $P_{jn}^e(S)$，再通过拉普拉斯逆变换就得 $P_{jn}^e(T)$。由此可得

$$P_{n-1n}(t) = 1 - e^{-(n-1)\lambda t} \quad (6.18)$$

由此可见这个随机过程 $P_{n-1n}(t)$ 计算十分繁杂，且解读困难。因此，为了理解平台经济背景下，R 中所有经营者 i 获得价格信息并采取价格行为的总时间，假设 T 为 R 中所有经营者都获得价格信息并采取价格行为的实践，T_j 表示 R 中获得价格信息采取价格行为的经营者从 j 个变成 $j+1$ 个的时间，故可得

$$T = \sum_1^{n-1} T_j \quad (6.19)$$

式中，T 和 T_j 都是随机变量，服从参数 λ_j 的指数分布，由此可得

[①] 随机过程的柯尔莫哥洛夫向后微分方程的部分形式。

$$\begin{cases} \mu_T = ET = \sum_{j=1}^{n-1} T_j = \sum_{j=1}^{n-1} \frac{1}{(n-j)j\lambda} = \frac{1}{\lambda}\sum_{j=1}^{n-1}\frac{1}{(n-j)j} \\ \sigma_T^2 = VarT = \sum_{j=1}^{n-1} VarT_j = \sum_{j=1}^{n-1}\frac{1}{(j\lambda)^2} = \frac{1}{\lambda^2}\sum_{j=1}^{n-1}\frac{1}{(n-j)^2 j^2} \end{cases} \quad (6.20)$$

对 T 的均值进行简化，可得

$$\mu_T = \frac{1}{\lambda}\sum_{j=1}^{n-1}\frac{1}{(n-j)j} = \frac{1}{n\lambda}\sum_{j=1}^{n-1}\left(\frac{1}{n-j}+\frac{1}{j}\right) = \frac{12}{n\lambda}\sum_{j=1}^{n-1}\frac{1}{j} \quad (6.21)$$

同样引入欧拉-马斯切罗尼常数及其推论，可以在 n 不必非常大的情况下估算 μ_T 为

$$\mu_T \approx \frac{2}{n\lambda}[\ln(n-1)+\gamma] \quad (6.22)$$

由式（6.22）可以看出，随着 n 的增大，R 中所有经营者获取同样的价格信息、采取同样价格行为的时间均值反而越来越小，当 n 趋向无穷大时，即时间趋向于 0。由此可见，在平台经济背景下，由于互联网的信息传递效率极高，使得特定的竞争性商品经营者能够同时在极短的时间内获得价格信息并采取相应措施。从实践来看，在平台经济背景下，因信息不对称而导致价格调节机制失灵的情况几乎不存在了。由于互联网的信息传递效率爆炸式增长，经营者能够自主而快速获得商品的价格信息，大量市场信息的获取使得经营者在进行价格行为决策时面临的不确定因素减少，降低了决策机会成本的不确定性，提升了决策效率，从而维护了价格调节机制的运行效率。

6.2.3 平台经济背景下竞争性商品价格水平规制的需求

比较传统市场和平台经济背景下 R 中所有的竞争性商品经营者 i 获得价格信息并采取价格行为的时间均值，可以看出在经营者数量 n 相同的情况下，前者需要花费更多的时间，后者花费的时间则要少得多。因而，在传统市场背景下需要政府来解决信息不对称问题，纠正市场失灵问题。但在平台经济背景下，由于信息传递效率的提升，市场失灵问题得到了较好的解决，不再需要借助"有形之手"来调节价格水平，调节竞争性商品的供需。因此，理论上，平台经济对竞争性商品价格水平规制的需求极大减少。

从实践来看，平台经济对竞争性商品价格水平的影响主要表现在两个

方面：

一方面，互联网平台上竞争性商品的价格波动非常频繁且波动幅度很大，由于电商多采取系统自动定价，由平台自动关注同行定价、供应商定价、用户关注度等影响价格因素的变化，并在极短时间内做出反应，如天猫就会根据京东、考拉、苏宁等平台上的商品价格及时调整自己的商品定价。由于互联网极大地提升了信息传递的效率，导致了互联网平台上的商品价格波动频率和幅度远超传统市场水平。当然也存在人工干预价格调整的现象，同时，经营者的价格调整也可能是提高价格。但无论是哪种原因导致的价格波动，都是合法合规的，没有违背经营者和互联网平台企业的价格行为规制。

另一方面，平台经济发展总体上降低了商品价格总水平。平台经济对竞争性商品价格总水平的影响主要源自三种因素：随着网络消费总额的不断增大，以及网络服务性消费的扩大，平台经济的规模越来越大；线上和线下融合发展，甚至采取线上线下同价销售，网络快捷获得的商品价格必然也会影响线下商品价格；互联网平台整合了线下资源，有效地降低了商品成本。从根本上看，造成竞争性商品价格总水平下降的根本原因在于互联网平台较大地降低了生产成本、营销成本，即交易成本，特别是解决了传统商业存在的流通性加价问题。

因此，无论是从理论还是从实践来看，平台经济背景下，竞争性商品价格水平规制的需求都大大减少。

但现阶段，完全放弃竞争性商品价格水平规制也不现实。从 20 世纪 90 年代以来我国 CPI 波动情况以及重要生活必需品价格变化情况来看，到目前为止，平台经济还仅仅是影响竞争性商品价格水平的因素之一，远未成为决定竞争性商品价格水平的关键因素。换言之，在平台经济背景下，竞争性商品价格水平的波动仍然主要受供需关系、信贷规模、灾害、货币数量、初级商品价格等因素影响。

综上所述，对于平台经济背景下竞争性商品价格水平规制的需求问题不能一概而论，应该区分狭义的和广义的平台经济背景。狭义的平台经济，指的是以互联网平台为依托的经济活动，仅此而言，由于互联网改变了价格信息传递方式和效率，竞争性商品价格水平规制的需求明显被削弱；但从广义的平台经济来看，虽然互联网经济已经成为现代经济的重要组成部分，并改变了市场活动的方式，但并未从根本上改变竞争性商品价格水平波动的内在逻辑,也未从根本上改变价格水平波动的状况,特别是由于传统交易市场的存在,仍然不能否定竞争性商品价格规制的必要性,当然,这种必要性也未因平台经济的发展而变得更强烈,因而也未发现对新的价格水平规制的特别需求。

6.3 竞争性商品价格水平规制的效用分析

价格水平规制也是一种经济行为,是政府为了实现某种最大利益而作出的选择,包含着成本—收益的衡量过程,只有价格水平规制的收益大于成本时,方案才是可行的,收益越高方案越佳[1]。考察价格水平规制的成本和收益,可以为价格水平规制方案选择提供较为客观的、可供操作的标准,有利于实现社会福利最大化。

6.3.1 竞争性商品价格水平规制的成本

任何政府规制行为都会产生成本,总体来看,这些成本由直接费用和间接费用两部分构成,前者是指规制过程产生的成本,包括组织费用和信息费用,由政府承担;后者是指由于决策失误造成的"调节损耗",包括费用分摊和组织效率损失构成,在价格规制中,决策失误的费用分摊由政府和市场参与者共同分担,而组织效率损失主要表现为价格调节功能失效和微观市场主体失误和效率低下[2]。由于间接费用涉及广泛,更加难以论述,本书重点论述价格水平规制的直接成本。

价格水平规制过程是一个决策—行动—评估过程,其直接成本可以分解为各个阶段的物质、时间和精神耗费,具体可分为决策、执行、监督和机会四类成本。总体来看,价格水平规制成本与价格行为规制成本十分相似,但二者区别仍然十分明显:首先,从规模来看,前者要远远大于后者,后者只包含了政府的直接支出而间接支出成本较少;其次,从复杂性来看,前者是一种综合施策过程,涉及政治、经济、社会等方方面面的问题,既有经济手段,也有法律手段和行政手段,而后者则主要是一种法律过程,辅之以行政手段;最后,从成本属性来看,前者的成本是一种积极

---

[1] 考特,尤伦. 法和经济学 [M]. 张军,等译. 上海:生活·读书·新知三联书店,1999:3.
[2] 万解秋,李慧中. 价格机制论 [M]. 上海:生活·读书·新知三联书店,1989:17-18.

的支出，是政府根据商品价格波动情况做出的主动行为，后者则是一种消极支出，即有价格违法行为才会产生支出。规制成本包括以下几个方面：

决策成本。决策是在搜集、研判信息基础上的选择过程，政府决策涉及很多利益博弈过程。因此，决策成本主要是一种信息成本和谈判成本。价格水平规制决策成本包括价格监测成本、价格研判成本、决策谈判成本三个部分。价格监测成本，是政府为收集竞争性商品价格波动而进行长期监测跟踪所付出的成本。为了做好价格监测跟踪，国家已建立全国重要生产资料价格监测报告制度、全国重要消费品和服务价格监测报告制度以及汽车、能源、期货、钢材等重要商品价格监测报告制度，其中，涉及重要生产资料61种、重要商品和服务134种，且每种商品或服务价格都实行日报、旬报、季报制度，报告主体涉及省（自治区、直辖市）级、市（州）级以及县级等价格主管部门以及其他各种市场主体，此外各省也建立了本地重点商品价格监测制度，全国每年为价格监测付出巨大的成本。价格研判成本，即对商品价格波动情况进行研判所付出的成本。国家发展改革委发布的《价格异常波动监测预警制度》《价格监测规定》等要求价格监管部门加强价格信息研判，并制定了粮食、食用油、肉蛋、棉花、药品等重要商品及服务价格预警线，警情地价格主管部门及其价格监测机构应密切关注市场动向，及时深入调查研究，并提出政策建议，这些都需要耗费一定的人力物力。决策谈判成本，做出规制价格水平的决策并非是一个自然的过程，相反是一个高度复杂的工作，除了物价部门外，还涉及其他很多行业主管部门，政府部门之间以及政府与市场主体之间的信息沟通，甚至利益博弈，都要耗费巨大的成本。决策成本并不仅仅是物价部门的运行成本，而是包括参与决策的所有部门、市场主体、消费者甚至决策咨询机构所花费的费用，包括时间和精神的耗费。价格监测报告制度基本情况见表6-5。

表6-5 价格监测报告制度基本情况

	价格监测报告制度	商品种类/种	报告周期	报告主体
1	全国重要生产资料价格监测报告制度	61	旬报、月报	各省（自治区、直辖市），计划单列市，省会城市（自治区首府城市）和其他指定的市、县价格主管部门
2	全国主要商品进出口价格监测报告制度	90	月报	各省（自治区、直辖市）价格主管部门

表6-5(续)

	价格监测报告制度	商品种类/种	报告周期	报告主体
3	全国重要经济作物价格监测报告制度	11	旬报	重要经济作物主产、主销省（自治区、直辖市）及其指定的市、县价格主管部门
4	期货市场价格监测报告制度	9	日报	郑州商品交易所、大连商品交易所、上海期货交易所
5	全国房地产价格监测报告制度	15	季报	各直辖市、计划单列市、省会城市（自治区首府城市）价格主管部门价格监测机构
6	全国汽车价格监测报告制度	5	月报	各直辖市、计划单列市、省会城市（自治区首府城市）
7	全国重要能源价格监测报告制度	7	旬报	各直辖市，计划单列市，省会城市（自治区首府城市）价格主管部门，各省、自治区在辖区内分别选择的定点城市（1个）价格主管部门
8	全国主要畜禽产品及饲料价格监测报告制度	10	周报	各省（自治区、直辖市），计划单列市，省会城市（自治区首府城市）和其他指定的市县价格主管部门
9	全国钢材市场价格监测专项报告制度	7	周报	各省（自治区、直辖市）物价局（发展改革委）价格监测机构
10	全国粮食价格监测报告制度	7	旬报	各省（自治区、直辖市），计划单列市，省会城市（自治区首府城市）及其他指定的市、县价格主管部门
11	全国重要消费品和服务价格监测报告制度	134	旬报月报	各省（自治区、直辖市），计划单列市，省会城市（自治区首府城市），其他定点城市和涉农收费定点县（市）价格主管部门

执行成本。执行成本是指运用经济手段、法律手段和行政手段所付出的各种成本，其中最主要的是经济手段的成本。经济手段是政府通过直接增加/减少货币支出或引导市场参与者增加/减少针对特定需求的货币支出，调节市场供需关系，具体包括货币、税收、汇率、财政、投资、进出口、重要商品储备和价格调节基金等一系列措施。这些措施形成政府的规制成本，如《国务院关于促进房地产市场持续健康发展的通知》（国发〔2003〕18号）提出，通过土地划拨、减免行政事业性收费等措施，加强

经济适用住房的建设和管理。此举虽然降低了经济适用住房建设成本，但却增加了政府的支出。《国务院办公厅转发建设部等部门关于调整住房供应结构稳定住房价格意见的通知》（国办发〔2006〕37号）规定，为进一步抑制投机和投资性购房需求，从2006年6月1日起，对购买住房不足5年转手交易的，销售时按其取得的售房收入全额征收营业税。虽然政府没有直接投入，但由于上述规定，住房转手交易量必然减少，政府财政收入减少，构成了政府规制房地产价格的成本。行政手段也多种多样，有时也会涉及较大的财政支出，增加了价格水平规制的成本，如为了稳定粮食价格，国家针对小麦、稻谷、玉米等实行最低收购价格制度，每年公布最低收购价格，2007—2019年，小麦最低收购价格从72元/50千克上涨到112元/50千克，最低收购价小麦收购数量从4 242万吨增加到7 076万吨（见表6-6），有的年份还临时增加收储数量，占用了政府和收储企业较大的资金。法律手段所耗费的成本相对较少，但也不能忽略，如近年来为了化解过剩产能、稳定钢材价格，政府加强了安全、质量、环保等执法力度，但考虑到很多企业拥有合法的生产资质，依法对其淘汰产能进行了补偿，成本巨大。

表6-6　2007—2019年国标三级小麦最低收购价和最低价收购量

年份	最低收购价格 /元·50千克$^{-1}$	最低收购价小麦 收购数量/万吨	占产量比重 /%
2007	72	4 242	38.73
2008	75	5 867	51.95
2009	87	6 016	51.94
2010	90	5 191	44.70
2011	95	5 732	48.32
2012	102	5 763	47.03
2013	112	5 450	44.05
2014	118	7 363	57.40
2015	118	6 631	50.00
2016	118	7 582	56.89
2017	118	7 206	53.64

表6-6(续)

年份	最低收购价格 /元·50千克$^{-1}$	最低收购价小麦 收购数量/万吨	占产量比重 /%
2018	115	5 015	38.15
2019	112	7 076	53.99
2020	112	3 700	—
2021	113	3 700	—
2022	115		

注："—"表示数据缺失。

监督成本。监督成本是指在价格水平规制过程中，为保证各部门和市场参与者按照既定的规制方案采取行动而付出的成本。监督成本分为直接成本和间接成本，前者包括人工成本、机构运营成本等为确保监督活动顺利开展而耗费的资源；后者指监督主体和客体不当行为造成的经济、社会甚至政治损失。价格水平规制十分复杂，监督难度也较大，成本十分高昂。一方面，监督地方政府落实投入、税收、土地等相关政策需要不断地进行检查，必然需要付出巨大成本；另一方面，监督银行、媒体等也需要花费较大的成本。总之，监督成本是价格水平规制成本中不可忽视的一部分。

机会成本。机会成本是价格水平规制决策的重要参考标准，证明了价格水平规制的意义。价格水平规制是政府弥补市场之不足，服务公共利益的重要手段，政府为此放弃了服务大众的其他机会。但价格水平规制是一种政府行为，政府的角色决定了价格水平规制的机会成本是多维度的。从经济角度来看，价格水平规制的费用可以投入更有效率的产业和项目，以取得最大的收益；从政治角度来看，价格水平规制的成本可以投入更多的公共服务，提供更好的公共产品，如投入教育、医疗、贫困等社会关注的焦点领域，能够为政府赢得更好的群众支持，夯实政治基础；从社会角度来看，如果将价格水平规制的费用用于解决辖区内的一些突出社会矛盾，如拆迁问题、生态环境问题、再就业等，有助于化解社会矛盾，维护社会稳定，构建和谐社会。当然，无论从哪个角度来看，价格水平规制的机会成本都是很难量化的，但这不影响评估机会成本的意义。

6.3.2 竞争性商品价格水平规制的收益

实现物价稳定。实现价格总水平或特定商品价格水平稳定是价格水平规制的直接收益。改革开放 40 多年来，我国在稳定商品价格水平方面不懈努力，初期多采用行政手段，但在经济急剧转型期间，价格水平规制方面的成效并不明显。进入 21 世纪，我国价格水平规制的手段越来越成熟，效果较为明显。一方面，通过商品储备、进出口调节等方式，应对重点商品价格水平波动，保持价格总水平基本稳定，价格总水平规制的计划目标与实际结果偏离的情况得到了明显改变。另一方面，特定商品价格水平规制成效明显，特别是稻谷、小麦、棉花、玉米等价格稳定，为经济和社会稳定发展做出了重大贡献。

稳定宏观经济。改革开放以来，我国经济始终保持着较快的增长速度，甚至有一段时间经济发展速度出现所谓的"过热"情况，但由于始终对价格水平进行规制，我国宏观经济总体上一直运行在合理的区间。通过价格水平调节，政府和市场逐步调整资源投入方向，为产业转型升级提供了较好的市场信号，引导产业结构有序调整。与传统的以行政手段为主的价格水平规制相比，法治化、规范化的价格水平规制措施提高了我国价格管理的透明度，稳定了外资对我国经济的预期，同时有利于国内国际两种价格的逐步对接，为吸引外资发挥了较好的作用。

维护市场竞争。如果说物价保持稳定、经济发展平稳是价格水平规制的收益的外在表现，那么恢复价格机制调节功能，维护市场有序竞争，则是价格水平规制的内在要求。价格水平波动幅度超出预期是市场机制运行的结果，但市场参与者的地位并不完全相同，供需之间的谈判以及同行之间的竞争并不是公平的，特别是在供给方把持谈判格局的情况下，需求方的权利就无法得到保障。规制是一种约束，价格水平规制对于所有市场参与者的约束并不完全一致，虽然对需求方的约束是明显的，但相对而言对于供给方的约束力更大，特别是限价等措施的实施，一方面约束了市场强势一方的优势，使得其不能无限地使用其支配地位；另一方面直接抑制了强势一方的利益空间，为市场的可持续发展提供了可能。可以说，如同环境规制一样，正是由于约束的存在，才使得市场主体不敢滥用其优势地位，限制了市场参与者行为的负外部性。

增进政治收益。价格水平规制的政治收益十分明显，这种收益通过很多途径反映出来。首先,促进了居民生活水平的提升。总体来看,价格水平规制的主要商品与人民群众的生活密切相关,价格水平规制的一个重要出发点是为了降低居民的消费支出,直接降低居民生活成本,维持居民生活水平。其次,宏观经济稳定不仅能够稳定就业,而且能够促进社会稳定,有利于构建和谐社会。最后,价格水平规制是政府服务大众的重要途径,能够展示政府为人民服务的形象,能够拉近政府与人民之间的距离。总体来看,价格水平规制通过直接或间接地改善社会状况和人民生活水平,改善政府形象,因而能够有效地增进政治收益。

6.3.3 竞争性商品价格水平规制的效用

由于价格水平规制的成本和收益变化非常复杂,按照前述标准很难看出边际分析是否适用于价格水平规制的成本和收益分析。因此,根据个人主义方法论,可以将宏观的价格水平规制的边际成本收益分析转化为"个体分析"或"个量分析",即分析特定商品价格水平规制下,市场参与者的经济行为的成本和收益边际效应。

价格水平规制的边际收益分析。价格水平规制的收益体现为社会总福利(总效用)的增加,而增加的社会总福利是由很多社会福利构成。在价格水平规制背景下,购买一次某商品带来的社会福利增长的量=交易成本下降的量+某商品价格下降的量+满足感。某商品的效用不仅包括物质上的满足,还包括精神上的满足。在一定的时间和区域内,人们拥有的某商品数量越多,某商品的交易成本越低,某商品的价格越低,同时某商品带给人们精神上的满足感也越低,有效的价格水平规制下某商品交易所带来的社会福利增长的量呈下降趋势。由此可见,价格水平规制存在边际效用递减规律,即在价格水平规制情况下,每一次特定商品交易所增加的社会福利增量即边际效用是递减的[1]。

价格水平规制的边际成本分析。价格水平规制成本也可以分为固定成本和可变成本,固定成本是指决策成本,而可变成本包括执行成本和监督成本。价格水平规制的边际成本也呈现出先递减后递增的性质。还是以上述商品价格水平规制为例,在一定时间内,在外在条件不变的情况下,如果价格水平规制成本在某商品所有交易中分担,平均可变成本会呈现规律

---

[1] 高鸿业. 西方经济学 [M]. 北京:中国人民大学出版社,2004:49-51.

性的变化：当某商品交易量较少时，每一次交易所承担的成本较高，随着某商品交易次数的增加，每一次交易承担的规制成本逐渐降低；然而，随着某商品交易次数的增加，价格水平规制的可变成本（执行成本和监督成本）也会逐渐增加，当可变成本增加到一定程度时，边际成本就会呈现上升态势。因此，价格水平规制的边际成本曲线也会呈现 U 形。

价格水平规制的边际效用最大化。根据边际效率递减规律，当某种商品的边际效用为零时，此时的总效用最大。在某商品价格水平规制过程中，随着拥有某商品的市场主体数量增加，单位商品交易带来的边际收益会稳步降低，但由某商品交易带来的社会福利却稳步增加，当单位商品交易带来的边际收益为零时，某商品价格水平规制产生的社会福利最大。此时商品交易分担的规制成本也为零。继续扩大某商品交易规模就会使每次交易分担的规制成本大于每次交易带来的收益，从而减少社会福利。

6.4　竞争性商品价格水平规制效用的实证分析

在经济学经典理论中，通常用通货膨胀来度量价格总水平。如前所述，从 CPI 的表现看，改革开放 40 年来我国价格总水平规制是非常有效率的。近年来国内外经济环境出现了前所未有的变化，民众是否感受到 CPI 数据的变化，或者说价格总体水平规制的效果如何，还需要进一步证实。

在互联网时代，可以通过网民的搜索和新闻头条间接得到价格总体水平规制的效果。以比较成熟的百度指数为例，搜索关键词"价格调控""通货膨胀"和"CPI"，时间跨度为 2011—2018 年，如图 6-2、图 6-3、图 6-4 所示。从三张趋势图来看，"价格调控"的热度一直较高，"通货膨胀"的热度开始趋热，"CPI"的热度在时间跨度内逐渐降低。实际上，"CPI"比"通货膨胀"的使用度更高，也更能代表网民对价格总水平的感知。但是，影响通货膨胀率的因素很多，不一定是价格水平规制。

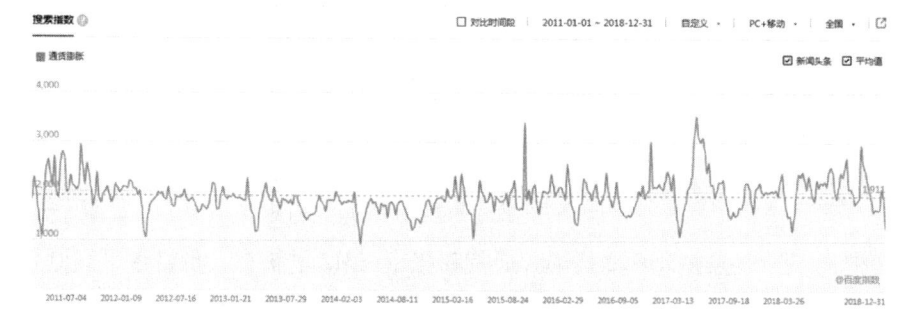

图 6-2 "价格调控"百度指数趋势图

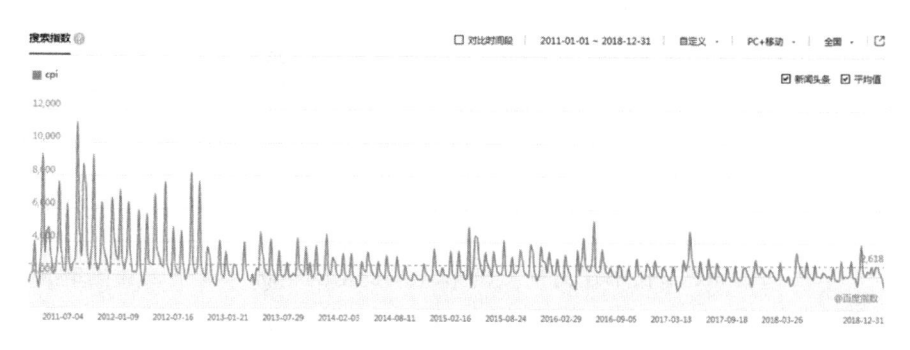

图 6-3 "通货膨胀"百度指数趋势图

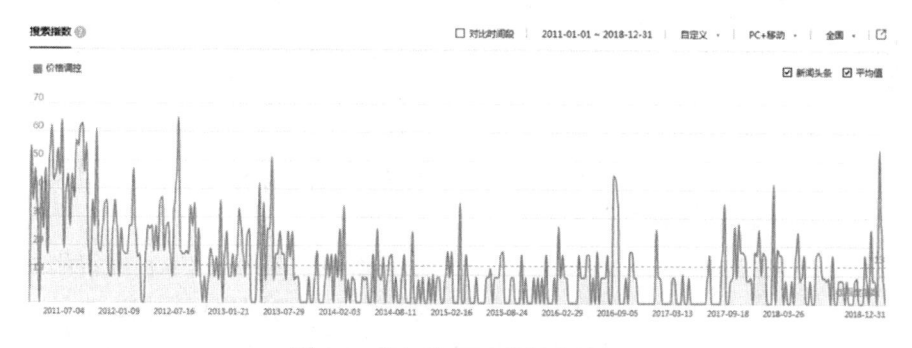

图 6-4 "CPI"百度指数趋势图

因此,本书提出以下有待检验的假说:加强竞争性商品的价格水平规制有利于稳定价格总水平,增加社会福利。

如前所述,通货膨胀率与社会总需求及货币政策关系密切,首先检验价格水平规制对通货膨胀率的净效应。国内生产总值(GDP)通常代表国民经济总支出及总需求,可以用 GDP 增长率来代表社会总需求,用广义货币供应量（M2）增长率来代表货币政策。同时，GDP增长率、通货膨胀率、M2增长率之间具有较强的异方差性并存在高阶的自相关，因此不便于使用OLS估计三者之间的长期相关关系。为便于对三者之间的相关关系进行检验，本书采用VAR模型作为建模的基本思路。模型的一般形式为

$$y_t = \sum_{i=1}^{p} \Phi_i y_{t-i} + \varepsilon_t \tag{6.23}$$

式中，y_t表示包含GDP增长率、通货膨胀率、M2增长率、价格水平规制强度四组控制变量第t期值的四维列向量；Φ_i为待估系数矩阵；ε_t为四维扰动列向量。

本书用NRI来代表CPI的偏离程度，具体数据见表6-4。GDP增长率数据见历年中国统计年鉴。价格水平规制的强度（SSCI），通过中央政府文件中出现价格总水平控制相关关键词（"价格调控""限价""价格过快增长"等）出现的频度来度量，通过文本处理软件"八爪鱼采集器8.1（专业版）"抓取"中国政府网"和"新华网"两个网站的中央文件数据获得。

本书选取M2增长率作为衡量货币政策变动的指标。其中，我国的M2的计算方式为：M2=M1（流通中的现金+企业活期存款）+准货币（定期存款+居民储蓄存款+其他存款）。M2不仅能够衡量目前全社会的货币供给状况，也能够衡量居民的财富拥有状况，在一定程度上反映了居民的购买力变化。与此同时，货币供给与全社会的信贷总额往往同向变动，该指标的变化也能够间接反映目前的信贷供给状况。因此，M2的变化率能够较好地量化目前的央行货币政策。

这样，NRI、GDP增长率MGR、价格水平规制强度SSCI、M2增长率构成了一个修正的VAR模型。

由于《价格法》从1998年开始实施且此时我国互联网平台经济刚刚兴起，本书选取1998—2018年的数据，得到21年时间序列数据，进行单位根检验。选取的每组时间序列由21个样本构成，未检验其是否有趋势项，构建1~21的自然数序列，并命名为t。将序列t分别与NRI、MGR、SSCI序列进行OLS回归，结果显示截距项与回归系数均显著，表明该三组序列有时间趋势和截距项。据此，得出单位根检验结果，见表6-7。

表 6-7 单位根检验结果

变量	水平值 ADF	水平值 PP	一阶差分 ADF	一阶差分 PP
M2	-3.98	-6.58	-5.33***	-9.57***
MGR	-2.85	-2.24	-4.44***	-11.30***
NRI	-3.01	-2.73	-5.73***	-5.78***
SSCI	-2.67	-2.31	-5.91***	-12.13***

由表 6-7 可以发现,本书所选取的 4 组时间序列均是一阶单整序列。对该三组序列进行 Johansen 协整检验,由 LR、AIC 等准则确定最佳滞后阶数为 3。

两种检验的结果一致,表明 MGR、NRI、M2 和 SSCI 之间存在一个协整向量,即该三组序列存在长期的均衡关系,据此可构建 VAR 模型。由 AIC 和 LR 值可知,该模型的最佳滞后期为 3。向量自回归模型估计及检验结果见表 6-8。

表 6-8 向量自回归模型估计结果①

	MGR	NRI	SSCI
MGR(-1)	0.907 040*** (9.665 77)	0.019 913 (0.491 86)	44.795 71** (2.094 80)
MGR(-2)	0.173 229* (1.360 48)	0.021 179 (0.385 54)	-59.837 96** (-2.062 27)
MGR(-3)	0.183 510* (1.432 49)	-0.056 680 (-1.025 55)	28.484 66 (0.975 75)
NRI(-1)	-0.223 226 (-1.024 79)	1.331 285*** (14.166 4)	-32.690 50 (-0.658 58)
NRI(-2)	0.481 187* (1.336 76)	-0.329 515** (-2.121 83)	39.379 14 (0.480 07)
NRI(-3)	-0.402 107 (-1.087 30)	-0.029 080 (-0.182 26)	-67.931 70 (-0.806 07)
NRI(-4)	0.119 064 (0.333 68)	-0.108 954 (-0.707 77)	22.223 33 (0.273 31)
NRI(-5)	-0.345 719 (-1.000 25)	0.157 570 (1.056 71)	-3.780 846 (-0.048 00)

---

① 由于 M2 增长率和 GDP 增长率的联系非常紧密,故并未报告。

表6-8(续)

	MGR	NRI	SSCI
SSCI(-1)	0.000 950*** (2.374 31)	0.000 560*** (3.243 35)	0.982 628*** (10.777 9)
SSCI(-2)	-0.000 669 (-1.223 40)	-0.000 544** (-2.307 84)	0.179 074* (1.437 80)
SSCI(-3)	-0.000 539 (-1.001 55)	-7.37E-05 (-0.317 45)	-0.219 063** (-1.786 76)
C	-0.392 541 (-0.128 28)	1.777 266* (1.346 23)	1 147.425** (1.645 47)

根据 VAR 模型设定，需要先进行模型稳定性检验与残差检验。VAR 模型的稳定性检验通常根据 AR 根的图表所示数据特征判断。AR 根分布图见图 6-5。

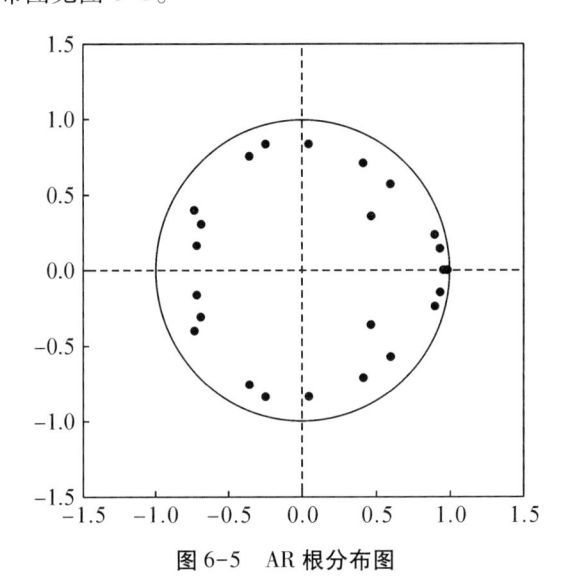

图 6-5 AR 根分布图

根据该图像以及 Eviews 给出的各 AR 根的模的估计结果，AR 根的模最大为 0.99，满足稳定性条件，模型估计的结果可信。除此之外，根据 VAR 模型的残差检验程序，先后进行了残差相关图绘制、White 异方差检验、自相关 LM 检验。检验结果表明，除异方差性以外，本书所构建的 VAR 模型基本通过残差检验，模型估计结果基本可靠。

Granger 因果关系检验结果见表 6-9。

表 6-9 Granger 因果关系检验结果

	Chi-sq	P-value
MGR-NRI	9.298 587	0.317 7
MGR-SSCI	7.632 902	0.470 1
NRI-MGR	42.688 57***	0.000 0
NRI-SSCI	29.773 70***	0.000 2
SSCI-MGR	17.841 29**	0.022 4
SSCI-NRI	19.112 72**	0.014 3

由上述结果可知，1998—2018 年，NRI、SSCI 均不是 MGR 的格兰杰原因；在 1%显著性水平下，MGR、SSCI 均是 NRI 的格兰杰原因；在 5%显著性水平下，MGR、NRI 均是 SSCI 的格兰杰原因。由此说明，价格规制水平的强度（SSCI）和 GDP 增长率 MGR 是影响 NRI 的主要原因，GDP 增长率与价格水平规制之间互相影响，彼此均是对方行情发生变化的原因。

通过构建 VAR 模型，可以通过构建脉冲响应函数并进行方差分解，将本模型揭示的三者之间的相互作用关系同实际情况进行对比，并衡量不同变量的波动对整体波动的贡献。

因本书选取的是年度数据，故建立 12 期脉冲响应函数。主要聚焦于价格水平规制的强度（SSCI）和价格总水平偏离程度 NRI 之间的关系，见图 6-6 至图 6-9。

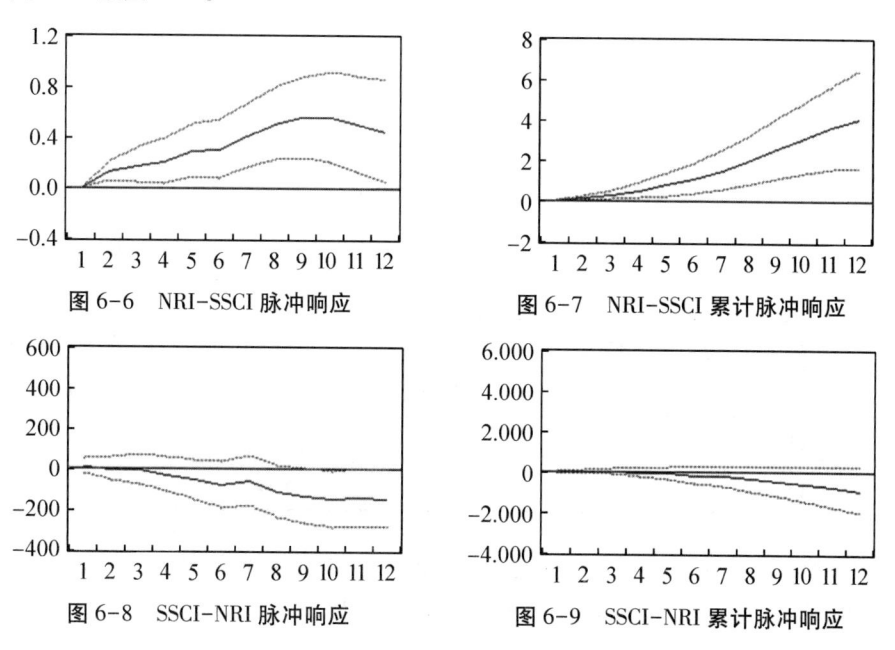

图 6-6 NRI-SSCI 脉冲响应

图 6-7 NRI-SSCI 累计脉冲响应

图 6-8 SSCI-NRI 脉冲响应

图 6-9 SSCI-NRI 累计脉冲响应

根据图 6-6 至图 6-9 脉冲响应函数和累计脉冲响应函数的结果可知，多数图像没有显示出趋近于零或趋近于某一常数的趋势。而本模型经 AR 根图表检验确认所有 AR 根的模均在单位圆内，表明所设定的模型符合稳定性条件，因此推定脉冲响应期限超过一年，侧面反映出中国价格总水平偏离、价格水平规制与 GDP 增长率之间在面对短期调整的情况下很难在短期（一般指一年）达到平衡。

由图 6-6 和图 6-7 可知，当在第一期给 SSCI 一个正的冲击时，短期内 NRI 持续走高，至第 11 期开始呈现，这在一定程度上反映出在中国目前的环境下，价格规制水平对价格总水平之间的影响短期并不严格成立。

由图 6-8 和图 6-9 可知，第一期对 NRI 的一个正向冲击在第 3 期开始起到明显效果，且 SSCI 一直向下波动 20 左右且无明显收敛迹象，表明价格总水平的波动极易对价格水平规制产生负面影响。

由以上对脉冲响应函数的分析，进一步进行方差分解，得到结果见表 6-10。

表 6-10 对 NRI 的方差分解结果

时期	S. E.	NRI	MGR	SSCI
1	0.42	100.00	0.00	0.00
2	0.71	96.93	0.05	3.02
3	0.94	94.23	0.79	4.98
4	1.13	92.25	1.02	6.73
5	1.28	86.71	2.96	10.34
6	1.42	77.42	9.75	12.83
7	1.59	66.67	16.48	16.85
8	1.78	56.10	22.26	21.64
9	1.97	46.68	27.87	25.45
10	2.14	39.68	32.13	28.20
11	2.29	34.89	35.47	29.64
12	2.42	31.38	38.76	29.86

NRI 的方差在前期主要受自身的影响，但自第 6 期开始，自身的影响大幅减弱，随着时间的推移，SSCI 和 MGR 的影响开始凸显。

结论：价格水平规制强度和 GDP 增长率是价格总水平偏离程度的主要影响因素，同时价格水平规制强度是价格总水平偏离程度的单向因果关系，并且这个影响要在滞后 6 个月开始显现。也就是说，前文的假说是成立的，价格水平规制对价格总水平的偏离程度具有较大影响，在中国进行竞争性商品价格水平规制存在比较科学的现实依据。

传统的货币主义理论认为，货币是物价上涨的决定性因素，并且受到诸多因素的影响，十分复杂。如果基于传统通货膨胀理论和货币理论，来建立计量经济学模型，则只能通过 DSGE 来建立巨量的方程组来实现。本节基于数据本身的特点来建立检验模型，关注于时间序列本身的数据生产过程，运用奥卡姆剃刀原则，通过统计方法选出了 GDP 增长率、通货膨胀率、M2 增长率作为基础数据，建立 VAR 模型对我国《价格法》实施以来的价格总水平规制的效果进行了简单评估，结果符合预期，证实了价格水平规制有必要且有效果。

6.5　本章小结

竞争性商品价格水平波动的根本原因在于不确定型决策造成价格调节机制失灵。为了减少不正常价格水平波动带来的经济和社会问题，必须通过有形之手提供更准确的市场信息，减少环境的不确定性，进而减少不确定型决策发生频率，降低价格调节机制运行成本。由于平台经济发展对竞争性商品价格水平的影响还不明显，而且通过验证竞争性商品价格水平规制与 GDP 发展的关系来看，目前的竞争性商品价格水平规制的供给是有效的，调整的紧迫性并不明显。

7 研究结论、研究启示和制度供给建议

7.1 研究结论

7.1.1 平台经济背景下推动竞争性商品价格规制变迁应十分谨慎

平台经济背景下竞争性商品价格规制面临更为复杂的经济和技术环境，根据前文分析结果来看，对原有的价格规制体系进行改革，可能会产生三种结果，一是社会总福利增多，二是社会总福利不增不减，三是社会总福利减少。因此，应冷静应对互联网平台迅猛发展带来的价格监管挑战，在充分考虑市场公平的同时，多从经济学的角度考虑新的制度是否具有效率，谨慎推动竞争性商品价格规制的变迁。

7.1.2 平台内经营者价格行为规制变迁需求较为迫切

根据前文的分析来看，互联网平台经济对经营者的价格行为产生了较为明显的影响，导致了一些新的不正当价格行为出现，不仅产生了新的法律难题，而且原有的法律内容已不完全适应新的形势，甚至导致了执法难的问题。从实证来看，如果加大对平台经济背景下经营者价格行为的规制力度，能够显著降低经营者的不正当价格行为，增加社会总福利。因此，现阶段推动经营者价格行为规制变迁是十分必要的。

7.1.3 加强平台企业价格行为规制应坚持公平与效率统一

从前文分析可以看出，互联网平台采取垄断定价、价格歧视和掠夺性

定价等不正当价格行为会极大增加交易成本、降低市场效率，减少社会总福利。同时，前文也证明了对互联网平台企业的价格行为进行规制能够有效地增加社会总福利。但由于互联网平台具有双边市场特征，且其按照传统价格法律法规视为不正当的价格行为恰恰是其特殊且必要的盈利模式，更重要的是这些价格行为模式为消费者降低了成本。因此，必须将互联网平台企业的价格行为视为独立而特殊的规制对象，科学有效地平衡好维护市场竞争和维护平台企业合法利益的关系，切实维护平台经济的活力。

7.1.4 竞争性商品价格水平规制体系仍然有效

目前我国97%以上的商品价格由市场调节，维护这些商品价格水平的总体稳定对于稳定价格总水平、稳定经济发展具有重大意义。平台经济虽然改变了竞争性商品的交易方式，也在一定程度上改变了交易信息的生成和分享方式，对某些具体商品的价格水平波动具有较为明显的影响。但总体来看，平台经济并没有从根本上影响竞争性商品价格水平的形成机制，没有改变影响竞争性商品价格水平波动的关键因素，因而，现有法律法规特别是《价格法》关于商品价格水平规制的效率仍然十分明显。从前文的实证分析来看，现有的价格水平规制体系仍然适用，改革的迫切性并不明显。

7.2 研究启示

7.2.1 交易成本理论仍适用于平台经济背景下价格规制分析

在理想的完全竞争市场里，价格总是被视为一种应激反应的结果：市场参与者对市场供求关系变化灵敏反应的结果。因此，在完全竞争条件下，价格机制总是被描述成"灵敏"的，其暗含的意思包括：时间极短，能够迅速实现信号变化；能够反映市场供需的微弱调整；价格信号的变化以及价格信号的传递过程是低成本甚至是零成本的；所有的市场参与者都具有同等的充分捕捉价格信号的能力。因而，价格机制能够自发而灵敏地调节竞争性商品的供需，并使之达到均衡。因此，完全竞争市场排斥政府干预，将政府视为一种增加交易成本的因素，反对政府的价格行为。

然而实践证明，价格机制的这种"灵敏性"是相对的，即便是在平经济背景下，市场竞争也不能自我实现，价格机制同样存在失灵的问题。除了各种人为的制度性成本以及投机行为外，市场信息的获取、传输、存储、加工、利用和反馈都需要付出大量的物质成本和非物质成本，这些交易成本决定了价格机制的运行效率，进而决定了市场交易效率：成本越低，价格机制运行效率越高，即对市场交易调节的效率越高，市场交易效率越高；随着成本的上升，价格机制运行效率会逐步降低直至失灵，市场交易的效率也会越来越低，甚至停滞，此时的价格只是一种信号，与现实的市场供需关系无关。

交易成本来自价格机制运行的不同环节，其对不同环节的作用方式和作用结果也不相同。

在价格形成机制中，交易成本受各种因素影响，但主要由市场交易者的定价行为决定，当交易双方特别是供给方的定价行为、谈判策略被投机主义支配时，彼此均需要付出较高的成本去收集、研判信息并需要具有较高的谈判艺术，这种情况下形成真正交易的成本较高，市场难以均衡，也难以形成稳定的价格信号。相反，交易双方彼此能够提供较为充分的信息，释放较为准确的意图，较为容易形成交易价格时，交易成本就会极大地降低。平台经济会对价格形成机制造成较大影响，但价格形成机制失灵的根本原因仍然是交易成本上升导致价格形成效率下降，新的技术和产业环境只是增加了价格形成机制的影响因素，而没有改变其运行规律。

在价格调节机制中，交易成本主要受机会成本不明确影响。本书将价格调节功能的实现过程视为一定的价格信号下市场参与者的一系列的决策过程，这一决策过程不排除交易双方因素的直接影响，但更重要的是受市场环境的不确定以及因专业化等因素造成的不确定性影响。市场环境越不确定，决策的机会成本就越不确定，市场参与者很难找到新的准确的决策参考对象，当这种不确定性达到一定程度时，决策成本就会无限增大。在此情况下，就会出现"延迟决策"现象，即供给双方均可能做出延迟进入或退出交易的决定，供需关系调整的速度就会下降。价格调节市场供需的效率同样取决于市场参与者的决策成本，即判断机会成本的成本。

7.2.2 平台经济催生了对竞争性商品价格规制的新需求

总体来看，随着互联网技术和互联网经济的快速发展，竞争性商品价格规制的外部环境发生了巨大变化，这些变化在不同程度上改变了不同市场主体的价格行为。虽然政府已经自觉或不自觉地改进竞争性商品价格规制体系，但外部环境的变化仍然造成了现有价格规制体系与市场经济发展之间的适应性问题。这种情况出现的根本原因在于，制度设计者的理性有限，很难提前预知未来的经济发展对制度供给的需求，而且制度变迁存在路径依赖，制度供给者并不愿意轻易改变原有的制度，因为这需要付出成本。从某种意义上讲，平台经济发展代表了不断变迁的环境，而价格规制体系则代表了相对静止的存在，当二者之间的不适应达到一定水平时，价格规制体系就必须做出相应的变革，否则就会阻碍平台经济的发展。

7.2.3 平台经济在不同领域导致的制度不适应并不相同

虽然总体上平台经济对竞争性商品价格水平规制会产生重要影响是确定无疑的，但对于不同的主体、不同规制对象而言，这种影响则又是不同的，即影响并不是均匀地作用于不同的空间与对象，针对不同对象的制度体系的不适应程度并不相同。总体来看，首先，最大的不适应发生在传统的规制体系与互联网平台企业的价格行为规制需求之间，这与互联网平台强大的网络外部性、双边市场特征以及用户锁定效应等特征紧密相关，现有的关于垄断价格、价格歧视和掠夺性定价以及社会总福利增长等评判标准，无法完全套用在互联网平台企业身上。其次，传统的规制体系与经营者的价格行为之间也发生了不适应，但这种不适应并不是特别明显，一方面，很多经营者仅仅是将线下交易活动转到了线上，价格行为并没有发生根本性改变；另一方面，依托互联网平台的交易方式滋生了新的不正当价格行为，传统的价格行为规制方式方法不完全适应。最后，互联网平台经济对传统的价格水平调控体系挑战不大，原因在于互联网平台经济虽然加快了价格信息传递速度，能够迅速触发价格波动，但总体上降低了普通消费品交易成本，难以触发根本性的经济危机；同时，互联网平台经济所占比重还不够大，对重点商品的价格影响还不是决定性的，粮食、农资、药品等价格的最大影响因素还是供需关系、货币及金融政策等，而传统的价格调控体系已经能够较好地适应这些挑战了。

7.2.4 针对不同对象的价格规制变迁的迫切性和可行性不同

平台经济虽然对竞争性商品价格规制造成了影响，但环境变迁以及环境对价格规制对象的影响并不必然会推动制度变迁，即环境变革与制度变迁并不一定同时发生，只有前者造成后者效率下降时，才需要重新考虑制度供给问题。从研究结果来看，在平台经济背景下，现有的针对经营者的价格行为、互联网平台企业和价格水平的规制体系呈现出不同的适应性特征，进而也带来了不同的制度变迁需求。总体来看，目前对于竞争性商品经营者的价格行为和竞争性商品的价格水平的规制变迁的需求并不是特别强烈。因为从实践来看，现有的规制手段仍然是有效率的，即规制带来的社会福利的增加仍然大于实施规制需要付出的代价，因此，进行新的制度供给的必要性和迫切性就不是特别强烈。但对于互联网平台企业的价格行为的规制则要复杂得多，难以笼统地判定其是否需要推动现有价格规制体系变革或维持现有价格规制体系不变。

7.2.5 平台企业价格行为规制应成为价格行为规制的重点

互联网平台既是平台经济的核心载体和关键推动者，又是平台经济发展的积极参与者，是互联网技术发展的最重要的产物之一。虽然能够证明现有的价格规制不断地增加互联网平台企业的机会成本，从而降低交易成本，进而能够增加社会总福利。但这并没有掩盖对互联网平台企业价格行为规制的特殊性和挑战性。互联网平台企业的特殊性，导致了现有的竞争性商品价格行为规制体系的不适应。这些不适应，既包括一些认知上的挑战，也包括实践方面的挑战，前者包括互联网平台的市场边界、互联网平台的市场支配地位等特征和标准等方面的认识，后者则包括现有价格法规体系、执法体系、权力关系、技术水平等方面的不适应。当然，这种特殊性并没有否定对互联网平台企业的价格行为规制的必要性，而前文也已经证明了现有的规制体系的有效性，这里强调的是其技术和管理上的特殊性导致的价格规制的复杂性，仍需要进一步研究。

7.2.6 竞争性商品价格规制的核心仍然是降低交易成本

价格规制在价格形成机制和价格调节机制中的作用机理并不完全相同，但其核心都是通过适当的规制有效降低价格机制运行成本，恢复价格机制的自发调节功能。虽然在平台经济背景下，互联网技术和信息技术的进步已经极大地降低了交易成本，但上述基本结论仍然成立。一方面，传统的交易成本虽然被降低了，但并不是消失不见了。另一方面，新的技术给不正当价格行为提供了新的空间，这些新的不正当价格行为同样会增加交易成本。因此，在平台经济背景下讨论竞争性商品价格规制的关注点仍然应该放在降低交易成本上。

政府规制对价格形成机制的调节通过对价格行为规制体现出来。通过规范市场主体的价格行为，有效形成商品价格，可以维护公平竞争的市场秩序。价格行为规制主要从以下几个方面降低价格形成成本：降低信息费用，如通过要求交易双方对商品进行明码标价、公布产品效能等，使市场参与者的私人信息变成公开信息，能够有效降低信息搜集和处理成本；降低谈判成本，通过限制垄断价格、价格欺诈等不正当价格行为，能够有效减少价格形成过程中的机会主义影响；降低风控成本，一方面较为充分的信息和较少的投机行为降低了交易的风险，另一方面通过规制能够极大提高不正当价格行为的成本，进而能够减少合同履行过程管理和交易风险控制成本；降低非市场交易成本，政府规制有效提高了价格管理法治化、规范化水平，减少了繁文缛节、廉洁成本等非交易成本。

价格水平规制通过政府之手为交易双方提供较为充分的市场信息，降低市场环境和决策机会成本的不确定性，降低决策成本，进而提高市场参与者的决策效率，减少"延滞决策"的发生，提升市场参与者进入或退出市场的效率，最终恢复价格的调节功能。总体来看，价格水平规制通过两个环节实现其目标：一是改善市场信息供给，改变市场环境中的不确定因素；二是调整市场信息的传递渠道，为市场参与者提供较为权威和统一的信息传递渠道，让更多的市场参与者及时获得较为确定的信息。如此，价格水平规制通过降低市场信息的不确定性，逐步恢复价格信号的灵敏性。

总体来看，价格规制的着力点是信息供给和机会主义。其中，改变作为交易桥梁的信息供给更为重要，信息是否充分、及时、全面决定着价格机制运行成本的高低，进而导致社会福利的增加或减少。信息的作用在市场参与者决策中尤为突出，信息的不确定性是决策成本存在的直接原因，要使决策成本降低必须改善信息供给，推动不确定型决策向确定型决策转变。研究者对价格机制中的机会主义影响的关注不够多，但在价格形成过程中，投机行为可以视为一种信息策略——垄断信息或释放有限信息、传递错误信息，在实现信息优势一方利益的同时，极大地增加了信息弱势一方的信息获取和研判成本。因此，要降低价格机制运行成本必须通过政府行为减少价格形成过程中的机会主义行为。

7.3 制度供给建议

基于前面的讨论可以看出，现有竞争性商品价格规制体系在平台经济背景下仍然有效，特别是价格水平调控体系仍然没有出现明显的不适应。但制度与环境之间的不适应并不是突然出现的，而是一个渐进的过程，即一开始表现得不突出，随着时间的推移，这种不适应将会越来越明显，最终会影响市场效率和社会福利的增加。为此必须及时跟进平台经济发展状况，及时做好制度变革的准备，并对相关的改革方案的效率进行科学评估。

西方国家自20世纪70年代就开始将成本—收益分析作为立法影响分析的重要方法[1]，认为可以有效降低政府行为的感性和道德色彩，使之受到更多约束。我国直到2004年才首次明确要求，积极探索对立法项目尤其是经济立法项目的成本效益分析制度。但2015年修订《中华人民共和国立法法》时并没有将成本—收益分析作为提高立法质量的重要方法。实践中，虽然要求在制定法规和规范性文件过程中必须进行专家论证、风险评估、公平竞争审查等，但没有提出必须进行成本—收益分析。为此，专家学者纷纷呼吁采取成本—收益这一被国际普遍采用的立法影响分析方法。

本书认为，针对现有竞争性商品价格水平规制体系与平台经济发展不完全适应的问题，要立足互联网平台经济的特点，坚持"宽容审慎"的原则，瞄准降低价格机制运行成本、降低竞争性商品价格规制成本、增加社会福利三大目标，以提升决策效率、执行效率、监督效率以及降低机会成本的不确定性为重点，加强相关制度供给。

7.3.1 提升竞争性商品价格规制决策效率

在掌握充分且准确的市场信息前提下，提升决策速度以及精确的决策方案。

第一，建立健全价格法律法规。根据我国市场经济活动的现实，特别是科学技术带来的经营模式的变迁，与时俱进地完善相关法律法规。修改

---

[1] 汪全胜. 我国立法成本效益分析制度构建的困境及出路 [J]. 安徽师范大学学报（人文社会科学版），2014 (4)：451-457.

完善《价格法》，确保《价格法》与现有的行业监管法律相一致，根据《反垄断法》《反不正当竞争法》《消费者权益保护法》等法律内容，及时调整和剔除原有内容，使其回归价格监督和管理职能。针对互联网平台经济的特殊性，着力完善经营者和互联网平台企业的价格行为规制的法律体系，进一步细化相关法律，提升法律的针对性、操作性和有效性。进一步完善重点商品和服务价格规制的法律法规，突出抓好粮食等与群众生活密切相关的竞争性商品和服务的定价、标价、议价、履行价格承诺等规范，做好医疗等特定的行业和领域价格行为规范。

第二，加强价格信息跟踪监测。在平台经济背景下，加强价格信息跟踪监测体系的关键是突破监管者与经营者以及互联网平台之间的技术障碍，其中最重要的是依托大数据构建新的价格信息监测系统。这个系统包括价格成本信息、价格波动管理、价格信息发布以及价格社会监督等子系统。新的价格信息监督管理系统有利于实现互联网平台与政府之间信息的有机对接和共享交换，拓宽互联网平台经济价格案件线索收集和取证渠道，提升价格行为监管的前瞻性，提升竞争性商品价格水平规制的精确性和便捷性。

第三，着力提升信息研判能力。提升价格规制决策者的素质，进一步加强价格管理队伍建设，着力提升物价干部特别是基层物价干部的理论修养、业务能力和决策能力。着力完善价格调研制度，大兴调研之风，真正做到理论联系实际，将决策建立在坚实的市场实践之上，坚决反对主观主义。完善价格决策程序，坚持科学决策、民主决策、依法决策，加强价格决策的可行性论证，尽量减少个人经验对价格决策的影响。充分运用好现代科学决策技术，依托信息技术和统计技术，切实提升价格决策的科学性、精确性、严密性和可行性。

7.3.2 提升竞争性商品价格规制执行效率

以最小的成本实现规制目标，尽量减少规制机构运行的成本。

第一，增强价格管理部门权限。总体来看，我国价格规制的难度要比工商管理、技术监督等难度大得多，价格行政执法更容易受到干扰，除了加强组织领导、充实职能、加强人员配置外，还应该特别针对不正当价格行为规制存在的调查难、取证难、处罚难的困境，直接赋予价格规制主体相应的权力（处罚权），赋予规制主体直接处罚不正当价格行为的直接责任人和管理人员的权限；建立直接罚没不正当价格行为款项的权力；赋予价格管理机构变卖扣押商品抵缴罚没款的权力，切实增加规制效率。

第二，降低部门协同成本。构建信息化的市场价格监管体系，建设大数据价格监管库，为各级价格监督执法部门提供便捷的知识、案例、数据获取渠道，降低不同部门、不同级别价格管理部门之间沟通的技术成本。进一步完善政府部门之间的协调机制，确保物价、土地、税收、金融、司法、市场监管等部门能够统一行动，提高价格规制执行效率，降低执行成本。其中，最重要的是要统一价格执法权限，要根据《价格法》和《价格违法行为处罚规定》统一不正当价格行为检查执法权限，避免政出多门、互相掣肘，提高执法效率。与此同时，建立管理权、监督权、司法权相互独立的决策、执行和监督体制，确保价格违法行为处罚依法进行，有效进行。进一步提高各部门价格行为的透明度，使参与价格规制的各部门能够及时掌握彼此的动机、目的和措施，更好地做好配合，降低部门之间的沟通成本，提升行动效率。

第三，科学选择价格规制手段。根据价格行为规制和价格水平规制的不同要求，以及不同商品在不同属性、不同情境下的特殊需求，合理选择价格规制的方式方法，正确使用经济、法律和行政手段。总体来看，竞争性商品价格规制不存在哪种手段最好的问题，但在不同的情况下有些手段更为合适：在竞争性商品经营者的价格行为规制过程中，尽量以法律手段为主，行政手段为辅；而在竞争性商品价格水平规制过程中，尽量以经济手段为主，而以法律手段、行政手段为辅。但无论是价格行为规制还是价格水平规制，都应该慎用行政手段，避免滥用行政自由裁量权。

第四，提升价格规制投入效率。尽量用有限的资源投入，取得更好的价格规制效果。2014年国家开始在东北实施大豆目标价格补贴后，财政部驻吉林省专员就发现补贴发放方式存在一些问题，补贴对象零散，补贴资金较小，工作环节烦琐、工作量极大，极大地增加了行政成本，降低了政策效率。要提升竞争性商品价格规制效率，必须认真评估各种方式的影响和效率，选择最优的方式，提升资源投入产出效率。

第五，加强专业人才队伍建设。根据平台经济发展的趋势和价格监督管理体系信息化趋势，加强信息化人才队伍建设。一方面，加强专业人才队伍建设，加大信息技术人才的引进力度，培训原有人员，提升其信息技术使用能力；另一方面，积极借用外脑，在确保保密的前提下，积极主动与专业结构和专业人才合作，充分挖掘信息技术在价格监管方面的潜力。

7.3.3 提升竞争性商品价格规制监督效率

大力提升政府部门对市场参与者执行价格规制情况的监督、政府价格主管部门对其他部门执行价格规制情况的监督。

第一，完善监管职能。把价格规制监督制度作为竞争性商品价格规制法律法规建设的重要内容，确保价格规制有力执行。价格主管部门按照全方位、整体性要求，真正意识到竞争性商品价格规制的合理性、必要性，既要抓好非竞争性商品价格的监管，又要抓好竞争性商品价格规制，既要抓好城市价格监管，也要做好农村价格监管。进一步健全价格举报制度，完善举报网络。进一步完善重点行业的抽查和定期报告制度，确保市场参与者能够全面执行价格规制的各项规定。进一步建立价格应急管理制度，积极应对因价格问题引起的各类突发事件。进一步完善对重点监督对象的跟踪随访，认真做好整改情况的检查，确保各项政策落实到位。

第二，创新对市场参与者的监管方式。对价格违法行为的识别和定性能力要进行加强，增强对不正当价格行为的执法处罚力度，提高价格监管的水平和效率。引导经营者建立健全内部价格管理制度。探索"柔性"监管方式，及时研判和发现可能出现的不正当价格行为，通过适当的方式干预价格违法行为。协调企业掌握价格调整的合理时机，适当进行价格调整，避免较大的社会影响。加强宣传教育，引导市场参与者加强价格自律，维护市场秩序。充分发挥信用体系的约束功能，推动市场参与者主动加强价格自律，筑牢思想防线。

第三，切实做好价格执法监督。加强对市场参与者价格行为监督的同时，做好对政府部门价格执法行为的监督，严格执法程序和标准，防止和制止执法行为"失范"：价格管理失控、"三乱"屡禁不止、地方保护主义严重、执法不严等问题[1]，加强价格执法队伍的法律教育；大力支持价格主管部门依法治价，严厉打击价格违法行为；加强法律监督和社会监督，确保价格管理部门不敢违法，维护经营者和消费者合法权益。

第四，做好价格规制影响评估。及时做好价格规制执行效果评估，避免因执法主体或市场参与者的不当行为造成负面影响。积极发展价格规制

---

[1] 李书田. 论政府价格行为规范问题 [J]. 市场经济与价格，2012（2）：8-12.

效果评估的技术和标准，及时对价格规制的效果做出判断，并据此修订相关的政策措施。价格规制评估既要重视事实层面的目标，要关注各种投入和价格变动情况，也要关注价值层面的目标，即是否维护了政府的基本价值观，政策执行效果是否与价格规制的初衷吻合；既要关注预期影响，也要关注非预期影响，跳出被监控的商品、本区域或本部门审视价格规制影响，及时发现潜在的政策风险，避免产生较大的损失。

第五，提升竞争性商品价格规制的有效性。在竞争性商品价格规制中，消费者为委托人，而价格监管机构则是代理人。要实现价格规制的有效性，必须做到委托人支付给代理人的代价不低于代理人执行规制的机会成本，同时还需要维持市场的有效性。但即使上述条件都满足了，要提升竞争性商品价格规制的有效性，价格监管机构也必须做到切实约束自己的行为。特别是在信息不对称的情况下，价格监管机构的规制行为都具有不确定性，为了降低决策成本，这些机构极有可能是依据不充分、不真实的信息进行决策。为了避免出现这种情况，除了增加决策的科学性，降低规制结果的不确定性，还必须进一步完善价格行为规制的监督，减少规制后果的不确定性。

7.3.4 降低竞争性商品价格规制机会成本的不确定性

提供更充分的信息，让市场参与者能够对机会成本进行正确的判断与评估，从而作出更准确的决策。

第一，增强价格服务意识。一方面要进一步健全价格监测网络，及时掌握重点商品的价格波动情况，并就价格波动趋势进行综合分析和研判。完善成本调查制度，进一步完善重要商品市场的价格监测制度，主动运用市场信息引导价格形成，引导消费者明白消费。另一方面要及时向社会发布价格信息，除价格指数外，还应该发布重要商品和服务的价格与成本监测情况，为市场提供更多的供求信息，调节市场参与者的行为。对价格波动异常的情况，根据市场情况以及政府价格规制目标，及时做好政策宣传，引导生产和消费行为。

第二，完善信息强制披露制度。信息是一种稀缺资源，信息不完全是市场资源配置扭曲的直接原因之一。在交易中，拥有信息的多少决定了市场参与者的地位，因此，有些市场参与者会故意隐瞒一些信息，误导对方，增加谈判对手研判机会成本的难度。政府要进一步健全促使市场参与者主动披露信息的激励机制,即建立强制信息披露机制,确保市场参与者能够共享相关信息,避免交易活动中,占有信息优势的一方故意隐瞒、欺骗和传播虚假信息,损害信息弱势方的利益,减少经济活动中的机会主义。与此同时,政府也应该加强自身干涉经济信息的披露,将政策制订过程和政策执行情况公开告知社会。

第三,提高需求方的风险防范意识。虽然个体理性有限、专业知识有限和谈判技巧有限,但在有条件的情况下,应尽可能地引导需求方提高风险防范意识,培育较为成熟的维权意识。当发现不正当价格行为,鼓励受害人勇敢捍卫自己的合法权益,尽可能地提高价格违法行为成本。

第四,发挥舆论引导和监督作用。价格主管部门要发挥好舆论引导作用,充分利用新闻媒体广泛宣传价格法规;发挥新闻舆论的监督作用,通过公开曝光和社会讨论,对不法经营者形成强大舆论压力,确保各项价格规制措施落实到位。

7.3.5 妥善加强对平台价格行为的规制

互联网平台是一种与传统平台不同的经济组织,是技术创新、组织创新和模式创新的统一体,突破了相关法律对市场主体行为的认知标准,一方面存在市场不易界定、市场支配地位认定难等方面的困难,另一方面存在监管方面的技术障碍,互联网平台往往以隐蔽的形式在后台左右着市场交易行为,其价格行为具有很大的隐蔽性,难以取证和监督。但互联网平台企业的不正当价格行为又是客观存在的。因而,在完善互联网平台价格行为规制的过程中,要处理好以下几对关系。

公平与效率的关系。立法的出发点往往是为了维护公平,即保障市场主体能够公平参与市场竞争。但在经济活动中,公平是一个很难被量化评价的标准。更重要的是,对于经济而言,如果不能维护效率,单纯的公平价值是没有意义的。互联网平台是一种特殊的市场主体,具有自然垄断的特征。比如,在立法过程中,承认平台经济中寡头垄断是一种常态,虽然不利于平台之间的竞争或增加新进入者的难度,但这是保持其效率的必要方法。而在实践中,这点往往被否定,特别是对于地方政府而言,注册地在外地的互联网平台企业是破坏本地就业、税收和业态的外来力量,很多地方立法会自觉或不自觉地抵制这种外来力量,网约车的地方立法就存在这种问题,如提高进入门槛等。互联网平台的网络外部性决定了其效率来自规模，而消费者福利也来自这种规模，破坏互联网平台的效率就是损害消费者的福利。因此，对互联网平台企业价格行为的规制必须建立在尊重效率的基础之上。

新旧标准的关系。虽然强调了效率标准的重要性，但并不能否认公平的价值，即确保互联网平台与经营者、消费者之间的公平交易以及互联网平台之间的公平竞争的重要性。对于政府监管部门而言，对互联网平台企业的价格行为监管的重点是确定其是否滥用了市场支配地位，如果是则需要加以惩罚和纠正。对公平交易和公平竞争的维护，能够有效地增加市场主体之间的竞争，维护消费者的选择权利，进而增加消费者福利。但从实践来看，要确定互联网平台是否滥用了其市场支配地位是一件富有挑战的任务，无法使用已有的判定标准。现有的对市场支配地位的认定不再适用于互联网平台，比较合适的是双层式结构，即先由市场份额推动门槛，再确定市场支配地位的构成，然后综合各种因素来认定是否形成市场支配地位。这一认定方式避免了用简单的市场份额来认定互联网平台的市场支配地位，因为市场支配地位有弹性，具有明显的时间性特征。因此，要处理好新旧两种市场支配地位认定标准之间的关系。

成本与收益的关系。对互联网平台企业的价格行为规制同样得考虑经济上的可行性，即考虑成本和收益。由于对互联网平台企业是否滥用市场支配地位、价格行为是否正当以及相关市场的界定是非常复杂的问题，加上几乎每一个案例都需要从各种供需关系的可替代性上下功夫。这些工作，仅仅运用法律手段已经无法满足。而且这类案件数量越来越多且过程漫长，需要大量的人手和资金，监督执法需要耗费巨大的人力、物力和时间成本，与此同时，执法机构还不能干预正常的经济活动。这些成本实际上是对社会福利的损害，如果这种成本不能增加更多的社会福利，则在经济上就不具有可行性。为此，讨论互联网平台企业的价格行为规制，必须考虑其效用，即对社会总福利的影响。

7.4 本章小结

依托互联网技术发展起来的互联网平台经济是互联网经济的核心，其极大地改变了竞争性商品价格规制的外在环境，对交易成本产生了较大影响，必须适时对相关规定进行调整，降低交易成本，提升市场效率，增进社会福利。但鉴于互联网平台经济的特殊性，这种调整必须既要考虑到平台经济背景下经营者和互联网平台的价格行为特征，以及价格水平波动的特点，也要考虑到经济成本，充分考虑制度变迁的成本—收益问题，力争确保社会福利最大化。

参考文献

[1] 斯密德. 制度与行为经济学 [M]. 刘璨, 吴水荣, 译. 北京: 中国人民大学出版社, 2004.

[2] 庇古. 福利经济学 [M]. 金镝, 译. 北京: 华夏出版社, 2017.

[3] 威廉姆森. 治理机制 [M]. 石烁, 译. 北京: 机械工业出版社, 2016.

[4] 博登海默. 法理学: 法律哲学与法律方法 [M]. 邓正来, 译. 北京: 中国政法大学出版社, 1999.

[5] 布坎南. 自由、市场与国家 [M]. 吴良健, 桑伍, 曾获, 译. 北京: 三联出版社, 1989.

[6] 曹国芳. 对放开商品价格如何加强监管的思考 [J]. 市场经济与价格, 2014 (10): 27-31.

[7] 沃尔夫. 市场或政府 [M]. 谢旭, 译. 北京: 中国发展出版社, 2004.

[8] 陈彩虹. 机会成本的不精确性与投资决策 [J]. 财经问题研究, 1998 (7): 20-24.

[9] 陈长石. 政府激励与规制波动: 机理、影响与治理 [M]. 北京: 中国社会科学出版社, 2016.

[10] 陈富良. 我国经济转轨时期的政府规制 [M]. 北京: 中国财政经济出版社, 2000.

[11] 陈志广. 反垄断法-交易费用的视角 [D]. 上海: 复旦大学, 2005.

[12] 陈良. 对相关决策成本有关问题的探讨 [J]. 中央财经大学学报, 2006 (8): 93-96.

[13] 陈太福. 从"理性经济人"到人的全面发展 [J]. 改革与战略, 2000 (2): 14.

[14] 陈奕熊. 关于加强放开价格事中事后监管的几点思考 [J]. 市场经济与价格, 2016 (2): 21-23.

[15] 程贵孙. 互联网平台企业竞争与反垄断规制研究 [M]. 上海: 上海财经大学出版社, 2016.

[16] 崔连广, 张敬伟, 邢金刚. 不确定环境下的管理决策研究: 效果推理视角 [J]. 南开管理评论, 2017 (5): 105-115.

[17] 弗里德曼. 经济学语境下的法律规则 [M]. 杨欣欣, 译. 北京: 法律出版社, 2004.

[18] 史普博. 管制与市场 [M]. 余晖, 等译. 上海: 格致出版社、上海三联书店、上海人民出版社, 2008.

[19] 卡尔顿, 佩罗夫. 现代产业组织 [M]. 胡汉辉, 顾成彦, 沈华, 译. 北京: 中国人民大学出版社, 2009.

[20] 诺斯. 制度、制度变迁与经济绩效 [M]. 杭行, 译. 上海: 格致出版社、上海三联书店、上海人民出版社, 2008.

[21] 邓春玲. "经济人"与"社会人" [J]. 山东经济, 2005 (2): 7-8.

[22] 丁以升, 张玉堂. 法律经济学中的个人主义与主观主义: 方法论视角的解读与反思 [J]. 法学研究, 2003 (6): 42-56.

[23] 法丽娜. 当代中国多元利益矛盾的法经济学分析 [M]. 上海: 上海社会科学出版社, 2015.

[24] 方霏. 不确定情境下的理性决策 [J]. 山东经济, 2005 (3): 9-15.

[25] 方振南. 规范网络电商价格行为的政策研究 [J]. 商, 2016 (3): 94-98.

[26] 冯玉军. 新编法经济学: 原理·图解·案例 [M]. 北京: 法律出版社, 2018.

[27] 彼得斯. 政治科学中的制度主义: "新制度主义" [M]. 王向民, 段红伟, 译. 上海: 上海人民出版社, 2011.

[28] 高本权. 经济学方法论与经济研究方法 [M]. 北京: 中国财政经济出版社, 2013.

[29] 高文进, 高兴佑. 自然资源价格理论与实践 [M]. 北京: 光明出版社, 2015.

[30] 高雨平. 网络交易价格监管问题研究 [D]. 长春: 吉林省行政学院, 2019.

[31] 戈闯. 完善我国放开价格监管机制的研究 [J]. 价格月刊, 2015 (3): 19-22.

[32] 管斌. 混沌与秩序: 市场化政府经济行为的中国式建构 [M]. 北京: 北京大学出版社, 2010.

[33] 郭利. 我国经济周期性循环中的价格总水平波动特征研究 [J]. 经济研究信息, 2006 (12): 10-18.

[34] 郭毓洁, 张辉. 中国竞争性行业产业规制问题新探 [J]. 社会科学战线, 2016 (6): 250-254.

[35] 哈耶克. 法律、立法与自由: 第一卷 [M]. 邓正来, 张守东, 李静冰, 译. 北京: 中国大百科全书出版社, 2000.

[36] 韩静静. 机会主义行为对供应链企业间合作绩效的影响机制研究 [D]. 天津: 天津理工大学, 2016.

[37] 西蒙. 现代决策理论的基石 [M]. 杨砾, 徐立, 译. 北京: 北京经济学院出版社, 1989.

[38] 何立胜, 杨志强. 政府行为外部性与"诺斯悖论"的相关研究 [J]. 江汉论坛, 2006 (1): 44-46.

[39] 何倩. 比例原则在价格规制中的适用分析 [J]. 法学论丛, 2014 (5): 28-32.

[40] 胡峰, 曹荣光. 我国自然垄断行业价格规制研究 [M]. 北京: 中国经济出版社, 2015.

[41] 胡甲庆. 反垄断的法律经济分析 [D]. 重庆: 西南政法大学, 2005.

[42] 胡石清, 乌家培. 外部性的本质与分类 [J]. 当代财经, 2011 (10): 5-14.

[43] 黄文平. 我国社会性规制的法经济学研究: 基于冲突与纠纷解决的视角 [M]. 北京: 经济科学出版社, 2014.

[44] 黄勇, 杨利华. 第三支付平台企业掠夺性定价的反垄断法分析 [J]. 河北法学, 2016, (4): 29-38.

［45］贾卧龙. 全面限价 楼市调控的又一紧箍咒？限价令"路遥"才知"马力"［J］. 城市开发，2011（7）：15-17.

［46］寒洁，袁恒，陈华. 第三方网络交易平台与网店经营主体进化博弈与交易监管［J］. 商业研究，2014（8）：142-149.

［47］简资修. 经济推理与法律［M］. 北京：北京大学出版社，2006.

［48］姜辉，许如宝. 制度均衡及其有效性分析：基于制度供需理论的视角［J］. 经济论坛，2018（10）：34-41.

［49］蒋潇君. 互联网企业滥用市场支配地位行为的反垄断法规制研究［D］. 北京：对外经济与贸易大学，2014.

［50］蒋淑玲. 价格管制的一般均衡分析［J］. 财会研究，2005（7）：70-72.

［51］姜榕兴. 市场经济条件下中国价格管理研究［D］. 福州：福建师范大学，2004.

［52］舒拉发，格雷泽. 价格理论及其应用［M］. 李俊慧，周燕，译. 北京：机械工业出版社，2014.

［53］斯科特，安永康. 规制、治理与法律：前沿问题研究［M］. 宋华琳，译. 北京：清华大学出版社，2018.

［54］来新安. 不确定环境下决策范式的演进［J］. 统计与决策，2009（19）：13-16.

［55］波斯纳. 法律的经济分析［M］. 蒋兆康，译. 北京：中国大百科全书出版社，1997.

［56］李稷文. 中国证券市场政府管制研究［M］. 北京：经济科学出版社，2007.

［57］李盛霖，赵小平. 价格管理实务［M］. 北京：中国市场出版社，2005.

［58］李云峰，李建建. 近十年我国房地产宏观调控政策的回顾与思考［J］. 经济纵横，2013（10）：86-89.

［59］林积昌. 市场价格行为学［M］. 上海：生活·读书·新知三联书店，1998.

［60］林立. 波斯纳与法律经济分析［M］. 上海：生活·读书·新知三联书店，2005.

［61］刘定华，肖海军. 宏观调控法律制度［M］. 北京：人民法院出版

社，2002.

［62］刘华涛. 我国自来水行业价格管制研究：基于新制度经济学角度的分析［J］. 价格理论与实践，2017（8）：36-39.

［63］刘婧颖，张顺明. 不确定环境下行为决策理论述评［J］. 系统工程，2015（2）：13-15.

［64］刘戒骄. 从工业品市场竞争的新现象看竞争性商品的政府管制［J］. 社会科学，2001（1）：12-15.

［65］刘戒骄. 反垄断还是反竞争：评竞争性产业价格规制中的固定价格行为［J］. 福建论坛（经济社会版），2000（2）：9-13.

［66］刘丽杭. 医疗服务价格规制的理论与实证研究［D］. 长沙：中南大学，2005.

［67］刘宁. 我国食品安全社会规制的经济学分析［J］. 工业技术经济，2006（3）：132-134.

［68］刘伟，夏立秋，王一雷. 动态惩罚机制下互联网金融平台行为及监管策略的演化博弈分析［J］. 系统工程理论与实践，2017（5）：1113-1122.

［69］刘学敏. 中国价格管理研究［M］. 北京：中国社会科学院出版社，2000.

［70］卢现祥，刘大洪. 法经济学［M］. 北京：北京大学出版社，2010.

［71］罗必良. 新制度经济学［M］. 太原：山西经济出版社，2005.

［72］麦乐怡. 法与经济学［M］. 孙潮，译. 杭州：浙江人民出版社，1999.

［73］鲍德温，凯夫，洛奇. 牛津规制手册［M］. 宋华琳，等译. 上海：生活·读书·新知三联书店，2017.

［74］考特，尤伦. 法和经济学［M］. 张军，译. 上海：生活·读书·新知三联书店，1991.

［75］马克思. 资本论：第一卷［M］. 郭大力，王亚南，译. 北京：人民出版社，1975.

［76］奥尔森. 集体行动的逻辑［M］. 陈郁，等译. 上海：生活·读书·新知三联书店、上海人民出版社，1995.

［77］弗里德曼. 价格理论［M］. 蔡继明，苏俊霞，译. 北京：华夏出

版社，2011.

[78] 梅黎明.中国规制政策的影响评价制度研究［M］.北京：中国发展出版社，2014.

[79] 潘伟杰.制度变迁与政府规制研究［M］.上海：生活·读书·新知三联书店，2005.

[80] 浦徐进，王亚，田广.差异化共享平台的价格竞争策略及社会福利水平研究［J］.产业组织评论，2018（1）：1-18.

[81] 戚聿东，李颖.新经济与规制改革［J］.中国工业经济，2018（3）：5-23.

[82] 荣晨.现代规制理念与我国价格规制现代化［J］.中国经贸导刊，2018，（15）：26-31.

[83] 萨缪尔森，诺德豪斯.经济学［M］.萧琛，译.北京：人民邮电出版社，2008.

[84] 史际春，肖竹.论价格法［J］.北京大学学报（哲学社会科学版），2008（6）：56-63.

[85] 宋煌平.西方公共管理理论的发展及其对我国的启示［J］.学术界，2009（2）：284-288.

[86] 孙鳌，陈雪梅.政府外部性的政治经济学［J］.学术：论坛，2006（3）：84-89.

[87] 孙宝强.建设放开商品价格监管系统［J］.市场经济与价格，2010（5）：15-19.

[88] 孙伟，魏嘉希.政府价格监管中的成本信息公开：现状、问题与对策［J］.价格理论与实践，2018（5）：34-39.

[89] 施蒂格勒.产业组织和政府管制［M］.潘振民，译.上海：上海三联书店，1996.

[90] 斯蒂格利茨.政府为什么干预经济［M］.郑秉文，译.北京：中国物资出版社，1998.

[91] 斯蒂文.米德玛.科斯经济学：法与经济学和新制度经济学［M］.罗君丽，等译.上海：格致出版社、生活·读书·新知三联书店、上海人民出版社，2010.

[92] 沙维尔.法律经济分析的基础理论［M］.赵海怡，史册，宁静，译.北京：人民大学出版社，2013.

[93] 史璐. 价格管制理论与实践研究 [M]. 北京：知识产权出版社, 2012.

[94] 唐家耍. 反垄断经济学理论政策 [M]. 北京：中国社会科学出版社, 2008.

[95] 唐思文. 新价格论：两种经济学价格理论的统一 [M]. 北京：社会科学文献出版社, 2013.

[96] 汤自军. 法经济学基础理论研究 [M]. 成都：西南交通大学出版社, 2017.

[97] 田国强. 高级微观经济学 [M]. 北京：中国人民大学出版社, 2016.

[98] 袁嘉. 德国滥用相对优势地位行为规制研究：相对交易优势地位与相对市场优势地位的区分 [J]. 法治研究, 2016 (5)：124-131.

[99] 袁庆明. 新制度经济学 [M]. 北京：中国发展出版社, 2011.

[100] 万江. 中国反垄断法：理论、实践与国际比较 [M]. 北京：中国法制出版社, 2015.

[101] 王宝义."新零售"的本质、成因及实践动向 [J]. 中国流通经济, 2017 (7)：3-11.

[102] 王波."政治理性人"的基本逻辑：政治学基本人性假设的新思路 [J]. 海南大学学报（人文社会科学版）, 2018 (1)：12-16.

[103] 王夫冬, 周梅华. 基于价格规制和第三方物流参与的三级供应链协调机制研究 [J]. 统计与决策, 2018 (6)：39-43.

[104] 王恒久, 刘戒骄. 竞争性商品的价格规制 [J]. 中国工业经济, 2000 (1)：68-71.

[105] 王俊豪. 政府管制经济学导论 [M]. 北京：商务印书馆, 2017.

[106] 王娜, 谭力文. 基于双边市场的平台企业定价策略研究 [J]. 首都经济贸易大学学报, 2010 (2)：59-64.

[107] 王双正. 改革开放以来我国价格总水平运行与调控分析 [J]. 经济研究参考, 2007 (51)：9-19, 30.

[108] 王树文. 我国公共服务市场化改革与政府管制创新 [M]. 北京：人民出版社, 2013.

[109] 王天义. 马克思的价格理论及其现实意义 [J]. 河南大学学报（社会科学版）, 1990 (6)：7-12.

[110] 王吓忠.中国住宅市场的价格博弈与政府规制研究［D］.厦门：厦门大学，2007.

[111] 王万山，伍世安，徐斌.中国市场规制体系改革的经济学研究［M］.大连：东北财经大学出版社，2010.

[112] 王向楠.市场竞争与价格离散：影响机理与经验证据［J］.中国管理科学，2018（11）：83-93.

[113] 王威.沉没成本与机会成本决策相关性辨析［J］.财税研究，2015（13）：238-240.

[114] 王文举，范合君.企业价格串谋识别的博弈分析及模拟［J］.商业研究，2010（5）：49-52.

[115] 王雅丽，毕乐强.公共规制经济学［M］.北京：清华大学出版社，2011.

[116] 王耀忠.药品价格管制的经济分析：中国医药市场的成长之谜［M］.上海：立信会计出版社，2010.

[117] 王云霞.改善中国规制治理的理论、经验和方法［M］.北京：知识产权出版社，2009.

[118] 王志国.国民产品的价格模型方法［M］.北京：中国经济出版社，2006.

[119] 汪全胜.我国立法成本效益分析制度构建的困境及出路［J］.安徽师范大学学报（人文社会科学版），2014（4）：451-457.

[120] 汪雯婕.行政限价的运用与思考［J］.现代商业，2009（2）：175-176.

[121] 汪旭晖，张其林.平台型网络市场"平台—政府"双元管理范式研究：基于阿里巴巴集团的案例分析［J］.中国工业经济，2015（3）：135-147.

[122] 魏建.法经济学：基础与比较［M］.北京：人民出版社，2004.

[123] 魏建.法经济学分析范式的演变及其方向瞻望［J］.学术月刊，2006（7）：76-81.

[124] 魏建.理性选择理论与法经济学的发展［J］.中国社会科学，2002（1）：101-112.

[125] 维斯库斯，哈林顿，弗农.反垄断与管制经济学［M］.陈甬军，覃福晓，等译.北京：人民大学出版社，2010.

[126] 卫志民. 政府干预的理论与政策选择 [M]. 北京：北京大学出版社，2008.

[127] 温桂芳，张群群. 中国价格理论前沿（1）[M]. 北京：社会科学文献出版社，2011.

[128] 吴东美. 政府价格监管重构研究 [D]. 北京：中国政法大学，2009.

[129] 吴雅杰. 中国转型期市场失灵与政府干预 [M]. 北京：知识产权出版社，2011.

[130] 叶秀敏. 平台经济的特点分析 [J]. 河北师范大学学报（哲学社会科学版），2016（2）：114-120.

[131] 席涛. 法律经济学：直面中国问题的法律与经济 [M]. 北京：中国政法大学出版社，2013.

[132] 席涛. 美国管制从命令—控制到成本—收益分析 [M]. 北京：中国社会科学出版社，2006.

[133] 席涛. 求索：公平与效率之间法和经济学博士论文集萃 [M]. 北京：中国政法大学出版社，2015.

[134] 谢地. 自然垄断行业国有经济调整与政府规制改革互动论 [M]. 北京：经济科学出版社，2007.

[135] 徐飞. 政府规制政策研究研究：日本经验与中国借鉴 [M]. 北京：经济科学出版社，2015.

[136] 许光建，苏冷然. 价格管理机构改革回顾与展望 [J]. 公共管理与政策评论，2018（5）：14-25.

[137] 徐建炜，邹静娴，毛捷. 提高最低工资会拉升产品价格吗？[J]. 管理世界，2017（12）：33-34.

[138] 徐丽红. 价格宏观调控法律问题研究 [M]. 北京：中国科学文献出版社，2013：19，201.

[139] 胥莉，陈宏民. 具有网络外部性特征的企业定价策略研究 [J]. 管理科学学报，2006（6）：23-30.

[140] 薛蓉娜，董蕊，赵会娟. 价格管制下中国铁塔公司策略行为影响研究 [J]. 经济研究导刊，2018（12）：24-28.

[141] 薛耀文，李建权，武杰. 对混合竞争性产业最低限价行为的研究 [J]. 生产力研究，2001（1）：13-29.

[142] 杨冠琼. 政府规制创新 [M]. 北京：经济管理出版社，2016.

[143] 杨瑞龙. 论我国制度变迁方式与制度选择目标的冲突及其协调 [J]. 经济研究，1994（5）：40.

[144] 杨支娅. 经营性公路价格规制的法经济学分析 [D]. 重庆：西南政法大学，2018.

[145] 叶卫平. 反垄断法价值问题研究 [M]. 北京：北京大学出版社，2012.

[146] 易开刚，张琦. 平台经济视域下的商家舞弊治理：博弈模型与政策建议 [J]. 浙江大学学报（人文社会科学版），2019（5）：127-142.

[147] 殷霄雯，李永安. 政府在稳定价格水平中的经验教训与职能定位：基于政府与市场关系的视角 [J]. 江西社会科学，2014（9）：55-59.

[148] 于雷. 市场规制法律问题研究 [M]. 北京：北京大学出版社，2003.

[149] 于忠华，史本山，刘晓红. 电子商务交易中买卖双方诚实行为的博弈分析 [J]. 商业研究，2006（7）：67-70.

[150] 臧传琴. 政府规制：理论与实践 [M]. 北京：经济管理出版社，2014.

[151] 詹宏伟. 个体理性与集体理性的冲突与和解：兼论我国转变发展方式的一条独特途径 [J]. 甘肃理论学刊，2014（1）：91-95.

[152] 张红凤. 西方规制经济学的变迁 [M]. 北京：经济科学出版社，2005.

[153] 张慧，江民星，彭璧玉. 经济政策不确定性与企业退出决策：理论与实证研究 [J]. 财经研究，2018（4）：116-129.

[154] 张千帆，于晓娟，张亚军. 互联网平台企业合作的定价机制研究：基于多归属情形 [J]. 运筹与管理，2016（1）：231-237.

[155] 张旭昆. 论制度的均衡与演化 [J]. 经济研究，1993（9）：65-69.

[156] 张一进，张金松. 政府监管与共享单车平台之间的演化博弈 [J]. 统计与决策，2017（23）：64-66.

[157] 张正. 价格行为概论 [M]. 长沙：湖南教育出版社，2006.

[158] 赵凤梅，李军. 法经济学分析范式的历史性考察 [J]. 山东大学学报（哲学社会科学版），2008（6）：80-85.

[159] 赵儒煜. 论传统市场理论价格机制的局限性 [J]. 河南大学学报（社会科学版），2018（5）：51-66.

[160] 植草益. 微观规制经济学 [M]. 朱绍文，胡欣欣，等译. 北京：中国发展出版社，1992.

[161] 马克思，恩格斯. 马克思恩格斯选集 [M]. 中共中央马克思恩格斯列宁斯大林著作编译局，译. 北京：人民出版社，1995.

[162] 周开国，闫润宇，杨海生. 供给侧结构性改革背景下企业的退出与进入：政府和市场的作用 [J]. 经济研究，2018（11）：81-98.

[163] 周春，蒋和胜. 市场价格机制与生产要素价格研究 [M]. 成都：四川大学出版社，2006.

[164] 邹积亮. 市场经济条件下的价格规制研究 [M]. 北京：经济科学出版社，2012.

[165] 邹俊，徐传谌. 价格垄断问题的行为经济学分析 [J]. 经济问题，2015（4）：23-28.

[166] AI C, SAPPINGTON D. The impact of state incentive regulation on the Us telecommunications industry [J]. Journal of regulatory economics, 2002, 22 (2): 133-159.

[167] BAAKE P. Price caps, rate of return constraints and universal service obligations [J]. Journal of regulatory economics, 2002, 21 (3): 289-304.

[168] BARDEY D, BOMMIER A, JULLIEN B. Retail price regulation and innovation: reference pricing in the pharmaceutical industry [J]. Journal of health economics, 2010, 29 (2): 303-316.

[169] BARON D P. Price regulation, product quality, and asymmetric information [J]. American economic review, 1981, 71 (1): 212-220.

[170] BARON D P. Regulation of prices and pollution under incomplete information [J]. Journal of public economics, 1985, 28 (2): 211-231.

[171] BASSO L J, FIGUEROA N, VASQUEZ J. Monopoly regulation under asymmetric information: prices versus quantities [J]. Rand journal of economics, 2017, 48 (3): 557-578.

[172] BERNARDO V. The effect of entry restrictions on price: evidence from the retail gasoline market [J]. Journal of regulatory economics, 2018, 53 (1): 75-99.

[173] BRADLEY I. Price-cap regulation and market definition [J]. Journal of regulatory economics, 1993, 5 (3): 337-347.

[174] BRETON M, KHARBACH M. Transportation and storage under a dynamic price cap regulation process [J]. Energy economics, 2012, 34 (4): 918-929.

[175] BOYER K D. The costs of price regulation - lessons from railroad deregulation [J]. Rand journal of economics, 1987, 18 (3): 408-416.

[176] BRUGGEMANN U. The twilight zone: OTC regulatory regimes and market quality [J]. Review of financial studies, 2018, 31 (3): 898-942.

[177] BREKKE K R, HOLMAS T H, STRAUME O R. Price regulation and parallel imports of pharmaceuticals [J]. Journal of public economics, 2015, 129: 92-105.

[178] BUITELAAR E. The cost of land use decisions: applying transaction cost economics to planning & development [M]. Oxford: Blackwell Publishing Ltd, 2007.

[179] CABRAL L. Dynamic price competition with network effects [J]. Review of economic studies, 2011, 78 (1): 83-111.

[180] CAVALIERE A, MAGGI M, STROFFOLINI F. Water losses and optimal network investments: price regulation effects with municipalization and privatization [J]. Water resources and economics, 2017, 18: 1-19.

[181] CESI B, IOZZI A, VALENTINIO E. Regulating unverifiable quality by fixed-price ontracts [J]. B E journal of economic analysis & policy, 2012, 12 (1): 35-38.

[182] CHEN Y M, SAPPINGTON D. Designing input prices to motivate process innovation [J]. International journal of industrial organization, 2009, 27 (3): 390-402.

[183] DANZOJN P M, WANG Y R, WANG L. The impact of price regulation on the launch delay of new drugs-evidence from twenty-five major markets in the 1990s [J]. Health economics, 2005, 14 (3): 269-292.

[184] DAS T K, RAHMAN N. Determinants of partner opportunism in strategic alliances: a conceptual framework [J] Journal of business psychology,

2010, 25 (1): 55-74.

[185] DOBBS I M. Intertemporal price cap regulation under uncertainty [J]. Economic journal, 2004, 114 (495): 421-440.

[186] DOUGLAS G B. The future of law and economics: looking forward [J]. University of chicago law review, 1997: 1131.

[187] DUTRA J F, MENEZES M, ZHENG X M. Price regulation and the incentives to pursue energy efficiency by minimizing network losses [J]. Energy journal, 2016, 37 (4): 45-61.

[188] ENGEL1 C, HEINE K. The dark side of price cap regulation: a laboratory experiment [J]. Public choice, 2017, 173 (2): 217-240.

[189] ESTEVES R B, RESENDE J. Personalized pricing and advertising: who are the winners? [J]. International journal of industrial organization, 2019, 63 (3): 239-282.

[190] FAN J T, TANG L X, ZHU W M, et al. The alibaba effect: spatial consumption inequality and the welfare gains from e-commerce [J]. Journal of international economics, 2018, 114: 203-220.

[191] FILIPPINI M, GREENE W, MASIERO G. Persistent and transient productive inefficiency in a regulated industry: electricity distribution [J]. Energy economics, 2018, 69: 325-334.

[192] FOX J A, HENNESSY D A. Cost-effective hazard covntrol in food handling [J]. American journal of agricultural economics, 1999, 81 (2): 359-372.

[193] GANDAL N. Price manipulation in the bitcoin ecosystem [J]. Journal of monetary economics, 2018, 95: 86-96.

[194] GANS J S. Regulating private infrastructure investment: optimal pricing for access to essential facilities [J]. Journal of regulatory economics, 2001, 20 (2): 167-189.

[195] GERLACH H, ZHENG X M. Preferences for green electricity, investment and regulatory incentives [J]. Energy economics, 2018, 69: 430-441.

[196] GLASS V, STEFANOVA S, SYSUYEV R. A missing element in

the rate of return and price cap regulation debate: a comparison of alternative regulatory regimes [J]. Information economics and policy, 2013, 25 (1): 1-17.

[197] GUTHRIE G. Regulating infrastructure: the on risk and investment [J]. Journal of economic literature, 2006, 44 (4): 925-972.

[198] GU Y Q, WENZEL T. Consumer confusion, obfuscation and price regulation [J]. Scottish journal of political economy, 2017, 64 (2): 169-190.

[199] HANS J K, MARKO K, GUTTORM S. On revenue and welfare dominance of advalorem taxes in two-sided markets [J]. Economics letters, 2009, 104 (4): 86-88.

[200] HEATH P. Origins of law and economic: the economists' new science of law, 1830-1930 [M]. Cambridge: Cambridge University Press, 1997.

[201] JUNG H, LEE J. The effects of macroprudential policies on house prices: evidence from an event study using Korean real transaction data [J]. Journal of financial stability, 2017, 31: 167-185.

[202] KIM K, CHOI Y, PARK J. Pricing fraud detection in online shopping malls using a finite mixture model [J]. Electronic commerce research and applications, 2013, 12 (3): 195-207.

[203] KNIGHT F H. Risk, uncertainty and profit [M]. New York: Dover Publications Inc, 2006: 682-690.

[204] KOLPIN V. Regulation and cost inefficiency [J]. Review of industrial organization, 2001, 18 (2): 175-182.

[205] KONING E. The three institutionalisms and institutional dynamics: understanding endogenous and exogenous change [J]. Journal of public policy, 2016 (4): 645.

[206] KOTAKORPI K. Access price regulation, investment and entry in telecommunications [J]. International journal of industrial organization, 2006, 24 (5): 1013-1020.

[207] KYLE M K. Pharmaceutical price controls and entry strategies [J].

Review of economics and statistics, 2007, 89 (1): 88-99.

[208] EMUS A, MORENO B D. Price caps with capacity precommitment [J]. International journal of industrial organization, 2017, 50: 131-158.

[209] LOSSA E, STROFFOLINI F. Price cap regulation, revenue sharing and information acquisition [J]. Information economics and policy, 2005, 17 (2): 217-230.

[210] MURIS T J. Opportunistic behavior and the law of contracts [J]. Minnesota law review, 1981, 65: 521-590.

[211] NEWELL R G, PIZER W A. Regulating stock externalities under uncertainty [J]. Journal of environmental economics and management, 2003, 45 (2): 416-432.

[212] NORTH D C. Institutions, institutional change and economic performance [M]. Cambridge: Cambridge University Press, 1990: 3-4.

[213] OKUMURA Y. Asymmetric equilibria under price cap regulation [J]. Journal of economics, 2017, 121 (2): 133-151.

[214] OUYANG X L, SUN C W. Energy savings potential in China's industrial sector: from the perspectives of factor price distortion and allocative inefficiency [J]. Energy economics, 2015, 48: 117-126.

[215] PEKOLA P, LINNOSMAA I, MIKKOLA H. Assessing the effects of price regulation and freedom of choice on quality: evidence from the physiotherapy market [J]. Health economics review, 2017, 7 (1): 25.

[216] RICHARD A P. The economic approach to law [J]. Texas law review, 1975, 53: 777.

[217] SHARMA S. Competition in two sided markets with congestion [J]. Indira gandhi institute of development research mumbai working papers, 2018.

[218] SHI X P, SUN S Z. Energy price, regulatory price distortion and economic growth: a case study of China [J]. Energy economics, 2017, 63: 261-271.

[219] SIBLEY D. A symmetric information, incentives and price-cap regulation [J]. Rand journal of economics, 1989, 20 (3): 392-404.

[220] SIMPSON F R. Price regulation and the public utility concept: the

sunshine anthracite coal case [J]. Journal of land and public utility economics, 1941, 17 (3): 378-379.

[221] SOREK G. Price controls for medical innovations in a life cycle perspective [J]. Health economics, 2014, 23 (1): 108-116.

[222] WILLIAMSON O E. Public and private bureaucracies: a transaction cost economics perspective [J]. Journal of law, economics, and organization, 1999, 15 (1): 306-342.